本书为国家社科基金一般项目——大型公租房社区的贫困集聚效应、社会风险及其对策研究（20BSH072）的阶段性成果

公租房政策下的农民工城市融入问题研究

史学斌 著

西南大学出版社
国家一级出版社 全国百佳图书出版单位

图书在版编目(CIP)数据

公租房政策下的农民工城市融入问题研究/史学斌著.—重庆：西南大学出版社，2022.1
ISBN 978-7-5697-1116-5

Ⅰ.①公… Ⅱ.①史… Ⅲ.①民工—城市化—研究—中国②民工—住宅—社会保障制度—研究—中国 Ⅳ.①D422.64②F299.233.1

中国版本图书馆CIP数据核字(2021)第233427号

公租房政策下的农民工城市融入问题研究

GONGZUFANG ZHENGCE XIA DE NONGMINGONG CHENGSHI RONGRU WENTI YANJIU

史学斌 著

| 责任编辑：何雨婷
| 责任校对：王玉竹
| 装帧设计：闰江文化
| 照　　排：瞿　勤
| 出版发行：西南大学出版社（原西南师范大学出版社）
| 　　　　地址：重庆市北碚区天生路2号
| 　　　　邮编：400715
| 　　　　市场营销电话：023-68868624
| 印 刷 者：重庆市国丰印务有限责任公司
| 幅面尺寸：160mm×235mm
| 印　　张：16.5
| 字　　数：250千字
| 版　　次：2022年1月　第1版
| 印　　次：2022年1月　第1次印刷
| 书　　号：ISBN 978-7-5697-1116-5
| 定　　价：88.00元

序

PREFACE

本书成稿已久，一直未作序。几次欲提笔，脑海中反复闪现的一个年轻女孩儿的身影让我无法集中精力，完成这看似简单的工作。

那是2021年6月2日，一场突如其来的大火打破了城南家园公租房社区清晨的宁静。很快，火灾现场的图片和视频通过社交媒体传遍了整个网络。一个身穿睡衣的年轻女孩儿站在十几层高的窗台上，试图躲避熊熊烈焰，却不慎失足跌下。事后，根据南岸区消防救援支队的火情通报得知，这是一个年仅23岁的年轻女孩儿，送往医院经抢救无效死亡。

公租房的防火问题并非我关注的重点。但是，从2015年开始，通过多年的调查走访，我发现公租房的防火等公共安全问题非常突出，形势异常严峻。这也是为什么我会连续两年通过民主建国会向重庆市、南岸区两级政府建言，提请重视公租房社区的公共安全问题，尽快采取措施消除安全隐患。应该说，这些建言获得了重庆市相关部门的积极回应。2019年4月，重庆市公租房管理局领导专门到民建重庆市委听取我的意见，并承诺加紧督办。2020年，包括城南家园在内的8个公租房社区的消防管网维修工程启动。2021年7月，南岸区消防救援支队给予复函，详细说明了整改措施和效果。我不知道在这些决策过程中我的建言起到了多大作用，但是，我的"哨声"至少能让我叩问"学者"这一称谓时，不至于汗颜无地；直面那个无名女孩儿的影像时，也不至于愧疚难当！

逝者已矣，生者如斯！希望本书的出版能让一个年轻的生命得到安息，也让我获得内心的平静。

史学斌

2021年11月于北碚

目 录

序…01

第一章
导论…001

第一节　问题的提出 / 002
第二节　国内外研究现状 / 003
　一　国外研究现状 / 003
　二　国内研究现状 / 008
第三节　研究思路与方法 / 017
第四节　研究内容 / 018

第二章
我国特有的人口城市化现象——农民工…021

第一节　农民工现象的缘起与发展 / 022
　一　农民工现象的缘起 / 022
　二　农民工现象的发展历程 / 023
第二节　农民工城市融入问题 / 028
　一　政治权利失语化 / 028

二　就业与收入边缘化 / 029

　　三　社会保障缺失化 / 029

　　四　居住和生活孤岛化 / 030

　　五　社会形象污名化 / 030

　　六　社会认同内卷化 / 031

第三章
我国保障性住房政策的演进与国(境)外的经验…033

第一节　我国保障性住房政策的演进 / 034

　　一　住房实物福利分配阶段(1958—1977年) / 034

　　二　住房实物分配制度改革阶段(1978—1993年) / 035

　　三　以经济适用房为主的多层次住房保障体系(1994—2006年) / 036

　　四　以廉租房为主体的住房保障体系(2007—2009年) / 037

　　五　以公租房为主体的住房保障体系(2010至今) / 038

第二节　我国各地公租房政策比较 / 040

　　一　房源储备方式 / 040

　　二　保障对象与申请条件 / 041

　　三　租金水平 / 043

　　四　运营管理模式 / 044

第三节　国(境)外的经验 / 046

　　一　美国 / 046

　　二　英国 / 049

　　三　中国香港 / 052

第四章
问卷调查与描述性统计分析…055

第一节　调查说明 / 056

　　一　样本来源 / 056

二 问卷发放与回收 / 057

三 数据处理 / 058

第二节 样本特征分析 / 059

一 人口学特征 / 059

二 社会学特征 / 062

三 在公租房社区的居住状况 / 070

第五章
公租房社区的农民工城市融入状况…077

第一节 农民工城市融入度模型的构建 / 078

一 研究设计 / 078

二 指标说明 / 079

三 模型构建 / 081

第二节 农民工城市融入的现状与特征分析 / 085

一 总体融入现状 / 085

二 在文化、心理、社会网络、职业、经济等维度的融入现状 / 086

三 农民工城市融入的特征分析 / 086

第三节 农民工公租房居住满意度分析 / 094

一 农民工公租房居住满意度现状 / 094

二 农民工公租房居住满意度的影响因素 / 098

第六章
影响公租房社区农民工城市融入的因素及其作用机制…105

第一节 影响公租房社区农民工城市融入的个人因素 / 106

一 指标说明 / 106

二 回归结果与分析 / 108

三 影响公租房社区农民工城市融入的个人因素分析 / 114

第二节 影响公租房社区农民工城市融入的制度性因素及其作用机制 / 119

- 一 影响公租房社区农民工城市融入的制度性因素 / 119
- 二 制度性因素对公租房社区农民工城市融入的作用机制 / 122

第三节 影响公租房社区农民工城市融入的非制度性因素 / 136
- 一 打在公租房上的社会标签 / 136
- 二 居住地点的变化 / 137
- 三 聚居形态的变化 / 137

第七章
公租房社区的农民工在城市融入中存在的问题…139

第一节 公租房社区带来的居住空间隔离效应不容忽视 / 140
- 一 公租房社区的贫困集聚 / 140
- 二 社会关系网络的缺失 / 143
- 三 相对落后、自成体系的社区文化 / 147

第二节 建筑质量差带来的居住体验不佳 / 152

第三节 物业管理带来的居住体验与心理融入问题 / 157
- 一 物业管理人员失职、不作为 / 158
- 二 腐败现象多发 / 159

第四节 公租房社区农民工的受害者心理 / 162

第五节 配套教育资源不足阻碍农民工子女及其家庭的向上流动 / 164
- 一 教育资源数量不足 / 164
- 二 教育资源质量不高 / 165

第六节 出售制度未实施导致的农民工心理融入问题 / 166
- 一 长期租房居住带给农民工的不安全感 / 166
- 二 农民工个性化住房需求得不到满足 / 166
- 三 导致"公地的悲剧"和社区认同感缺失 / 167
- 四 物业公司长期处于失于监督的状态 / 168

第七节 公租房社区的家庭问题 / 169

第八节 公租房的"诅咒" / 171

第八章
研究结论与政策建议…173

第一节 研究结论 / 174
 一 公租房社区农民工的总体城市融入度低,经济融入和社会网络融入是短板 / 174
 二 文化程度、迁出地、收入、住房面积是对公租房社区农民工城市融入影响最大的因素 / 175
 三 公租房的管理制度对提升公租房社区农民工的城市融入效应最大,其次是公租房建造制度 / 175
 四 公租房社区农民工城市融入面临诸多问题 / 177
第二节 政策建议 / 178
 一 针对公租房的政策建议 / 178
 二 针对农民工的政策建议 / 186

参考文献…192
附录一 深度访谈实录…197
附录二 2017年重庆公租房社区农民工城市融合状况调查问卷…248

第一章 Chapter One

导论

第一节　问题的提出

2010年6月13日，中央七部委联合制定了《关于加快发展公共租赁住房的指导意见》，首次将外来务工人员纳入城市保障性住房的适用对象。2015年1月，四川省政府办公厅印发《加强农民工住房保障工作指导意见》，规定当年竣工公租房的30%定向供应给农民工。从而，四川成为首个对农民工进行公租房定向供应的地方政府。近年来，随着我国公租房制度的不断完善，公租房成为降低农民工获得城市住房的制度性门槛、改善居住条件的重要途径，入住公租房的农民工数量增长迅速。

随着我国各地公租房社区陆续建成并投入使用，公租房在帮助改善农民工在城市居住状况的同时，也带来了一系列现实问题，其中最为迫切的就是农民工的城市融入问题。这主要是由于公租房特殊的产权性质、房屋质量、管理方式、居住环境等多方面与现有各类住房均有显著差异，会给农民工带来全新的居住感受、经济负担、社交网络、心理体验，进而会在经济、社会、心理等多维度对农民工的城市融入造成影响。客观地说，这些影响有正面、积极的，也有负面、消极的。但是，从国外的经验看，随着建筑和设施的老化，贫困人口的反复筛选与沉淀，公租房社区有蜕变成问题社区，甚至"贫民窟"的潜在风险。因此，针对这一问题提前展开研究，不仅有利于进一步拓展和丰富我国人口城市化研究的理论体系，而且对我国行政管理部门拓展改革思路，进一步完善保障性住房政策，防范化解社会风险也具有现实意义。

第二节 国内外研究现状

一、国外研究现状

农民工是我国特有的人口城市化现象,国外与之相似的研究主要是关于移民的社会融入问题。移民的社会融入理论发轫于西方发达国家,目前已形成较为完备的理论体系。

(一)"移民的社会融入"概念的提出

"社会融入"作为一个正式的学术概念被提出,始于人类学家对群体迁移现象的研究,主要用于描述移民群体在流入国社会的生活状态及其演变过程。在群体层面,社会融入通常与一个国家的政策制定联系密切。社会融入常会成为社会政策分析家们对其论述的一种表达,被各类国际组织、国家或地区等广泛采用。20世纪80年代晚期,法国实施了第一个社会融入政策,用以通过劳动和培训来帮助移民融入法国社会。与此同时,欧洲共同体也试图制定能涵盖所有欧洲成员国的社会政策,于是对"社会融入"这一概念高度重视。早期的研究也关注到个人层面的融入现象,然而主要局限于个人的心理方面,Graves(1967)最早正式使用心理融入(psychological acculturation)一词。[1]西方的社会心理学家认为,由于个体成员的态度和行为有或多或少的差异,即使是来自同一个国家并且具有相同文化背景的移民,在

---

[1] Graves, T. D., "Psychological acculturation in a tri-ethnic community," *Southwestern Journal of Anthropology* 23, no.4(1967): 337-350.

心理融入上也会大相径庭,所以对群体层面和个人层面的社会融入进行严格区分。

目前,西方国家对社会融入最广泛的定义是:社会融入是群体或个体向主流社会以及各种社会领域逐步渗透和融入的过程,也是种族关系相互竞争与相互适应的过程。[1]为了使社会融入的定义更加符合当代美国"大熔炉"社会的实际情况,Alba和Nee将"社会融入"的概念进行了适当的修正,他们认为融入意味着"界限的跨越、界限的模糊、界限的重构",所以社会融入指的是种族差异的消减,以及由此所导致的种族间社会、文化和心理等方面的趋同。[2]

除了直接从正面研究社会融入,西方学者还从移民与原住民之间关系亲近或疏远程度来研究移民的社会融入。Tarde首创了"社会距离"(social exclusion)的概念,并用这一概念来反映不同群体之间的客观差异。[3]此后,德国著名社会学家Simmel首次赋予了社会距离主观性色彩。在Simmel看来,"距离"是人与人以及人与物之间的一种关系,是自我与周遭环境的一种关系,但是Simmel并没有给出"社会距离"的具体定义。[4]芝加哥学派创始人Park进一步继承了Simmel的社会距离思想,并对社会距离进行了全面论述和剖析。Park指出,社会距离"描述的是一种心理状态,由于这种状态使得我们自觉地意识到自身与我们所不能完全理解的群体之间的区别和隔离"[5]。这里,社会距离已经成了一个用于刻画群体情感亲密度、关系紧密度的主观性概念。另外,Bogardus通过设计社会距离测量量表,使得"社会距离"概念成为社会学中被用来表征偏见、文化差异和群体互动程度的普遍适用概念。[6]英国著名社会学家Giddens认为社会排斥有多种形式,主要有经济排斥(economic exclusion)、政治排斥(political exclusion)和社会排斥(social

---

[1] Bollen, K. A., Hoyle, R. H., "Perceived cohesion: A conceptual and empirical examination," *Social Forces* 69, no. 2 (1990): 479–504.

[2] Alba, R., Nee, V., "Rethinking assimilation theory for a new era of immigration," *International Migration Review* 31, no. 4 (1997): 826–874.

[3] 周晓红主编《现代社会心理学名著菁华》,社会科学文献出版社,2007,第1页。

[4] 西美尔:《货币哲学》,陈戎女、耿开君、文聘元译,华夏出版社,2007,第384页。

[5] Park, E. R., *Race and culture* (Glencoe: The Free Press, 1950), pp. 244–255.

[6] Bogardus, E. S., "Measuring social distance," *Journal of Applied Sociology* 9, no.15 (1925): 299–308.

exclusion)。[1]

(二)社会融入的维度与测量

"社会融入"无疑是一个多维度概念,它包含了移民在经济生活、社会交往、心理认知、政治参与等多个方面的内容。国外学者在对移民的社会融入进行具体考察时,通常也从多个层次、多个指标衡量移民社会融入的程度,其中比较有影响力的测量方法有:以 Gordon 为代表的"二维度"模型、以 Junger-Tas 等人为代表的"三维度"模型、以 Entzinger 等人为代表的"四维度"模型。[2]

Gordon 在1964年首先提出二维度划分方法,用于测量移民的社会融入,即结构性融入与文化性融入两个维度。其中,结构性融入是指移民个体与群体在流入国不断提高社会参与度。文化性融入则涉及移民在价值、观念认同上的转变和同化。同时,他提出了更加细化的七个维度去测量移民的社会融入程度:文化接触、结构性同化、通婚、族群认同、偏见、歧视、价值和权力冲突。[3] 之后的一些学者分别从社会经济融入、政治融入、居住融入等维度扩展了 Gordon 的研究。

Junger-Tas 认为移民的社会融入具体可以划分为结构性融入、社会文化性融入以及政治合法性融入三个层面。其中,结构性融入涉及移民在教育、劳动力市场、收入与住房等诸多方面享有平等机会。社会文化融入主要体现为移民在东道国不断提高社会组织参与度,并按照东道国的行为规范行动。社会文化融入的测量指标有语言使用、通婚、群际间友谊、人群间的隔离程度、个人自主性与群体间协调性的关系等。政治合法性融入则主要从是否获得了与当地原居民同等的政治合法权利来测量,如选举权、被选举权,是否在身份、政治待遇上有同等对待,相较于 Gordon, Junger-Tas 将政治

---

[1] Giddens, A., *Sociology* (Cambridge: Polity Press & Blackwell Publishing Company, 2001), pp. 323-325.
[2] 梁波、王海英:《国外移民社会融入研究综述》,《甘肃行政学院学报》2010年第2期。
[3] Gordon, M. M., *Assimilation in American life: The role of race, religion, and national origins* (New York: Oxford University Press, 1964), pp. 623-645.

与合法性权利纳入移民"社会融入"概念中是一项重要进步。[1]

(三)社会融入理论的分析框架

从社会分层与流动的角度来看,现代西方社会融入理论可归为两类。一是以 Gordon 为代表的传统社会融入理论。这一理论假设移民的"种族认同"与"国家认同"会相互排斥,认为移民的流入国国家认同形成的同时,其种族认同也会随之消失。这一理论的支持者通常强调社会融入的"单向性"。二是以 Berry 为代表的非传统社会融入理论,主要包括多元文化论、区隔融入论、空间融入论等。非传统社会融入理论的核心观点在于移民的"种族认同"和"国家认同"具有共存的可能性。移民融入主流社会并不意味着完全放弃自己的文化,两种文化之间具有某些交集,甚至会产生互补。[2] 从两种理论的现实意义来看,传统的社会融入理论认为移民有向中产阶级融入的趋势,而后者则强调融入的结果可能是多元化的,并不一定是以中产阶级为标准。相对而言,Berry 将移民的心理融入视为一个包含"影响因素—融入状况—融入后果"的逻辑链条,因此被广泛用于实证研究中。

(四)公租房社区的社会融入

从世界范围看,为了解决低收入群体的居住问题,美国、欧洲都曾经修建了规模巨大的集中式公租房社区。20世纪70年代,随着西方国家经济结构转变和逆城市化进程,公租房社区开始逐渐衰败,甚至一些公租房社区沦为与主流社会隔离的贫民窟。于是,各国学者开始关注公租房社区存在的社会融入问题。

Wilson 等学者发现发达国家的贫困人口有向城市中心集中的趋势,在城市中心的公租房社区往往成为居住隔离的贫民窟。[3] 20世纪90年代的美国人口普查显示,40%的城市中心人口生活在贫困线以下。[4] 而且这种集中

---

[1] Junger-Tas, J., "Ethnic minorities, social integration and crime," *European Journal on Criminal Policy and Research* 9 (2001): 5–29.
[2] Berry, J. W., "Immigration, acculturation and adaptation," *Applied Psychology* 46, no. 1 (1997): 5–34.
[3] Wilson W. J., *The truly disadvantaged* (Chicago: The University of Chicago Press, 1987), p. 3.
[4] Goetz, E.G., *Clearing the way: Deconcentrating the poor in urban America* (Washington, D. C.: The Urban Institute Press, 2003), p. 14.

具有鲜明的种族特征:20世纪70至80年代,生活在城市贫困社区的非裔美国人增长了164%,而白人只增长了24%。[1]

关于这种现象产生的原因,Wilson认为是美国产业结构升级和逆城市化进程。Wilson将这一过程形象地描绘成一个"向下的螺旋"(downward spiral),即产业结构升级使过去城市中心的制造业就业机会加速流失,新兴服务业使就业郊区化和高素质化,从而推动城市中心的专业技术人才和中产阶级开始迁移到郊区居住,中心城区聚集了缺少专业知识和高等教育的社会底层(underclass)。由于中产阶级在维护社区稳定、支撑社区组织、加强共同价值方面起到重要作用,失去中产阶级的中心城区不仅失业率更高,而且社会组织和价值被破坏,聚集了大量社会底层的中心城区陷入与社会主流就业网络和主流价值观念隔绝的境地。[2]

贫困人口高度聚集的公租房社区比高收入社区往往有更多的社会问题,如犯罪、帮派、吸毒、堕胎、辍学等。[3]Small等学者认为,主要表现为社区凝聚力、组织力和社会网络密度的集体效应(collective efficacy)会对社区青少年犯罪造成影响。而贫困集聚的社区往往表现出低集体效应,从而导致青少年犯罪率高发。[4]相较于家庭,社区在儿童成长和发展中扮演着更重要的角色。社区能通过提供成功的成年人榜样而间接影响儿童和青少年的成长。贫困集聚的社区则由于无法提供这种榜样,而使这些社区长大的孩子自我期望过低。[5]Putnam发现,相较于贫困高度集聚的社区,在异质型社区(heterogeneous neighborhood)长大的人不仅拥有更多的人力资本,而且拥有更多的社会资本。[6]由于贫困家庭往往不能提供就业信息等对个人发展至关重要的帮助,社区提供的弱纽带(weak ties)则对个人的向上流动扮演了更

---

[1] Douglas, M., Denton, N., *American apartheid: Segregation and the making of the underclass* (Cambridge: Harvard University Press, 1993), p. 27.
[2] Wilson W. J., *The truly disadvantaged* (Chicago: The University of Chicago Press, 1987), pp. 20–62.
[3] Briggs, X., "Brown kids in white suburbs: Housing mobility and the many faces of social capital," *Housing Policy Debate* 9, no. 1 (1998): 177–221.
[4] Small, M. L., Newman, K., "Urban poverty after the truly disadvantaged: The rediscovery of the family, the neighborhood, and culture," *Annual Review of Sociology*, 27 (2001): 23–45.
[5] Leventhal, T., Tama, Brooks-Gunn, J., Kamerman, S.B., "A randomized study of neighborhood effects on low-income children's educational outcomes," *Developmental Psychology* 40, no.4 (2004): 488–507.
[6] Putnam, R., *Bowling Alone* (New York: Simon & Schuster, 2000), pp. 214–223.

重要的角色。[1]由于缺少社会资本,贫困集聚社区的家庭更有可能将贫穷、福利依赖和犯罪传递给下一代。[2]

二

国内研究现状

西方社会融入理论的发展为研究我国农民工城市融入问题提供了重要的理论依据,然而,由于经济发展阶段、文化、制度等方面的差异,西方社会融入理论是否能够解释农民工的城市融入问题还需要根据中国的具体国情做出诠释和解答。尤其是近年来,随着我国社会经济和城市化进程的发展,农民工城市融入问题越发凸显,这也吸引了越来越多的中国学者关注并研究这一问题。

(一)对"农民工城市融入"概念的界定

农民工城市融入问题是我国人口城市化进程中出现的一种特殊现象,是一个涉及农民工生存空间、身份、价值观念、认同等多重转换的复杂的多维度概念。因此,学术界对农民工城市融入的内涵仍有不同理解。

田凯认为,流动人口的城市融入是其适应城市生活的过程,同时也是再社会化的过程,其必须具备三个方面的基本条件:一是在城市找到相对稳定的职业;二是这种职业带来的经济收入及社会地位能够形成一种与当地人接近的生活方式,从而使其具备与当地人发生社会交往并参与当地社会生活的条件;三是在新生活方式的影响下,新移民能接受并形成新的、与当地人相同的价值观。因此,流动人口的社会融入包括三个层面,即经济层面、社会层面、心理或文化层面。[3]朱力认为,融入与适应不是简单地等同于同

---

[1] Briggs, X., "Brown kids in white suburbs: Housing mobility and the many faces of social capital," *Housing Policy Debate* 9, no. 1 (1998): 177-221.
[2] Tigges, L.M., Browne, I., Green, G.P., "Social isolation of the urban poor: Race, class, and neighborhood effects on social resources," *The Sociological Quarterly* 39, no.1 (1998): 53-77.
[3] 田凯:《关于农民工的城市适应性的调查分析与思考》,《社会科学研究》1995年第5期。

化,它比同化具有更加主动积极的意义,并且认为田凯提出的三个基本条件是依次递进的:经济层面的适应是立足城市的基础;社会层面是城市生活的进一步要求,反映的是融入城市生活的广度;心理层面的适应是属于精神上的,反映的是参与城市生活的深度,只有心理和文化的适应,才说明流动人口完全地融入城市社会。[1]

刘传江、程建林认为,农民工的城市融入(农民工市民化)是指农民工不断摆脱其城乡边缘状态,逐渐走向和融入城市主流社会的过程,应包括生存职业、社会身份、自身素质以及意识行为四个层面的含义。这四个层面相互影响、相互制约,其中前两个层面主要取决于宏观体制改革和相关的制度创新,对农民工市民化进程具有决定性的影响。[2]

任远、乔楠则强调农民工和本地居民之间在农民工城市融入中的相互接纳和认同过程,认为城市融入是一个逐步同化和减少排斥的过程,是对城市未来的主观期望和城市的客观接纳相统一的过程,是本地人口和外来移民相互作用和构建相互关系的过程。[3]

(二)对农民工城市融入的测量

由于对农民工城市融入内涵的理解和研究视角不同,不同学者选择的测量维度与指标体系也有所不同,概括来讲,主要可以分为直接测量和间接测量两大类。

1. 直接测量

刘传江、程建林从农民工的收入水平、个人素质、城市居住时间以及自我认同等四个维度构建了一个包括外部制度因素、农民工群体市民化进程和农民工个体市民化进程三部分的指标体系。其中,外部制度因素包括土地流转程度、户籍制度改革进程、就业市场的统一、社会保障覆盖率等4个二级指标;农民工群体市民化进程包括市民化意愿、市民化能力、两者几何平均数等3个二级指标;农民工个体市民化进程包括个人素质、收入水平、城市

---

[1] 朱力:《准市民的身份定位》,《南京大学学报》2000年第6期。
[2] 刘传江、程建林:《第二代农民工市民化:现状分析与进程测度》,《人口研究》2008年第5期。
[3] 任远、乔楠:《城市流动人口社会融入的过程、测量及影响因素》,《人口研究》2010年第2期。

中居住时间、自我认同、四者几何平均数等5个二级指标。①

徐建玲主要从经济学角度研究农民工城市融入问题,并选取了外部制度因素、农民工市民化意愿和市民化能力三个维度考察农民工城市融入水平。其中,外部制度因素主要包括土地流转程度、户籍制度改革、就业市场的统一、社会保障改革等;农民工市民化意愿为农民工明确表示愿意留城的比例;农民工市民化能力为农民工与城市居民收入之比。②

王桂新等运用层次分析法从居住条件、经济生活、社会关系、政治参与和心理认同等五个维度构建了农民工市民化程度评价指标系统。每个评价维度的一级指标均由两个可反映对应一级指标基本内涵的二级指标构成。其中,居住条件维度的评价指标由农民工的住房条件和居住环境条件构成;经济生活维度的评价指标由农民工与城市居民的相对收入和相对消费水平构成;社会关系维度的评价指标由农民工在城市有无亲友关系及受社会关照程度构成;政治参与维度的评价指标由农民工参加工会组织状况和党团组织状况构成;心理认同维度的评价指标由农民工对城市的情感认同性和身份认同性构成。在每个二级评价指标以下,再分别选取两个可反映对应二级指标基本内涵的三级指标作为操作指标。③

任远、乔楠在测量模型中加入了农民工感知到的城市对流动人口的态度这一因素,从农民工对自我身份的认同、对于城市的主观认识与感情、与本地人口的相互交流和相互交往以及感受到的城市和城市居民对他们的态度等四个维度对农民工城市融入状况进行测量。④

黄匡时、嘎日达借鉴欧盟社会融入指标,从城市和个体两个层次对农民工城市融入进行测量。其中,前者又包括从城市与农民工相关的政策角度去测量的政策融入、从整个城市农民工总体来评价农民工的城市融入状况的总体融入。⑤

---

① 刘传江、程建林:《第二代农民工市民化:现状分析与进程测度》,《人口研究》2008年第5期。
② 徐建玲:《农民工市民化进程度量:理论探讨与实证分析》,《农业经济问题》2008年第9期。
③ 王桂新、沈建法、刘建波:《中国城市农民工市民化研究——以上海为例》,《人口与发展》2008年第1期。
④ 任远、乔楠:《城市流动人口社会融入的过程、测量及影响因素》,《人口研究》2010年第2期。
⑤ 黄匡时、嘎日达:《"农民工城市融入度"评价指标体系研究——对欧盟社会融合指标和移民整合指数的借鉴》,《西部论坛》2010年第5期。

基于农民工和城市居民在行为和思想观念上的差异,何军从行为方式、价值观念与对城市的归属感三个维度构建农民工城市融入评价体系。其中,行为方式又包括行动计划、行动守时、信息获取方式、实事关注、社会活动参与等5个二级指标;价值观念包括独立意识、消费观念、公平意识、发展意识、健康意识、维权意识、乐于接受新经验等7个二级指标;城市归属感包括身份归属1个二级指标。[①]

考虑到学术界尚没有形成一个令人信服的农民工社会融入的结构维度,张文宏和雷开春采用探索性因子分析的方法来界定城市新移民社会融入的结构。通过对农民工的职业稳定程度、语言掌握程度、熟悉风俗程度、接受文化价值程度、亲属相伴人数、身份认同程度、社会交往范围、经常交往人数、添置房产意愿、社会心理距离、拥有户籍情况、社会满意度、职业满意度和住房满意度等14项社会融入进行因子分析,研究将农民工城市融入归纳为文化、心理、身份和经济四个方面的融入。[②]

2.间接测量

农民工城市融入程度的间接测量主要是通过对农民工与城市居民社会距离的测度间接反映农民工在新生活环境中的融入状况。

卢国显对农民工与城市居民社会距离的测量主要从行为和心理情感两方面进行,将社会距离分为客观距离(行为距离)和主观距离(心理情感距离)两种。其中,客观距离指标包括租房行为、经济支持、语言交流、娱乐行为、子女交往、家中做客、朋友数量等7个二级指标;主观距离包括社会信任、社会理解、情感倾向、交往意愿、偏见、婚姻意愿等6个二级指标。[③]

张海辉在卢国显的研究基础上,加入了反转社会距离量表,从而从本地人和外地人感受的角度双向考察了两者间的社会距离。博格达斯量表的调查指标按照社会距离程度由高到低分别为:是否愿意与外地人(本地人)做亲戚或通婚、是否愿意让外地人(本地人)参与社区管理、是否愿意与外地人

---

① 何军:《城乡统筹背景下的劳动力转移与城市融入问题研究——基于江苏省的实证分析》,博士学位论文,南京农业大学,2011。
② 张文宏、雷开春:《城市新移民社会融入的结构、现状与影响因素分析》,《社会学研究》2008年第5期。
③ 卢国显:《我国大城市农民工与市民社会距离的实证研究》,《中国人民公安大学学报(社会科学版)》2006年第4期。

(本地人)做亲密朋友、是否愿意与外地人(本地人)做邻居、是否愿意与外地人(本地人)一起工作、是否愿意与外地人(本地人)聊天。反转社会距离量表的调查指标按照社会距离程度由高到低分别为：本地人是否愿意与你做亲戚或通婚、本地人是否愿意让你参与社区管理、本地人是否愿意与你做亲密朋友、本地人是否愿意与你做邻居、本地人是否愿意与你一起工作、本地人是否愿意与你聊天。[①]

郭星华、储卉娟在新生代农民工与第一代农民工对城市居民心理距离的比较研究中，也考虑到了外地人感受到的本地人的感受，将社会距离分解为向往程度、排斥预期和整体感觉三个维度。其中，向往程度维度包括是否经常与本地同事一起娱乐、是否经常与社区当地居民来往、内心是否愿意与房东一起住、未婚者是否考虑过跟本地市民谈恋爱等4个二级指标；排斥预期维度包括所在社区的居民是否欢迎你们在这里居住、城市人从内心里来讲愿不愿意和外地人做邻居、和本地市民相处时对方有没有感到不自在等3个二级指标；整体感觉维度包括与单位里城市人的关系是否亲密、与认识的城市人是否了解、是否觉得与市民之间有一种心理隔阂等3个二级指标。[②]

综上，虽然社会距离包括主观距离和客观距离，但社会距离主要是从农民工的主观感受和行为特征角度出发进行研究，是一个主观性的概念。对农民工城市融入程度进行间接测量的指标主要是行为和心理性指标，而将农民工与城市居民在制度、经济、社会地位等方面的差异看作形成社会距离的影响因素。对农民工城市融入程度进行直接测量倾向于把制度、经济、社会地位等差异也作为社会融入程度的重要构成因素。这就决定了农民工城市融入的直接测量指标体系要比间接测量指标体系庞大、复杂。

(三)农民工城市融入的现状

对农民工城市融入内涵的理解和所选取的测量维度与指标体系的不同，决定了对农民工城市融入的度量方法也不尽相同。概括来讲，目前学术

[①] 张海辉:《不对称的社会距离——对苏州市本地人与外地人的关系网络和社会距离的初步研究》，硕士学位论文，清华大学，2004.
[②] 郭星华、储卉娟:《从乡村到都市：融入与隔离——关于民工与城市居民社会距离的实证研究》，《江海学刊》2004年第3期。

界对农民工城市融入的度量方法主要有多重指标法与单一指标法两大类。

1. 多重指标法

杜鹏等从来京人口是否受到歧视、来京人口与当地北京人在生活方面的交往状况、来京人口的心理归属等三个方面研究来京人口的社会融入状况。调查数据显示,60.2%的来京人口没有感受到当地北京人的歧视,偶尔感到受歧视的比例为29.5%,而经常感到受歧视的比例仅为10.3%;来京人口与当地北京人在生活上经常打交道的占60.7%,而没有打交道的比例还不到15%;当来京人口有了比较重要的问题时,找家人商量的为63.5%,找没有北京户口的朋友商量的为22%,而找有北京户口的朋友商量的为14.5%。从而得出结论,大多数来京人口没有感受到当地北京人的歧视,并且在生活上还和当地北京人经常打交道,但是,从实质上来讲,他们的心理并没有真正地融入所在的城市生活。[①]

钱文荣、张忠明从农民工和城市居民双向考察浙江省农民工城市融入问题。研究表明,除了社会保障情况明显较差以外,浙江省农民工在住房情况、对城市生活的适应性、与城市居民的交往情况均较好,并对融入城镇有着强烈的愿望。城市居民对农民工关注度不高,但并不歧视他们(友好程度),对农民工持接受的开放心态。[②]

黄匡时、嘎日达借鉴欧盟社会融入指标,构造了三个评价指数:农民工城市融入政策指数、农民工城市融入总体指数、农民工城市融入个体指数。围绕劳动力市场政策(含社会保障政策)、子女教育政策、户籍政策、社区参与政策和反歧视政策五大政策领域分别在准入资格、融入措施、资格安全和相关权利四个方面进行打分,其总分值和指数值就构成了农民工城市融入政策指数。农民工城市融入总体指数由经济融入、制度融入、社区融入、社会保护和社会接纳五大方面50个参考指标的得分加权汇总构成,具体计算公式为"农民工城市融入个体指数=客观指标汇总值×80% +主观指标汇总值×20%"。农民工城市融入个体指数由经济融入、制度融入、社区融入、社会关系融入、社会保护、心理和文化融入六大方面61个参考指标的得分加权汇

[①] 杜鹏、丁志宏、李兵、周福林:《来京人口的就业、权益保障与社会融合》,《人口研究》2005年第4期。
[②] 钱文荣、张忠明:《农民工在城市社会的融合度问题》,《浙江大学学报(人文社会科学版)》2006年第4期。

总构成,具体计算公式为"农民工城市融入个体指数=客观指标汇总值×80%+主观指标汇总值×20%"。[1]

运用社会距离进行研究的学者基本上采用了多重指标法对农民工城市融入状况进行度量。卢国显在问卷的答案设计中采用了三分法(没有、一般、经常)和五分法(很不愿意、不愿意、中立、愿意、很愿意)。通过分析被调查者各调查指标的分布频率来勾画农民工与市民的社会距离。研究结果显示,农民工和市民无论是客观距离还是主观距离都很大。[2]

史斌借鉴张海辉的6指标体系,设计了融入意愿量表和排斥预期量表,分别用于测量新生代农民工在心理上主动渴望和向往融入城市居民群体的程度,以及与城市居民发生社会交往时预期感受的排斥程度。答案设计采用了五级态度量表(很不愿意、不愿意、一般、比较愿意、非常愿意),并赋予其1~5分值。融入意愿量表的分值累加构成融入意愿值;排斥预期量表的分值累加被30减构成排斥预期值。研究表明,宁波市新生代农民工的融入意愿平均值为19.1318,排斥预期的平均值为11.5385。说明相比起所感受到的排斥预期,新生代农民工的融入意识更主动和强烈。[3]

2. 单一指标法

刘传江、程建林将农民工市民化进程指数定义为(市民化意愿×市民化能力)$^{\frac{1}{2}}$,其中市民化意愿为愿意留城者占农民工总数比例;市民化能力为农民工人均工资占市民人均工资的比例。研究发现,我国第二代农民工市民化率为50.23%,而第一代农民工市民化率为31.30%。[4]

在刘传江、程建林研究的基础上,徐建玲将外部制度因素加入农民工市民化进程指数中,即农民工市民化进程指数为外部制度因素×(市民化意愿×市民化能力)$^{\frac{1}{2}}$。但是,徐建玲在实际研究中剔除了外部制度因素,得到武汉

---

[1] 黄匡时、嘎日达:《"农民工城市融入度"评价指标体系研究——对欧盟社会融合指标和移民整合指数的借鉴》,《西部论坛》2010年第5期。
[2] 卢国显:《我国大城市农民工与市民社会距离的实证研究》,《中国人民公安大学学报(社会科学版)》2006年第4期。
[3] 史斌:《新生代农民工与城市居民的社会距离分析》,《南方人口》2010年第1期。
[4] 刘传江、程建林:《第二代农民工市民化:现状分析与进程测度》,《人口研究》2008年第5期。

市市民化进程指数为55.37%。①

王桂新等为其构建的各评价指标分别赋予相应权重,其中除了三级指标"是否有工会组织或党团组织"与"是否参加了工会组织或党团组织"的权重分别为0.3和0.7外,其他三级指标的所有一级指标和二级指标均采用了等权重法(即均设为0.2和0.5)。5个一级指标之和就是农民工市民化程度综合评价指标。研究结果表明,上海市农民工的市民化程度总体上已达到54%。在一级指标中,居住条件的市民化水平最高,为61.5%;社会融入、心理认同与经济生活的市民化程度次之,分别为58.2%、56.1%和54.4%;政治参与的市民化水平最低,只有34.8%。②

任远、乔楠根据对自我身份的认同、对于城市的主观认识与感情、与本地人口的相互交流和相互交往以及感受到的城市以及城市居民对他们的态度这四个维度,构造了一个综合性的社会融入指数。即将反映四个维度的(0,1)变量等权相加,得出一个(0,1,2,3,4)的变量,以此反映农民工城市融入程度。研究结果表明,浙江省绍兴市流动人口中完全未融入(即在四个维度都未融入)的比重为20.2%;初步融入(四个维度中仅有一个维度已经融入)的比重为13.3%;一般性融入(四个维度中有两个维度已经融入)的比重为34.9%;较深的融入(四个维度中有三个维度已经融入)的比重为23.5%;完全融入(即在四个维度上都已经融入)的比重为8.0%。③

何军将农民工的城市融入看作农民工相对于城市人群体的融入程度,因此,以样本城市的城市居民相关数据作为参照来评价农民工城市融入指标的重要程度。实际操作中,何军要求问卷由农民工和城市人分别填写,并根据相对重要性为各指标赋予权重,最后通过各指标平均得分进行加权计算,得到农民工总体城市融入程度(假设其城市融入水平为100%)。研究结果表明,江苏省农民工的城市融入程度总体上已经达到64%的水平。④

总体上看,多重指标法与单一指标法各有优势,也存在不足。多重指标

---

① 徐建玲:《农民工市民化进程度量:理论探讨与实证分析》,《农业经济问题》2008年第9期。
② 王桂新、沈建法、刘建波:《中国城市农民工市民化研究——以上海为例》,《人口与发展》2008年第1期。
③ 任远、乔楠:《城市流动人口社会融入的过程、测量及影响因素》,《人口研究》2010年第2期。
④ 何军:《城乡统筹背景下的劳动力转移与城市融入问题研究——基于江苏省的实证分析》,博士学位论文,南京农业大学,2011。

法对农民工城市融入状况的刻画更加生动、充分,但综合性差,不利于横向比较。而单一指标法综合性好,方便横向比较研究,但由于过于抽象,会遗漏农民工城市融入过程中的许多复杂和细致的信息。

(四)公租房社区的农民工城市融入

由于我国大型公租房社区的建设和投入使用不到10年,中国学者对公租房社区的贫困集聚问题研究成果较少。汪徽和王承慧的研究发现,南京的保障房社区都存在一定程度的贫困集聚现象,一些社区不但贫困集聚程度高,而且发展趋势堪忧。[①]李欣怡和李志刚对广州13个保障性住房社区的调查显示,与其他城市社区相比,保障房社区居民虽然有规模较大和频率较高的互动,但是社区认同度低。[②]林晓艳等研究发现,保障房社区在社会网络和社会信任维度的社会资本显著低于商品房社区,并且以"租"与以"售"为主的保障房社区在社会参与、社会凝聚力上存在显著差别。[③]

[①] 汪徽、王承慧:《南京大型保障性住区贫困集聚实证研究——以南湾营为例》,《建筑与文化》2017年第3期。
[②] 李欣怡、李志刚:《中国大城市保障性住房社区的"邻里互动"研究——以广州为例》,《华南师范大学学报(自然科学版)》2015年第2期。
[③] 林晓艳、陈守明、黄贞:《保障房社区社会资本测度与比较》,《东南学术》2018年第6期。

第三节 研究思路与方法

在研究中,我们遵循"界定研究范围→提出问题→分析问题→解决问题"的总体思路。首先,对公租房社区农民工城市融入所涉及的概念和理论问题进行界定和厘清,并对我国农民工现象和保障性住房政策的缘起和发展演化脉络进行梳理。其次,依靠抽样调查掌握农民工城市融入的一手数据,并在此基础上采用探索性因子分析方法确定公租房社区农民工城市融入的主要维度,并分析公租房社区农民工城市融入的现状。第三,基于调查数据,对影响公租房社区农民工城市融入的个人因素和外部环境要素(包括制度性要素和非制度性要素)进行定量分析,其重点是利用结构方程模型对公租房政策对农民工城市融入的作用机制进行分析。第四,基于公租房社区农民工城市融入的现状分析,对当前我国公租房社区农民工城市融入中存在的主要问题进行研究。最后,针对公租房社区农民工城市融入中存在的主要问题,结合公租房政策对农民工城市融入的作用机制,为政府宏观经济管理和政策制定提出完善措施与改进意见。

第四节 研究内容

根据以上研究思路和方法,本研究对应的章节安排如下:

第一章　导论

这部分主要是对本研究的研究对象、视角、方法、意义做界定与阐释,并对已有研究做系统梳理。

第二章　我国特有的人口城市化现象——农民工

这部分主要在对"农民工"现象的缘起与发展演进脉络进行梳理的基础上,对农民工现象的本质进行理论探讨,并阐述了当前我国面临的严峻的农民工城市融入任务。

第三章　我国保障性住房政策的演进与国(境)外的经验

这部分主要对我国保障性住房政策的产生、发展,以及最终形成以公租房为主体的住房保障体系的政策演进过程进行梳理,并对我国各地公租房政策进行比较。此外,这一部分还对部分典型国家和地区的公租房政策做了简要介绍。

第四章　问卷调查与描述性统计分析

这部分主要对本次调查的抽样方法、样本来源与样本量、访问方法、问卷发放与回收、数据处理方法等基本情况做了简单介绍,并通过描述统计对本次调查总体的人口学特征和社会学特征进行了刻画与描述。

第五章　公租房社区的农民工城市融入状况

这部分主要通过对调查数据进行探索性因子分析,获得公租房社区农民工城市融入的因子结构,并在此基础上构建农民工城市融入度。通过对公租房社区农民工城市融入度和各维度融入度的分析,掌握公租房社区农民工总体城市融入状况。最后,对公租房社区农民工居住满意度状况进行分析。

第六章　影响公租房社区农民工城市融入的因素及其作用机制

这部分主要对影响公租房社区农民工城市融入的个人因素和外部环境要素(包括制度性要素和非制度性要素)进行了定量分析,重点是利用结构方程模型对公租房政策对农民工城市融入的作用机制进行分析。

第七章　公租房社区的农民工在城市融入中存在的问题

这部分主要对公租房社区农民工在融入城市过程中存在的问题和困难进行了分析。概括来说,公租房社区农民工遇到的城市融入问题主要有公租房社区带来的居住空间隔离效应、建筑质量差带来的居住体验不佳、物业管理带来的居住体验与心理融入问题、公租房社区农民工的受害者心理、配套教育资源不足导致的农民工子女及其家庭的向上流动困难、出售制度未实施导致的农民工心理融入问题、公租房社区里的家庭问题、公租房的"诅咒"等八个方面的问题。

第八章　研究结论与政策建议

这部分主要针对当前农民工在公租房社区遇到的各种问题,从公租房和农民工两个层面提出了相应的对策建议。

特色与创新之处:

首先,由于我国公租房社区建成和投入使用仅是最近几年的事情,不论居住在公租房的农民工的生活状态,还是公租房对农民工城市融入的影响均属于较新的研究领域和新出现的现实问题,具有一定的前沿性和创新性。

其次,已有研究多通过经验分析获得测量农民工城市融入的指标体系,这多少带有一定的主观性和随意性。本研究利用探索性因子分析获得公租房社区农民工城市融入的因子结构,并利用调查数据计算出公租房社区农民工城市融入度和各维度融入度,避免了研究的主观性和随意性。

再次,制度性因素对农民工城市融入影响的研究,以往多为定性研究。本成果利用结构方程模型和多元线性回归模型考察了各制度性因素对农民工城市融入各维度的作用及其传导机制,构造了制度性因素对公租房社区农民工城市融入的作用机制,在研究方法上具有一定的创新性。

最后,以公租房政策对农民工城市融入的作用机制为基础,提出促进公租房社区农民工城市融入的对策建议,改变了过去单纯依靠管理经验的决策机制,增加了对策建议的科学性和针对性,有利于提高对策建议的实施效果。

第二章 Chapter Two

我国特有的人口城市化现象——农民工

第一节 农民工现象的缘起与发展

一、农民工现象的缘起

改革开放以后,我国开始了一个为期40多年的快速工业化、城市化进程。在这一过程中,我国的农业增加值占GDP的比重从超过30%迅速下降到不足10%,农业劳动力占全社会劳动力的比重从超过66%降到不足25%,城市化率从20%提高到58%。推动这一伟大历史进程的动力就是农民工在城乡间的迁徙流动。

之所以将农民工称为具有中国特色的人口城市化现象,就是因为在全世界范围内,农村劳动力从乡村流向城市的过程中,职业和身份转变不同步的现象仅在我国出现。国务院研究室课题组也在《中国农民工调研报告(2006)》的序言中指出:"农民工是我国经济社会转型的特殊概念,是指户籍身份还是农民、有承包土地、但主要从事非农产业、以工资收入为主要来源的人员。"

农民工现象仅在我国城市化进程中出现,主要是由我国特有的户籍制度和特殊的经济体制改革路径决定的。改革开放以前,我国实行严格的户籍制度,形成了一套城乡分离的身份体系,城乡之间的人员流动和身份转化被严格禁止。改革开放以后,虽然人口迁移逐渐放开,但户籍制度并没有被废止。虽然越来越多的农村剩余劳动力涌入城镇从事非农业生产,甚至很多人已经完全脱离了农村和土地,但他们在户籍身份上还是"农民"。由于在城市的劳动就业、社会保障、子女教育等制度均和户籍挂钩,导致这些迁移到城市的农民与城市居民之间在政治和经济地位上差别十分明显,从而形成了一个新的社会群体——农民工。

二

农民工现象的发展历程

从改革开放开始,伴随着宏观经济发展和国家政策调整,我国的农民工现象也经历了多次"潮涨""潮落",其发展历程大致可以分为以下五个阶段。

(一)萌芽阶段(1978—1983年)

党的十一届三中全会后,我国的经济体制改革首先从农村开始,其标志就是"包产到户"的家庭联产承包责任制。家庭联产承包责任制极大地解放了农村生产力,调动了广大农民的生产经营积极性。在这一阶段,虽然形成了一定数量的农村富余劳动力,但受农民生活条件改善和城市就业机会的限制,并没有在全国范围内形成大的人口迁移浪潮。

(二)快速发展阶段(1984—1991年)

一方面,实行多年的家庭联产承包责任制带来的农业劳动生产率提高和剩余农产品供给增长,为农村富余劳动力进城就业奠定了基础;另一方面,1984年10月,中国共产党第十二届三中全会通过了《中共中央关于经济体制改革的决定》,标志着我国经济体制改革的重心开始从农村转向城市,城市经济开始快速增长。在城市拉力和农村推力的共同作用下,这一阶段我国农民工数量开始快速增长。

1984年的中央一号文件"允许农民在自行解决口粮后进城务工经商","鼓励集体和农民本着自愿互利的原则,将资金集中起来,联合兴办各种企业"。此后,乡镇企业在我国快速发展起来,吸纳了大量农村富余劳动力。因此,在这一阶段初期,政府为避免农村富余劳动力大量涌入城市冲击城市就业市场,号召农民工"离土不离乡,进厂不进城",即就近进入当地的乡镇企业打工,而不是背井离乡进入城市。"农民工"这一称谓也是在这一阶段开始出现的。

进入90年代以后,随着我国社会主义市场经济的发展,东部沿海地区和大城市快速推进工业化,对劳动力的需求日益旺盛。大批农村富余劳动力涌入城市务工经商,开始呈现"离土又离乡"的流动特点。1991年,国务院办公厅发布《关于劝阻民工盲目去广东的通知》,出台措施限制农民工向东南沿海和大城市流动。在宏观政策的限制下,"民工潮"的规模有所缩小。

(三)高潮阶段(1992—2000年)

1992年,以邓小平南方谈话为标志,我国提出建立社会主义市场经济体制,国民经济重新走上快速发展通道。在这一阶段,由于沿海地区的外向型经济初步建立并获得快速发展,出口加工和乡镇企业对廉价农村劳动力产生强烈需求。与此同时,公安、劳动等部门和地方政府分别采取一系列措施,通过改革户籍管理、流动人口管理和劳动就业等政策,适当放宽了对人口迁移的限制。农村劳动力转移恢复了快速增长的态势,农民进城人数急剧增加,达到了农民工城乡流动的高潮。

在这一阶段,虽然中共十四大提出,深化社会财富分配制度和社会保障制度改革,推进待业、医疗等社会保障制度建设,保障农民工权益,但由于缺乏系统的制度设计,农民工的就业、收入、教育、社保等社会权益与城市居民差距巨大。再加上一些不法商人利用法律漏洞,非法用工、不签订劳动合同、坑害农民工、拖欠农民工工资的现象比较严重。

(四)转折阶段(2000—2010年)

进入新世纪,我国加入世界贸易组织后,工业化、城镇化加速发展,尤其是沿海地区逐渐开始进行产业结构升级,低端制造业开始向内陆地区转移,产业梯度转移态势开始显现。经济结构的变化也带来劳动力就业结构的变化,从而改变农民工流动形势。农民工的供求关系从"供过于求"转向"总量过剩、结构短缺"。2004年春节过后,沿海地区出现大面积"民工荒"就是这种转变的标志。

在这一阶段,国家不仅进一步放宽了对人口流动的限制,而且更加关注农民工的权益保障,城乡统筹和以人为本的公共政策得到实质发展。2002年,中共中央、国务院在中央农村工作会议上强调,要清理针对务工农民而设置的不合理限制和乱收费问题,健全劳动合同制。2003年的中央农村工作会议上,党中央和国务院继续强调做好农民工服务工作,以解决欠扣工资、保障劳动安全、加强职业培训为工作要点。而且,这次会议上还首次提到"农民工"一词,表明国家对于这个新群体的高度重视,农民工的历史地位从此得到充分肯定,农民工社会权益保障政策也基本形成。此后,国家分别在2004年、2006年、2008年、2009年发布的中央一号文件中,不断加强农民工社会权益保障工作的政策推进与政策完善。从取消歧视性规定到建立健全劳动合同、社会保障、工资增长等制度,我国农民工社会权益保障政策逐步迈向了新的发展阶段。

(五)新阶段(2011至今)

随着我国经济的进一步发展,摆脱温饱困扰的农民工也开始从最初的进城谋生向更好发展转变。顺应这一转变,国家在加强对农民工保障制度建设的同时,还出台了很多引导农民工发展的政策。

1.帮助农民工转型产业工人

由于社会经济的客观需要,职业技能素质不高的传统农民工将逐渐被淘汰,因此近年来国家大力推进农民工转型产业化工人政策。2017年2月,国务院提出改革建筑用工制度,以专业企业为建筑工人的主要载体,逐步实现建筑工人公司化、专业化管理。2017年12月,住建部发布文件指出,要培育建筑产业工人队伍,提高建筑工人素质,建设建筑产业工人大军。2018年,河南、四川两省开展培育新时期建筑产业工人试点工作。

2.鼓励农民工创业

2012年,中央印发一号文件,要求下大力气培育新型职业农民,对返乡创业的农民工提供资金支持。2015年,国务院提出构建大众创业相关指导意见,鼓励返乡农民工参与互联网经济融合发展创新活动,并提出结合经济发展形式与需要,为返乡农民工积极谋划创业方式。2016年,国务院提出要激发重点群体创业活动,积极支持农民工返乡创业。2017年,中央一号文件提出鼓励各地建立多层面的创业平台,为返乡农民工创业提供优质服务。

3.逐步推进农民工市民化

2014年,国务院发布了《关于进一步做好为农民工服务工作的意见》。《意见》明确指出要有序推进农民工市民化,要坚持以人为本、公平对待,坚持统筹兼顾、优化布局,坚持城乡一体、改革创新,坚持分类推进、逐步实施。2016年中央经济工作会议指出,要继续扎实推进以人为核心的新型城镇化,促进农民工市民化。到2017年年底,全国共有8000多万农业转移人口成为城镇居民,50%以上的农村劳动力实现了转移就业,农民工发展进入"提升技能、融入城市"的市民化新阶段。

"农民"一词在本源意义上是指一种职业,即从事农业生产劳动和取得土地经营收入的劳动者。"工"也是指一种职业,即从事工业和建筑业的劳动者。"农民工"将两种职业并列,十分形象地代表了同时具备这两种职业背景的那部分劳动者,即从农村迁移到城市,从事非农业生产的农民。因此,农民工现象本质上是一种特殊的人口城乡迁移现象,其特殊性主要表现在以下四个方面:

第一,特殊的身份。农民工是农业户口,户籍身份仍是农民。在"离土不离乡"阶段,他们可能还在家承包集体耕地,同时又在乡镇企业上班,从事工业生产,拿企业工资。到了"离土又离乡"时期,农民工完全脱离了农业生产,无论是从职业还是生活方式来看,他们已经是工人了。这种户籍身份和实际身份相背离,同时具备农民和工人双重身份的迁移人口,在人类历史上从未出现过。

第二,特殊的制度背景。导致农民工这种特殊身份的根本原因是我国实行的户籍制度。新中国成立后,我国仿效苏联建立起户籍管理制度。这一制度最大的特点是将全国人口按照户籍不同划分为农业户口和非农业户口,而且严格限制人口在城乡之间的迁移和户口变更。在计划经济体制下,由于食品、日用品、公共产品的分配均与户籍挂钩,因此不同户籍不仅意味着不同的职业和居住地,而且在生活条件和社会福利上差别巨大。

第三,特殊的社会结构。长期以来,以户籍制度为基础的一系列制度安排,将整个中国社会划分为泾渭分明的两大群体——农民和市民。这种城乡分割的二元社会结构既是限制人口城乡流动的结果,同时也与户籍制度一样,对人口流动起到了限制作用。

第四,特殊的迁移方式。正是由于户籍制度和二元社会结构的限制,使我国农村富余劳动力向城市转移表现为不完全转移,即仅是职业和居住地的转移,而非户籍和社会身份的转移。客观地说,这种不完全转移是农民在户籍等一系列制度限制下做出的现实选择。由于无法在城市获得正常的教育、医疗、养老等社会保障,农民进城就业的不稳定性与风险性使其对土地的依赖性始终很强。这种依赖性在"离土不离乡"阶段表现为农民工在城乡之间双向流动,外面有就业机会就在外面就业,外面找不到工作就回乡务农;在"离土又离乡"阶段表现为即便抛荒也不放弃家乡的承包田,将家乡的土地作为最后的"退路"。

第二节 农民工城市融入问题

我国的农民工现象本质上讲就是一种特殊的人口城乡迁移现象。它实际上将我国的人口城市化进程分成了两个阶段,即农村富余劳动力先转变为农民工,再转变为城市居民。目前,我国正处于这一过程的第二阶段。这一阶段的中心任务就是促进农民工融入城市,让他们成为真正的城市居民,进而完成整个城市化进程。概括来看,由城乡二元户籍制度导致的农民工城市融入问题主要表现在以下六个方面:

一

政治权利失语化

政治权利是我国法律赋予每一个公民的基本权利。然而,农民工一直处于政治权利"失语"的状态。在我国,享有选举权的选民需要在户籍所在地履行自己的权利。对于户籍地与居住地分离的农民工来说,无论从空间距离、时间安排,还是从成本效益上看,回乡投票都是不划算的。因此,农民工的政治权利在现实中很难实现。除了政治权利,农民工参与城市管理的权利也无法保证。在城市各类组织中,农民工不可能成为国家机关、国有企事业单位的正式成员,在非公有制企业也很少能获得正式身份,工会、妇联等社团组织很少将其纳入,在社区中也不属于正式居民。可以说,农民工被各类城市社会组织所排斥。没有集体的力量,没有社会组织作为依托来发出他们的声音,导致农民工不能在政治上维护自身权利以及参与社会治理。

二

就业与收入边缘化

虽然我国的法律有保障农村流动人口基本就业权利的规定,但是在实践层面,他们往往处于就业与收入的边缘化地位。究其原因,除了农民工自身学历和素质较差以外,以户籍为基础的劳动就业制度将他们限制在城市非正规部门就业是主要原因。农民工就业与收入的边缘化主要表现为:就业得不到法律和制度的有效保护,经常受到市政管理部门的清理和追赶;劳动报酬低;工作时间长,劳动强度大;工作环境恶劣;社会保障差;就业不稳定;缺乏晋升通道;等等。

三

社会保障缺失化

非正规就业带来的直接后果就是农民工成为就业歧视对象。长期以来,农民工与雇主或用人单位签订劳动合同的比例在低位徘徊,导致大量农民工事实上无法获得劳动法的保护,丧失了休假、补贴、培训、教育、医疗、养老等与就业相关的福利和保障。这些福利和保障的缺失显然不利于农民工在城市的生存和发展。尤其是教育和培训机会的缺失,会将农民工牢牢锁定在低端劳动岗位上,无法获得职业的发展和晋升。随着城市产业结构升级,企业对劳动力素质要求的提升,农民工在城市就业市场会更加被边缘化。

四

居住和生活孤岛化

由于不能获得稳定的就业和满意的收入,农民工在城市没有能力租住或购买体面的住房,导致其居住和生活孤岛化。从区域上看,农民工大多居住在城乡接合部的"城中村"、老旧住宅区。这里住房条件简陋、区位环境差、安全设施和公共设施缺乏,但由于租金便宜,吸引了很多农民工前来居住。北京、上海、广州等大城市均有流动人口高度聚集的"河南村""新疆村""浙江村"等。除了城中村,还有不少农民工住在单位提供的厂房或工棚里。这些厂房或工棚的居住条件比城中村的出租房更加简陋、恶劣,往往几十个人挤在一间房屋内,除了一张床,鲜有其他家具和设施。无论是城中村、老旧住宅区,还是厂房、工棚,这些住房基本是专门出租给农民工,甚至是为出租给农民工而非法加盖的,鲜有城市居民居住。这就在城市地域空间上形成了一个个农民工集中居住的"孤岛"。农民工只生活在他们自己的圈子中和有限空间里,在生活和社会交往上与城市居民以及城市社会没有联系,更不能分享日趋丰富的城市公共生活。

五

社会形象污名化

一方面是社会经济地位处于弱势地位,另一方面农民工自身素质和生活习惯没有达到城市文明水平,农民工很容易受到城市居民的社会排斥,甚至被污名化。贴在农民工身上的"肮脏""素质低""不文明""犯罪"等标签,以及"盲流""打工仔""打工妹"等歧视性称呼,都反映出城市居民居高临下的排斥心态。社会形象的污名化拉大了农民工与城市的距离,使得本就非常微妙的城乡关系更加疏离。农民工在城市缺少归属感和认同感,成为游荡在城市和农村之间的边缘人。

六

社会认同内卷化

来自城市社会的排斥使农民工无法获得外部的认同,而离开农村时间太久也让他们无法认同农村社会,于是不少农民工开始转向寻求群体内部的认同与支持,即社会认同内卷化。这一点在二代农民工身上表现得最为明显。首先,很多二代农民工是在城市长大的或者在城市生活的时间长于农村,他们对城市更有感情,也更倾向于认同城市而非农村。其次,除了在就业市场上的歧视,二代农民工往往还经历了受教育、居住、生活等多方面的歧视,而且这些歧视多发生在他们形成人生观、世界观的成长时期,因此他们对城市社会的歧视与排斥更加敏感和反应强烈。再次,对于一代农民工来说,他们与当前生活状态进行比较的对象和坐标往往是在农村的生活状态,而二代农民工与当前生活状态进行比较的对象和坐标是城市其他同龄者,因此二代农民工的不公平感和被剥夺感更加强烈。最后,二代农民工普遍比一代农民工具有更高的学历和更广博的见识,因此他们更愿意用行动改变这种不平等状态。

可见,我国城市化进程中出现的农民工现象已让社会出现异化,明显不公平的社会政策正让一个巨大的农民工群体向内部封闭、外部冲突的阶层转化,并成为社会重大不稳定因素,阻碍我国城市化和现代化进程的顺利推进。

第三章 Chapter Three

我国保障性住房政策的演进与国(境)外的经验

第一节

我国保障性住房政策的演进

公租房作为保障性住房的一种,其产生、发展是与我国住房制度改革和保障性住房改革的大背景密不可分的。新中国成立以来,我国的保障性住房制度改革大体经历了住房实物福利分配、住房实物分配制度改革、以经济适用房为主的多层次住房保障体系、以廉租房为主体的住房保障体系、以公租房为主体的住房保障体系等五个阶段。

一

住房实物福利分配阶段(1958—1977年)

1956年,社会主义改造完成后,在社会主义公有制和计划经济体制的宏观制度背景下,我国实行的是"统一管理,统一分配,以租养房"的公有住房实物分配制度。城镇居民的住房主要由所在单位解决,各级政府和单位统一按照国家的基本建设投资计划进行住房建设,住房建设资金的来源90%主要靠政府拨款,少量靠单位自筹。住房建好后,单位以低租金分配给职工居住,住房成为一种福利。从广义上看,这种制度仍属于住房保障制度,它是政府为解决城镇居民住房困难而设计和实施的体系。但在这种体系中,住房保障对象十分宽泛,面向全部城镇职工,这不同于一般住房保障针对有住房困难群体的扶助救济性质,因此是一种错位的住房保障制度。1958年到1977年,我国一直实行这一住房制度。但是在这段时间里,由于我国政府坚持以发展生产为先,住房基本建设投资规模逐年削减,因此,实际实现的保障水平十分低下。事实上,我国在1978年时城镇人均住房面积仅为3.6平方米,比1949年的4.5平方米反而下降了20%。[1]

二

住房实物分配制度改革阶段(1978—1993年)

由于福利分房制度逐渐暴露出的问题以及住房供给不足矛盾的突出,促使我国政府必须寻求解决途径。1978至1993年是我国福利分房制度改革不断探索和发展的阶段,具体可以分为两个阶段。

第一阶段是福利分房制度改革探索阶段(1978—1985年)。在这一阶段,我国政府进行了公房出售和补贴出售住房试点,为住房制度改革进行了多种形式的尝试和创新,积累了有益的经验。

1978年,面对我国城镇严峻的住房问题,邓小平同志提出解决住房问题路子要宽些,应允许私人建房、私建公助和分期付款等方式,动员私人钱财解决住房问题。1980年,邓小平同志提出:"要考虑城市建筑住宅、分配房屋的一系列政策。城镇居民个人可以购买房屋,也可以自己盖。不但新房子可以出售,老房子也可以出售。可以一次付款,也可以分期付款,十年、十五年付清。住宅出售后,房租恐怕要调整。要联系房价调整房租,使人考虑买房合算。"同年6月,中共中央、国务院在批转《全国基本建设工作会议汇报提纲》中正式提出实行住房商品化政策。

1981年,公房出售试点扩展到23个省、自治区的60多个城市和一部分县镇。1982年,在总结前两年公房出售试点经验的基础上,鉴于城镇居民工资水平低、购买能力有限,原国家建委和原国家城市建设总局决定在郑州、常州、四平和沙市四个城市试行公有住房的补贴出售,即政府、单位、个人各负担房价的三分之一。在出售公房的同时,有的地方还实行了住房租金的改革,进行了一些有益的尝试。主要做法有"按成本计租,定额补贴""超标加租",对青年公寓实行"新房新租"。

---

[1] 宋军:《重庆公共租赁住房保障体系建设研究》,硕士学位论文,西南大学,2011。

第二阶段是福利分房制度改革深化阶段(1986—1993年)。在之前试点的基础上,1986年以后,城镇住房制度改革取得了重大突破,掀起了第一轮房改热潮。

1986年2月,成立了国务院住房制度改革领导小组,下设办公室,负责领导和协调全国的房改工作。1988年1月,国务院召开了"第一次全国住房制度改革工作会议"。同年2月,国务院批准印发了《国务院住房制度改革领导小组关于在全国城镇分期分批推行住房制度改革的实施方案》,标志着住房制度改革进入了整体方案设计和全面试点阶段。

1991年6月,国务院发出了《关于积极稳妥地进行城镇住房制度改革的通知》,提出分步提租、交纳租赁保证金、新房新制度、集资合作建房、出售公房等多种形式推进房改的思路。同年10月召开了全国第二次房改工作会议,确定了租、售、建并举,以提租为重点,"多提少补"或"小步提租不补贴"的租金改革原则;基本思路是通过提高租金,促进售房,回收资金,促进建房,形成住宅建设、流通的良性循环。1993年11月,国务院房改领导小组在北京召开了第三次房改工作会议,改变了第二次房改会议确定的思路,代之"以出售公房为重点,售、租、建并举"的新方案。

1991年的上海房改方案,以建立住房公积金筹集专项住房资金为突破口,是房改思路的重大调整,为从根本上解决住房问题提供了基于强制汇缴聚集为基础的庞大资金后盾。此后,以住房公积金制度为主的住房保障实践开始在全国推广。

三

以经济适用房为主的多层次住房保障体系(1994—2006年)

1994年7月18日,国务院下发了《关于深化城镇住房制度改革的决定》,确定房改的根本目的是:建立与社会主义市场经济体制相适应的新的城镇住房制度,实现住房商品化、社会化;加快住房建设,改善居住条件,满足城镇居民不断增长的住房需求。该决定还提出,要建立以中低收入家庭为对象、具有社会保障性质的经济适用住房供应体系,并且要求各地区房地产开发公司每年的建房总量中经济适用住房要占20%以上。

1998年7月3日,国务院颁布《关于进一步深化城镇住房制度改革 加快住房建设的通知》(国发〔1998〕23号)。通知进一步确定了深化城镇住房制度改革的目标是:停止住房实物分配,逐步实行住房分配货币化;建立和完善以经济适用住房为主的多层次城镇住房供应体系;发展住房金融,培育和规范住房交易市场。同时决定,1998年下半年开始停止住房实物分配,逐步实行住房分配货币化。至此,我国已实行了近40年的住房实物分配制度从政策上退出历史舞台。此外,该通知还对未来保障性住房建设指明了方向,那就是建立和完善以经济适用住房为主的住房供应体系,即最低收入家庭租赁由政府或单位提供的廉租住房;中低收入家庭购买经济适用住房;其他收入高的家庭购买、租赁市场价商品住房。由此确立了经济适用房在住房供应体系中的主体地位。

四

以廉租房为主体的住房保障体系(2007—2009年)

2003年以来,各地经济适用房逐渐暴露出保障对象错位、面积失控、寻租腐败等问题,引起中央和社会各界的重视。2007年8月7日,国务院印发《关于解决城市低收入家庭住房困难的若干意见》(国发〔2007〕24号),提出:"以邓小平理论和'三个代表'重要思想为指导,深入贯彻落实科学发展观,按照全面建设小康社会和构建社会主义和谐社会的目标要求,把解决城市低收入家庭住房困难作为维护群众利益的重要工作和住房制度改革的重要内容,作为政府公共服务的一项重要职责,加快建立健全以廉租住房制度为重点、多渠道解决城市低收入家庭住房困难的政策体系。"在该意见中,廉租房成为住房保障方式的首选,经济适用房则退居第二位,保障对象也从原来的"中低收入家庭"转变为"低收入住房困难家庭"。

同年,中共十七大报告提出:"健全廉租住房制度,加快解决城市低收入家庭住房困难。"十七大报告中只有廉租房,而不提经济适用房,说明我国住房保障制度有了重大调整,廉租房成为我国住房保障的主要形式。

五

以公租房为主体的住房保障体系(2010至今)

就廉租房而言,一方面受制于国家财力投入的限制,廉租房房源供应不足,许多低收入的住房困难家庭不得不长时间轮候;另一方面,廉租房制度保障对象的覆盖面过窄,外来务工人员和刚毕业的大学生等具有刚性住房需求的主体未被纳入,长期生活在城镇中的"夹心层"群体难以依靠廉租房解决住房困难问题。这都决定了以廉租房为主体的住房保障体系只能是过渡性方案。

2010年6月,住建部等七部委联合发布《关于加快发展公共租赁住房的指导意见》(建保〔2010〕87号),提出了加快公租房建设的基本原则、租赁管理方式、房源筹集渠道和配套政策措施,为公租房的良性有序发展奠定了基础。而且,该指导意见还首次将外来务工人员纳入城市保障性住房的适用对象。2010年年底的中央经济工作会议进一步明确提出,要加快推进住房保障体系建设,强化政府责任,调动社会各方面力量,加大保障性安居工程建设力度,大力发展公共租赁住房。2011年3月,国务院发布《国民经济和社会发展第十二个五年规划纲要》,该规划提出在我国"十二五"期间要加大保障性住房供给,重点发展公共租赁住房,逐步使其成为保障性住房的主体。随后,公租房逐步在全国范围内开始大面积建设。

由于公租房和廉租房在保障对象、管理机构、管理模式等方面存在功能重叠,2013年12月,住建部、财政部和发改委联合下发《关于公共租赁住房和廉租住房并轨运行的通知》(建保〔2013〕178号),提出从2014年开始,全国的公共租赁住房和廉租住房并轨运行,各地廉租住房建设计划调整并入公共租赁住房年度建设计划。自此,公租房成为我国住房保障体系的主要形式。

第二节

WOGUO GEDI GONGZUFANG ZHENGCE BIJIAO

我国各地公租房政策比较

2010年以后,随着《关于加快发展公共租赁住房的指导意见》出台,我国公租房建设开始提速。但是,由于公租房建设、管理均由地方政府依据各地实际情况自行制定具体实施办法,因此我国各地实行的公租房政策具有鲜明的地方特色。

一

房源储备方式

当前,我国各地实行多渠道公租房房源储备方式。根据储备房源的主要方式的不同,大体上可以分为政府集中新建为主和其他方式为主两大类。

以政府集中新建为主要房源储备方式的城市中,重庆、南京比较典型。为建设公租房,重庆市设立了以重庆地产集团和重庆市城市建设投资公司为首的八大投资公司,并实施土地储备制度改革,为大规模公租房建设做好土地准备。以政府集中新建方式储备的房源,一般会形成大规模的公租房社区,从而在地域空间上表现为"大集中,小分散"的特征。在重庆主城区,自2011年第一个公租房社区——民心佳园投入使用以来,陆续建成了康庄美地、学府悦园、半岛逸景、康居西城、两江名居、民安华福、城南家园、城西家园、江南水岸、金凤佳园、九龙西苑、空港乐园、美丽阳光家园、樵坪人家、云篆山水、龙洲南苑、幸福华庭、缙云新居、碚都佳园等公租房社区20个,总建筑面积2326万平方米。每个公租房社区平均建筑面积116.3万平方米,平均可容纳4.5万人居住。

在2010年以前,南京市的公共租赁房主要由各区根据本区需求状况自行建设和收购,如位于江宁区中心地带的大市口公租房小区。该小区原是一家酒店,后由江宁区住房保障部门收购,改建为公租房小区。2010年以后,南京市转变保障房建设理念,将原来各区的保障房由分别建设为主转变为全市统一建设为主,由分散建设为主转变为集中成片建设为主,由单一经济适用房(拆迁安置房)为主转变为多种保障房统筹兼顾。在南京,比较知名的公租房社区有迈皋桥创业园、西善桥岱社区、江宁上坊社区和花岗社区。这些公租房社区总建筑面积均超过100万平方米。

以其他方式为主要房源储备方式的城市最典型的是上海。上海市公租房的来源主要有:从其他形式的保障性住房房源转化为公共租赁住房的房源;利用农村的集体建设用地适当集中建设而成的房源;以市政大型建设为主题,涵盖对旧城区的改造以及进行区位分析,单独选址集中建设的房源;租赁或收购社会上的闲置住房的房源;企事业单位自用土地兴建的人才公寓等以及房地产开发企业或者社会机构定向投资建设而成的房源等。可见,上海的公租房主要以收储社会闲置房为主。以这种方式筹集公租房在地理空间上比较分散,不会形成类似重庆、南京那样的大型公租房社区。

二

保障对象与申请条件

我国的公租房制度设计初衷主要是为了解决城市"夹心层"的居住问题。所谓"夹心层"是指既不具备购买商品房的经济能力,同时又够不上申请廉租房条件的这部分中低收入群体。但是,在各地的实践中,不同城市对城市"夹心层"的定义均有所不同。依据申请条件中是否对收入条件做出规定,不同城市的公租房政策大体可以分为规定了有收入条件和没有收入条件两大类。前者主要有北京、重庆等城市,后者主要有上海等城市。

北京市公租房的保障对象主要有三类。第一类人群为:廉租住房、经济适用住房和限价商品住房的轮候家庭。第二类为具有北京市城镇户籍,家庭人均住房使用面积15平方米及以下,3口及以下家庭年收入10万元及以下,4口及以上家庭年收入13万元及以下。第三类为非北京户籍,来京连续稳定工作一定年限,具有完全民事行为能力,有稳定收入,能够提供暂住证明或参加社会保险证明,本人及家庭在本市均无住房的人员。

《重庆市公共租赁住房管理实施细则》规定,公租房申请人应年满18周岁,在主城区有稳定工作和收入来源,具有租金支付能力,符合政府规定收入限制的无住房人员、家庭人均住房建筑面积低于13平方米的住房困难家庭、大中专院校及职校毕业后就业和进城务工及外地来主城区工作的无住房人员。但直系亲属在主城区具有住房资助能力的除外。与北京市一样,重庆市也对申请人的收入做了详细规定:单身人士月收入不高于2000元,2人家庭月收入不高于3000元,超过2人的家庭人均月收入不高于1500元。重庆市政府将根据经济发展水平、人均可支配收入、物价指数等因素的变化定期调整,并向社会公布。

与北京和重庆不同,上海市没有对申请人的收入做出限制标准。上海市公租房的保障对象为五类。第一类是在经济适用住房和廉租房政策实行时符合政策覆盖身份群体特征的,由于房源供应不足或者没有选中合适的住房尚处于轮候中的中低收入且住房存在一定困难的家庭。第二类是城镇中低收入住房困难家庭。第三类是新进入社会就业的大学毕业生。第四类人群是进城务工人员。第五类则为收入标准或居住面积等还不满足当地保障性住房申请标准的孤寡老人以及残疾人等特殊群体。

从申请条件来看,北京和上海由于流动人口多,保障压力大,因此对无户籍的外来人口申请本市公租房的条件较高,而重庆则较低。上海要求无户籍公租房申请人持有上海市居住证两年以上,并连续缴纳社会保险1年以上。北京市没有对办理居住证年限做出规定,但要求在京连续缴纳社会保险5年以上。重庆没有要求无户籍公租房申请人持有居住证,连续缴纳社会保险的期限也仅要求6个月即可。对住房困难家庭的界定,上海最宽泛,家庭人均住房建筑面积低于15平方米即可申请公租房,北京、重庆要求家庭人均住房建筑面积低于13平方米。

三

租金水平

由于经济发展水平不同,我国各地对公租房的租金也有不同规定。大体上,我国各地公租房的租金政策可以分为实行差别化租金和未实行差别化租金两大类。前者的代表城市是杭州、北京,后者的代表城市是重庆。

2011年,杭州市出台了《杭州市区公共租赁住房租金管理暂行办法》,规定公租房根据土地不同等级实行差别化租金。具体办法是将公租房土地划分为八个等级。从1到8级公租房的月租金分别为36元/平方米、32元/平方米、29元/平方米、27元/平方米、21元/平方米、16元/平方米、12元/平方米、10.5元/平方米。此外,杭州市还根据不同的土地等级,对低收入住房困难家庭根据其申报的年度收入情况给予一定的租金减免。具体规定为,对持有有效期内《杭州市城市低收入家庭认定证明(住房保障专用)》的家庭,租赁一级土地等级的公共租赁住房租金为每月每平方米(建筑面积)25.20元,二级为22.40元,三级为17.40元,四级为16.20元,五级为10.50元,六级为8.00元,七级为6.00元,八级为5.25元。

与杭州类似,北京也基于不同地段对公租房租金进行了差别化规定。城六区的公租房项目租金一般在每月30~40元/平方米,部分地段较好的项目租金在每月40~50元/平方米;门头沟、房山、通州、顺义、大兴、昌平等区的公租房项目租金一般在每月20~30元/平方米,部分项目租金略高于30元/平方米;平谷、怀柔、密云、延庆等区的公租房项目租金均低于每月20元/平方米。

北京也实行公租房租金补贴政策,对符合廉租房保障条件的家庭承租公租房,或者同时具备4项条件(申请当月的前12个月里,家庭人均月收入不高于2400元;除了承租的公租房外无其他住房,或虽有其他住房但已腾退;3人及以下家庭总资产净值57万元及以下,4人及以上家庭总资产净值76万元及以下;所承租的公租房必须是通过公开摇号的方式获得)的城镇户籍家庭承租公租房进行租金补贴,并根据家庭收入水平等情况的不同,将租金补贴分为六档。其中前3档适用廉租房,分别是符合廉租实物配租条件的城市低保家庭,补贴房租租金的95%;其他符合廉租实物配租条件的家庭,补贴房屋租金的90%;符合廉租租金补贴条件的家庭,补贴房屋租金的70%。补贴面积不超过50平方米。后3档适用公租房,分别是人均月收入1200元及以下的家庭,补贴房屋租金的50%;人均月收入在1200元(不含)以上1800元(含)以下的家庭,补贴房屋租金的25%;人均月收入在1800元(不含)以上2400元(含)以下的家庭,补贴房屋租金的10%。补贴面积不超过60平方米。

受城市地形的限制,重庆市是一个多中心城市,住房市场化租金受地段影响没有北京、杭州那么大。因此,重庆市没有实行差别化租金政策。《重庆市公共租赁住房管理实施细则》规定,公租房的租金标准由市物价部门会同相关部门研究确定,原则上不超过同地段、同品质、同类型普通商品房市场租金的60%。租金实行动态调整,每两年向社会公布一次。目前,重庆公租房的月租金处于8~11元/平方米。

四

运营管理模式

根据管理主体的不同,可以将目前公租房管理模式分为政府主导模式和市场化模式两大类。其中,前者的典型城市是重庆,后者的典型城市是上海。

重庆市的公租房土地由政府划拨,政府投资建设,因此自然也由政府负责运营管理。为此,重庆专门设立了独立的管理机构——公租房管理局,负责主城九区公租房的管理工作。重庆的公租房管理局是重庆市国土资源和房屋管理局的二级局,属于副局级单位。从公租房的规划、房源的储备到申请对象审核配租、监督管理等工作都由公租房管理局专门负责,具体操作。

这种管理模式有利于维护公租房的保障房性质,有效避免利用公租房牟利,但同时也存在体制僵化、效率低下、租赁与管理关系复杂等问题。

上海作为我国住房制度改革的先驱,首创了很多管理制度。例如,当前全国普遍实施的住房公积金、廉租房等都是由上海首先推出并试点,然后再推向全国的。在公租房运营管理上,与大部分城市不同,上海也没有采用政府主导模式,而是采用了市场化运营管理模式。上海成立了一批公租房运营机构,即公租房管理公司,专门负责公租房的建设和管理等工作。与重庆的公租房管理局不同,上海的公租房管理公司基本上属于国企性质,由各区(县)成立,按《公司法》组建,具有法人资格,采取市场化方式进行运作,独立运营,自负盈亏。公租房管理公司实行"全封闭"运作,只运营公租房项目,并且工作人员也是通过社会招聘的专业人员。公租房管理公司一方面需要从租金方面回收运营成本,另外还可以考虑多元化经营,包括社区服务、社区内商铺运营等方式来维持运行机构的长足发展。这种运营管理模式租赁与管理关系简单,服务质量较高,对商品房和租赁市场扰动比较小,但也存在公租房保障性弱化、寻租和套利空间较大等问题。

第三节

国(境)外的经验

一

美国

在公租房制度先行国家中,无论是基本国情,还是政府发挥的作用,美国都是与我国最为相似的。

(一)发展历程

20世纪20年代,随着美国城市化水平不断提高,大量自由劳动力、新移民涌入城市,使得城市住房问题日益严峻。再加上20年代末的世界经济危机又造成大量失业,无家可归的产业工人和贫民窟数量剧增并在区域上不断蔓,引起了政府和社会各界的广泛关注。美国联邦政府和各地方政府逐渐意识到,改造城市住房,解决住房问题不能仅仅依靠自由放任的市场调节,政府开始介入原本奉行自由主义的住房市场,建立公共住房保障体系。

1933年,美国国会通过了《住宅法》,这是美国首部公共住房法案。主要办法是将联邦政府的资金以贷款的形式拨给地方政府,使他们可以开展贫民窟清理和低租金住房建造工作。1937年,美国国会通过《住房法》,标志着美国政府在公租房政策上的重大转变。自此,长期稳定的公租房发展政策代替了过去临时性的救助性措施。

1949年,美国国会通过对《住房法》的修订,强调了公租房发展计划对于刺激就业、保持经济繁荣的重要作用,并将每年新建公租房的数量规定在100万套。同时,该法案还赋予地方政府征用土地的权力。从20世纪50年代开始,美国各地修建了数量庞大的公租房。

20世纪60年代,随着大量公租房建成并投入使用,也暴露出诸多问题。一方面,公租房的兴建把大量低收入家庭从私人房地产市场上剥离出来,转移到公共住房体系中,冲击了二手房市场,引起中产阶级的不满。另一方面,由于公租房社区外观单调、质量较差、配套设施不全,逐渐成为低收入阶层民众的聚居区。尤其是美国东北部工业发达地区,最早建立的公租房社区在此时已经衰败,并呈现出种族隔离的特征,成为黑人社区。1966年在芝加哥开始的高特里克斯诉讼将美国公租房面临的种族隔离问题彻底暴露了出来。

进入20世纪70年代,美国住房问题的主要矛盾发生转变,即由原来的公租房供不应求的矛盾转化成低收入阶层的收入与租金相比相对过低的矛盾。因此,美国政府从20世纪70年代中期暂停了公租房建设,将公共住房政策的重心由补贴住房建设者转变为直接补助租户。此外,针对公租房社区的贫困人口集聚、种族隔离、犯罪等问题,美国国会对1949年《住房法》实施了修订,以确保所有公租房项目在合理时期内安置各类收入人群,通过低收入贫困家庭的分散安置,避免产生严重的社会问题。1993年,美国国会通过希望六号计划(HOPE VI Program),除了解决公租房破败问题,更主要是致力于解决种族隔离、缺乏公共服务、犯罪、失业、社会福利缺失、少数民族聚集、单亲家庭等社会问题。1998年,美国国会再次寻求解决公租房的贫困过度集聚问题,出台了《公租房改革法》。该法规定,公租房40%以上的住户,其收入须低于本区中等家庭收入的30%,该收入标准同样适用于75%的租房优惠券初次领受者。此外,若住房管理部门将75%以上的租房优惠券分配给收入低于本区中等家庭收入30%的租户,则收入低于本区中等家庭收入30%的新入住公租房租户比例最低可降至30%。再者,该法要求所有公租房管理局启动新的租户安置方案,在相对贫穷的公租房小区安置高收入租户群体,同时提高富裕小区低收入租户群体比例。

(二)特点

首先,政府在公租房政策中发挥关键作用。美国公租房政策的出台以及随后的大规模兴建,都深深打上了罗斯福新政的烙印。联邦政府和各地方政府既是美国公租房计划的制订者,也是主要执行者。由政府主导的公租房发展计划有利于调动国家和社会资源,对项目的快速推进和见到成效起到关键作用,但同时也会导致建筑质量差、选址偏远、居住服务跟不上等问题。

其次,由政府鼓励保障住房建设向政府提供住房补贴转变。20世纪初,美国政府主要面临保障房供给十分有限、人民居住困难的问题。政府的主要目标是通过政策引导和资金扶助,增加保障房的建设,保障居民的居住权。这一时期,美国各地兴建了许多大型公租房社区,动辄可以容纳十几万人居住。随着公租房供给的增加以及后来美国公租房社区暴露出严重的社会问题,美国政府开始致力于对已有公租房社区的改造,并将对低收入群体的住房实物补贴向政府提供住房补贴转变。

最后,由集中兴建大型公租房社区向贫困人口分散居住转变。20世纪30年代以后,美国各地兴起建设公租房的热潮,仅1940至1942年,美国建成了8个大型公租房社区。这些公租房社区总建筑面积非常大,可以容纳大量低收入群体居住。但是,随着美国产业结构升级,城市中心的专业技术人才和中产阶级开始迁移到郊区居住,中心城区聚集了缺少专业知识和高等教育的社会底层。由于中产阶级在维护社区稳定、支撑社区组织、加强共同价值方面起到重要作用,失去中产阶级的中心城区不仅失业率更高,而且社会组织和价值被破坏,聚集了大量社会底层的中心城区陷入与社会主流就业网络和主流价值观念隔绝的境地。很多大型公租房社区成为犯罪、帮派、吸毒、堕胎、辍学等社会问题高发的贫民窟。针对这一问题,美国国会先后通过了希望六号计划和《公租房改革法》。一方面放宽了公租房申请人的收入标准,允许中产阶级申请并居住公租房;另一方面,加大了对公租房社区的改造力度,拆除了很多公租房社区。过去居住在公租房的低收入群体通过政府提供的住房补贴,分散居住在城市不同的社区中。

二

英国

(一)发展历程

英国是最早把住房纳入社会保障体系的国家,也是最早建立公租房的国家。早在1890年,英国就出台了《工人阶级住房法》,标志着英国开始通过公共住房制度干预住房市场。进入20世纪后,英国工业化进程开始加速,大量农民作为自由劳动力不断向城市涌入,城市的住房严重供不应求,城市中产生大量出租房屋的食利者。这迫使英国政府出台更加积极的住房市场干预政策,降低城市虚高的住房租金。1915年,英国出台《租金上涨和抵押贷款法》,其目的就是租金管制,同时推进小规模的保障房建设。英国政府规定有权力确定住房租金的只有地方议会或政府,禁止二手房买卖,余出的房子只能由政府和租户购买。中央政府和地方政府合理划分职能,住房建设补贴由中央政府拨付,实际的保障房兴建由地方政府来支持并管理。政府对提供住房的对象有严格的限定,即政府只向劳动家庭提供住房。

第二次世界大战后,由于战争破坏和复员军人激增,英国出现住房供应不足的问题。英国政府开始改变过去控制住房租金的政策,将其政策核心转变为增加公租房供给。主要的方法一方面是政府直接投资公租房建设,另一方面对公租房建设进行补贴。尽管由地方政府负责公租房建设,但中央政府对地方政府建设成本的三分之一到二分之一进行补贴,同时减免公租房开发商的贷款利息税,并且将1946年以前政府只向劳动家庭提供住房的政策转变为满足社会个人的住房需求。

20世纪80年代,1979年上台的撒切尔夫人政府提出了"国家向后撤"的改革思想,认为政府既没有足够能力也没有必要承担过多的社会福利职能。这一时期,英国实行住房私有化改革,以扩大自有住房市场的作用。在经济上,政府减少了对地方住房的拨款,使得地方政府无太多资金新建更多公共住房,从经济上推动住房制度改革;在管理上也淡化了地方政府的作用,改由民间非营利组织的住房协会来管理、出租、出售公共住房,以期实现住房商品化和私有化的目的。而政府将从前的建房资金转投到住房协会,支持协会的建房活动,对协会财力发挥了基本的托底作用。政府还对协会的住房业务,包括商业经营实行税收优惠,尤其是对建房土地优惠供应。这些政策直接节省了协会的运行成本,进而扩展了协会对租户的倾斜空间。

进入21世纪,英国公租房的问题也逐渐浮现。由于公租房租金低廉,一些人通过骗租和转租公租房牟利。英国广播公司2012年年初披露,公租房的申请家庭多达180万户,却有约16万套公租房被转租,约6000名年薪10万英镑以上的高收入者骗租着公租房。社区与地方政府部门2010年统计显示,以卧室数量为标准,约有25万户公租房家庭处于居住匮乏或拥挤状态,处于超标状态的家庭则超过40万户,除伦敦外的所有地区,超标违规占用的家庭远多于居住拥挤的家庭。针对猖獗的违规行为,2012年英国制定并颁行《福利改革法案》和《住房福利修正法案》,对公租房的各类违规欺诈行为做出了法律规制。如果仅超标一间卧室,将提高14%的房租,如果超标两间卧室及以上将提高25%的房租,这被形象地称为征收"卧室税"。经法院认定的违规转租行为,将视情节轻重进行惩处,除收回公租房外,违规者最高可被处以两年监禁并罚款5万英镑。如果租户有破坏租赁协议的行为,包括拒不支付租金、拖欠租金、申请中有欺诈行为、有严重的反社会行为及家庭暴力等,房屋出租方可以驱逐租户。

在对违规行为实施打击的同时,英国也实行着对公租房人群的人性化管理,充分理解和支持这一群体想拥有自己住房的朴素愿望,可将公租房向其出售,出售形式为共有产权模式。该模式允许有购房意愿但无力支付全部房款且已租住该公租房5年以上的租户根据自身支付能力(可使用银行信贷并享受利息的部分财政补贴),按照房屋市场价的一定折扣购买部分额度的产权,剩余产权仍归出租方所有,租户须按剩余产权的比例缴纳房租。在首次购买行为发生一年后,租户根据自身情况再逐步购买剩余产权,或继续保持产权比例,也可将已购产权向出租方返售。即使租户完成了对产权的全购买,仍不能将房屋随意进行市场化买卖。原出租方将干预房屋的销售,即拥有优先购置权。这样的制度设计保证了公租房的服务价值取向不会发生太大偏离,较好地阻隔了不当牟利行为,也满足了中低收入者对拥有属于自己的住房以及由此体现自身价值的心理诉求。

(二)特点

首先,公租房供给体系多元化。与美国不同,在英国公租房的供给体系中,除了政府力量外,还有众多的非营利组织从事着公租房的建设及相关的管理服务,如主体代表遍布各地、数量超过3000家的住房协会。2010年,英国各级政府拥有公租房222万套,而住房协会拥有256万套,已成为公租房的最主要供给主体。

其次,租金相对低廉。英国公租房租金设定的总原则是强调保障对象的可负担性,充分考虑租住群体的住房支付能力,确保房租处于其可负担的范围内。对于可负担的具体标准,社区与地方政府部门做出明确界定,租住公租房的居民或家庭,房租支出不能超过其总收入的25%。这一要求是对全国所有公租房租金水平的硬性约束。当然,政府资金的注入、税金减免、土地优惠和社会捐赠等支持措施是住房协会能够以相对低廉的租金向低收入群体提供公租房的有力保证。

最后,公众对政策制定的影响。英国民众及公租房租户广泛参与到公租房政策的运行全过程,积极行使自己的知情权、发言权、监督权,对政策的实施和改进产生了直接而深刻的影响。1968年《城乡规划法》规定,地方规划机构在编制规划时必须提供本地评议或质疑的机会,这是制定规划的必要前提。随着80年代经济社会的发展与日趋多样化,公众参与公租房建设规划被政府确立为基本的公民权利。建设方(地方政府和住房协会)必须执行严格的公众参与程序,建设公租房的议题、规划草案、建设目标等都必须进行公众审核与讨论,听取公众尤其是建房计划目标公众的意见,并将这些意见尽可能地反映到规划当中。

三

中国香港

(一)发展历程

中国香港地区的公租房(公屋)全部实行实物配租。这与我国当前的公租房政策比较相似。香港的公租房制度始于20世纪50年代,是由一场意外火灾为缘起推出的。

第二次世界大战结束后,由于大量内地难民移居香港,导致香港的住房无法满足大量移民的需求。因此,移民在城市边缘兴建了很多木屋居住。这些木屋设备简陋,卫生环境恶劣,加上木屋的密度高,所以经常发生火灾。1953年的圣诞夜,石硖尾木屋区发生了史无前例的大火,令5万多人无家可归。此后一年内,其他木屋区也连续发生火灾,又有4.2万人流离失所。政府不得不紧急修建以安置灾民为目的的公共居住房屋,并由此演进形成了一个庞大长远的公共居住房屋计划,也开始了香港的公租房发展史。

火灾发生后,香港地方政府的首要任务是在最短的时间内建造安置区来安置受灾群众。这一阶段兴建的公租房其特点是建设量大、补贴高、标准低。灾民安置区新建的住宅全是6至7层高的H型公寓,附带公共的浴室和卫生间,当时每个成年人的最低标准使用面积为2.23平方米。而且,这些房屋只租不卖,目的是应急安置灾民和极端贫困的家庭。

20世纪60年代,香港人口增加到300万,这主要是由于香港放宽了中国内地的移民限制,导致大量移民进入香港。这一阶段,港府兴建廉租屋来解决那些居住过于挤迫或低于居住环境标准家庭的居住问题。1965年还成立了房屋科。为了控制木屋区的发展,港府将木屋划分为"可容忍的"和"不可容忍的"木屋。"不可容忍的"木屋必须予以拆除。

1973年,香港成立了房委会来建设管理公屋,负责公屋计划的制订和执行以及公屋的供给和管理事务。房委会是一个多元化、多社会身份人士组成的组织,不仅有专业人士,还有社会人员共同参与。1978年,香港推出"居者有其屋"计划,将住房保障方式由以往的"以租为主"变为"以售为主"。政府以低于市场价的价格出售,鼓励城市中低收入群体购买居屋,并实现社会的公平分配。

20世纪90年代以后,港府开始把眼光放在公屋的住房环境上,通过"公屋清洁扣分制""改善居住空间调迁计划",逐步提高公屋住房标准。经过半个多世纪的发展,中国香港逐渐形成了自有住房和租房各占一半、私租房与公租房互相补充的住房格局。

(二)特点

首先,长期规划,分阶段推进。香港的公租房计划虽然发轫于一次意外,但这并非香港的一项临时危机应对方案,而更像是借助火灾契机而进行的长期建设规划。公租房发展早期,注重量的积累,而进入发展中后期,则注重质的提高。因此,虽然香港的公租房规模巨大,但后期并没有出现西方发达国家出现的公租房社区沦为贫民窟的情况。可见,发展公租房必须着眼于长期发展,注重统筹规划、合理布局,走可持续发展之路。

其次,以租赁型公屋为主。严格地说,香港的公共住房分为公屋和居屋两种形式,公屋用于租赁,居屋用于出售。虽然港府曾大力推广居屋,但由于香港人多地少,寸土寸金,因此香港绝大部分的公共住房仍是公屋。超过三分之一的香港居民住在公屋里。

最后,通过配建商业性的房产开发保证公租房的建设和运营资金。香港公屋计划之所以能够持续大规模发展,正是因为资金来源有保证,除了政府财政的积极支持外,通过配建商业性房产开发为公租房的建设筹措了巨量资金。香港建造的公屋不仅配建了学校、福利设施等基本公共服务设施,还合理地配置了娱乐场所、商场、停车场等商业设施。这些商业设施通过招标的形式向社会公开竞价招租,并收取合理的租金和管理费用。这种"以商养房"的方式既增加了公租房建设资金来源,又满足了居民的生活需求,还创造了许多就业岗位。

第四章 Chapter Four

问卷调查与描述性统计分析

第一节

调查说明

一

样本来源

本研究以我国集中式公租房社区中居住的农民工为研究总体,研究当前我国公租房社区里的农民工城市融入状况、影响因素与政策。为此,课题组于2017年3至4月对北京、江苏、广东、湖北、重庆、贵州等建设、启用、运行集中式公租房社区较早的地区进行了详尽的案头调研,综合考虑各省市公租房建设规模、管理政策、运行现状以及本研究的研究目的,最后课题组确定以重庆市作为本次抽样调查的实施地区,理由主要有以下几点:

第一,重庆是我国公租房建设的先行城市,无论是在建面积、建成面积,还是入住人数均在全国名列前茅,建筑形式也主要以大型公租房社区为主,在全国范围具有一定的典型性。

第二,一些省市建设的公租房社区规模较小,如上海,在全国范围内不具有典型性。

第三,一些省市公租房配租政策设定的门槛较高,如北京、广东,导致农民工几乎无法达到配租条件或者比例很小。

第四,一些省市在公租房配租过程中管理不严格,存在"公租房变相成为福利房"的现象,如湖北、贵州,从而导致对符合要求的被调查者甄别难度较大。

确定了调查地区后,课题组对重庆市全部20个已投用公租房社区进行

了筛选,最后确定了民心佳园、康庄美地、学府悦园、康居西城、城南家园、两江名居、民安华福等7个目标样本点。筛选标准如下:

第一,总建筑面积和总套数在100万平方米、1.5万套以上;

第二,建成并投入使用时间在3年以上,即2014年5月之前首批公租房完成配租并入住;

第三,周边区域开发相对完善。

基于以上原则,通过随机抽样,课题组选定南岸区城南家园社区作为本次调查的样本点。

二

问卷发放与回收

根据研究目的,课题组将本次调查的抽样总体确定为年满18周岁、来自重庆主城九区以外地区、具有农村户口的重庆公租房居民。考虑到抽样框难以获取以及需要对符合要求的被调查者进行甄别,本次问卷调查主要采用两种方式。第一,在社区布置调查点,采用中心地调研的方式,由调查员在社区内主干道随机拦截被调查者并进行甄别,将符合要求的被调查者引导到调查点进行面访。第二,利用从社区获得的一部分农民工租户资料,调查员直接进行入户调查。本次调查从2019年6月1日开始,6月10日结束,为期10天,共发放问卷400份,获得有效问卷375份。此外,本次调查还通过无结构的深度访谈法获得深度访谈资料33份。承担本次调查任务的访问员均为西南大学政治与公共管理学院在读研究生。

三 数据处理

对回收的有效问卷,课题组采用EPIDATA 3.1软件将问卷资料录入计算机,使用SPSS 17.0软件进行数据处理与分析。根据研究目的和研究需要,本研究主要采用的分析方法有:描述性统计分析、信度分析、相关分析、独立样本的T检验、单因素方差分析、多元回归分析、因子分析、典型案例分析等。

第二节

YANGBEN TEZHENG FENXI

样本特征分析

一

人口学特征

（一）年龄与性别

从性别来看，本次调查的样本中男性被调查者略低于女性，男性和女性被调查者分别为42.4%和57.6%。从年龄来看，样本中年龄最小的被调查者19岁，年龄最大的65岁，平均年龄43.6岁。从年龄段来看，被调查者的年龄主要集中在30~39岁、40~49岁、50~59岁这三个年龄段，共计占了全部被调查者的75%，其中30~39岁的占25.4%，40~49岁占24%，50~59岁占25.6%。30岁以下和60岁以上的被调查者相对较少，其中20~29岁占13.8%，60岁以上的占10.9%。样本中20岁以下的被调查者最少，只有1人，占全部被调查者的0.3%。（参见图4-1）

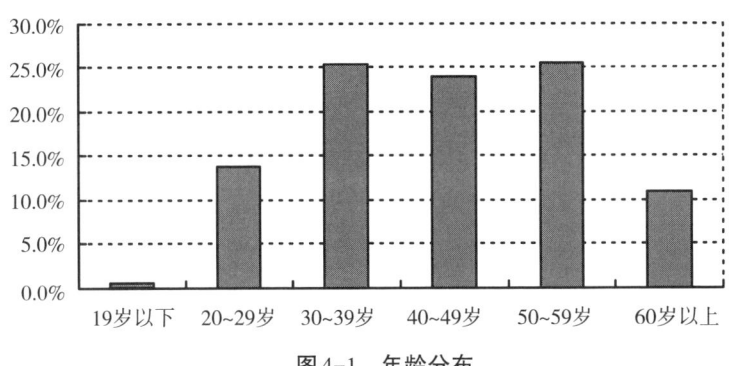

图4-1　年龄分布

30岁以下的农民工比例还不到15%,这确实大大出乎我们的预料。通过综合分析,我们认为导致这种现象出现的原因主要有三个。一是30岁以下的农民工在农民工群体中的比例确实相对较低。因为多年的计划生育导致30岁以下的人口在总人口中的比例大大降低了,"90后"和"00后"相比他们的父辈更愿意从事服务业而非低端制造业。二是30岁以下的农民工单身的比例较高,更愿意与同事合租在单位附近,而成家后的农民工则会考虑租房成本、子女教育等多重因素,更倾向于租住在公租房。三是30岁以下的被调查者拒访率较高。在调查中,中年人和老年人容易被赠品所吸引,进而接受调查。年轻人则往往一边行走,一边使用手机,赠品对他们的吸引力也不够大,从而导致这部分群体在样本中的比例较小。以上三个因素中,前两个因素是客观实在,反映在了本次调查的样本年龄结构,只有第三个因素是由于调查本身的原因导致的代表性偏差。我们估计,由因素三导致的30岁以下农民工所占比例的较低——在2%以内,即实际调查总体(年满18周岁、来自重庆主城九区以外地区、具有农村户口的重庆公租房居民)中,30岁以下的农民工占比在16%以下。

(二)籍贯与户口

居住在重庆公租房社区的农民工主要来自重庆市下辖的区县和临近的四川省,其中来自重庆区县的农民工占全部农民工的77.8%,来自四川省的占15.8%,来自其他省份的只占6.4%。(参见图4-2)

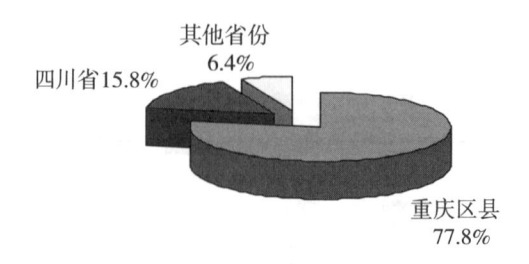

图4-2 籍贯分布

在所有居住在公租房的农民工中,有将近一半的人(43.3%)没有在重庆市办理任何居住证件,办理了暂住证的有43.5%,办理了居住证的有13.2%(参见图4-3)。与以往的调查结果不同,本次调查发现,来渝务工的农民工并没有表现出将户口迁移到务工城市的强烈欲望。根据调查数据,12.5%的被调查者表示"很不愿意"将户口迁到重庆市,42.1%的被调查者表示"不愿意"将户口迁到重庆市,表示"愿意"和"非常愿意"将户口迁到重庆市的被调查者分别占29.3%和5.9%,还有10.1%的被调查者表示"无所谓"。可见,超过一半的被调查者不愿意将户口迁到重庆市,而愿意将户口迁到重庆市的只占三分之一左右。

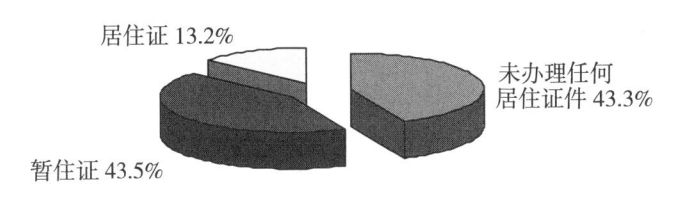

图4-3 户籍状况

(三)婚姻与家庭

本次调查数据显示,居住在重庆公租房社区的外来农民工婚姻状况主要以已婚为主,占全部样本的78.6%。此外,未婚的占12%,离异的占6.7%,丧偶的占2.7%。(参见图4-4)

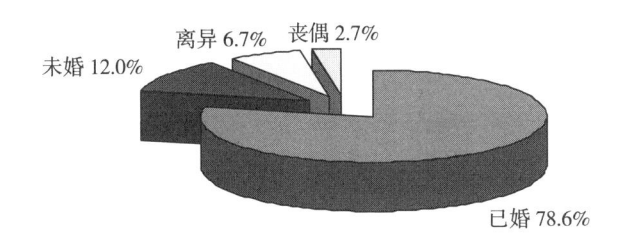

图4-4 婚姻状况

从家庭规模来看,1人家庭为14.4%;2人家庭为31.7%;3人家庭为

29.6%；4人家庭为15.2%；5人以上家庭为9.1%。(参见图4-5)

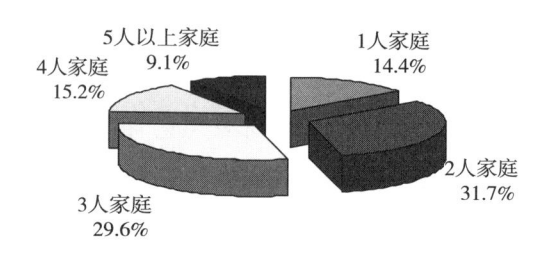

图4-5 家庭规模分布

二

社会学特征

(一)受教育状况

农民工属于受教育程度相对较低的人口群体,从本次调查数据来看,小学、初中和高中文化程度的农民工所占比例最大,分别为22.9%、34.9%、26.7%。具有大学文化程度的仅占12%,具体为大专7.7%,本科4.3%。另外,还有3.5%的农民工没上过学或仅上过扫盲班。(参见图4-6)

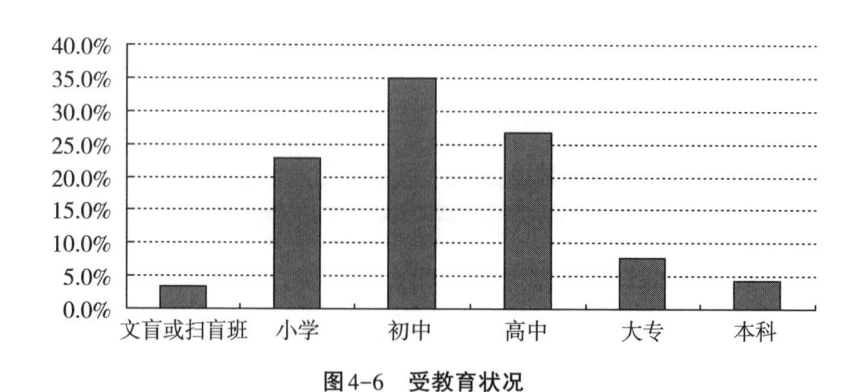

图4-6 受教育状况

(二)职业状况

居住在公租房社区的农民工所从事的职业具有三个特点:以私企为主、工作时间长、社会保障不健全。

从就业单位来看,居住在公租房社区的外来农民工主要在私营企业打工,占全部样本的73.9%,其中签订了劳动合同的占40.3%,没有签订劳动合同的占33.6%。除了在私营企业打工,自己做生意是外来农民工第二大选择,占12.8%。在国企与事业单位工作的农民工较少,仅占5.3%。此外,还有5.3%的被调查者暂时处于失业状态,2.7%的被调查者已退休。(参见图4-7)

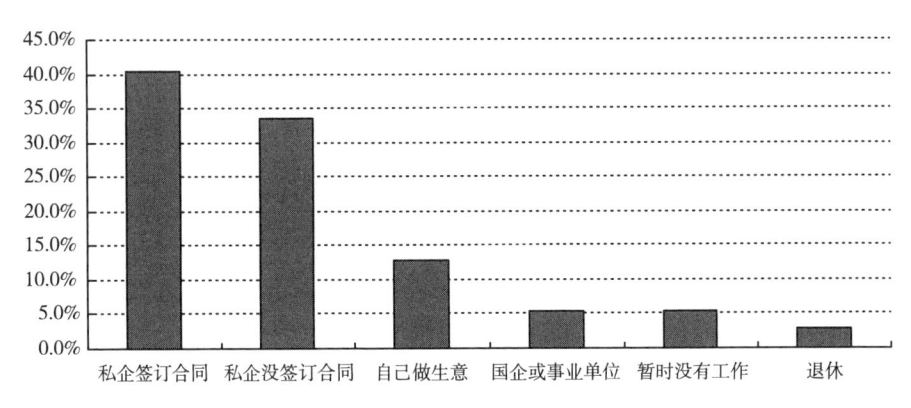

图4-7 就业单位性质

在公租房社区居住的农民工所从事职业的第二个特点是工作时间长。调查发现,农民工每周平均工作天数为5.86天,其中一周工作7天的占29.9%,工作6天的占36.7%,两者合计占66.6%。也就是说,三分之二的农民工一周工作天数超过5天。一周工作5天的农民工仅占27.7%。另外还有5.7%的农民工一周工作天数少于5天。(参见图4-8)

图4-8 每周工作天数

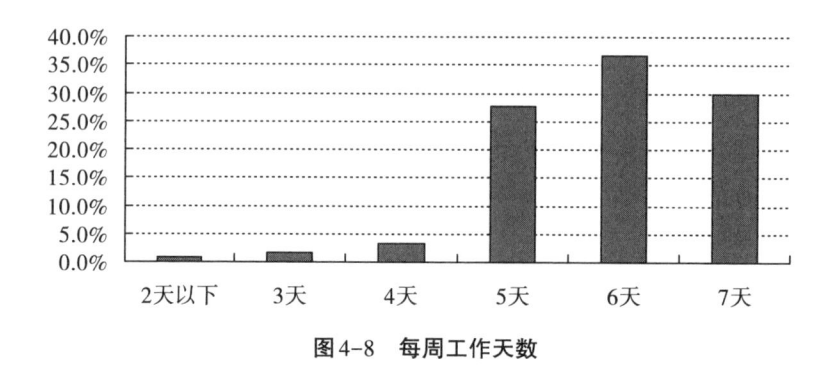

农民工的工作时间长还表现在每天工作小时数上。调查发现,在公租房社区居住的农民工平均每天工作9.12小时,明显高于劳动法"每天工作时间不超过8小时"的规定。具体从每天工作小时数的分布来看,工作7小时以下的占全部样本的5.5%,8小时的占52.1%,9~10小时的占22.4%,11~12小时的占16.2%,13小时以上的占3.8%。(参见图4-9)从周工作时间来看,农民工平均每周工作53.4[①]个小时,比劳动法规定的"每周工作时间不超过40小时"高出33.5%。(参见图4-9)

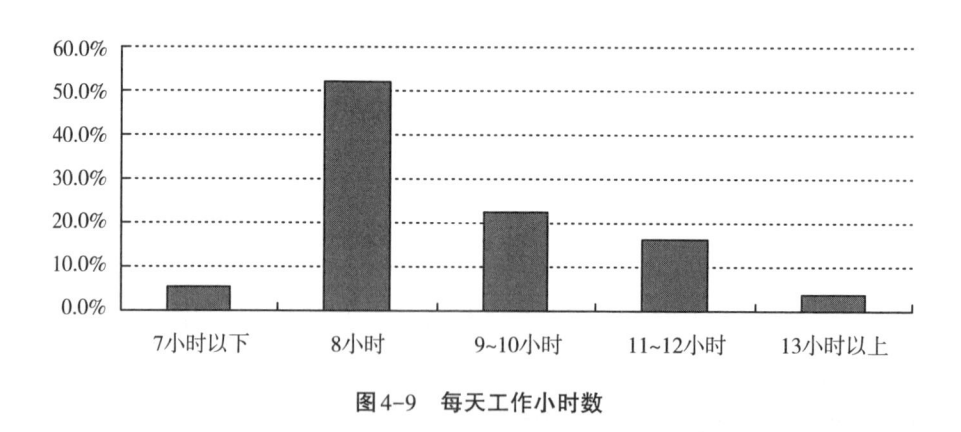

图4-9 每天工作小时数

在公租房社区居住的农民工所从事职业的第三个特点是社会保障不健全。本次调查数据显示,工作单位没有为农民工购买任何保险的占19.7%,

---

① 5.86×9.12≈53.4

即5个人中就有一个没有享受任何社保。在企业应为职员购买的五项社会保险中,企业为农民工购买得最多的是医疗和养老保险,分别有77.3%和51.5%的农民工确认单位为其购买。单位为其购买了失业、工伤、生育保险的农民工仅占全部样本的31.7%、33.9%、31.7%。(参见图4-10)

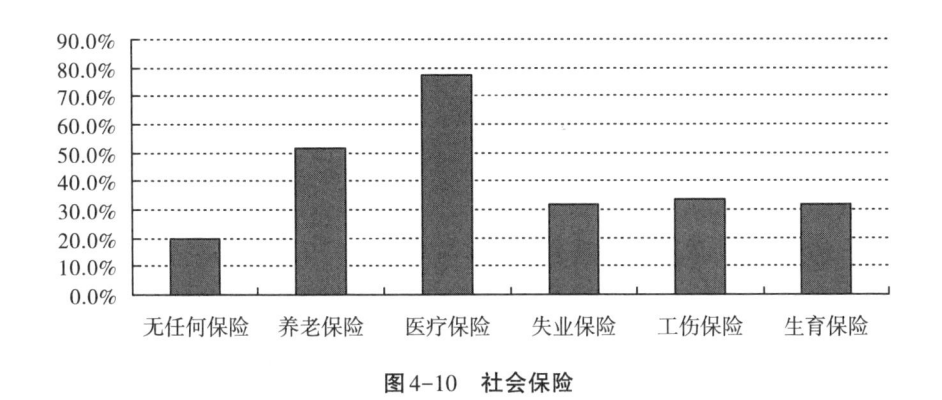

图4-10 社会保险

虽然来渝务工的农民工所从事的职业以私企为主,工作时间长且社会保障不健全,但是调查显示,农民工对其工作比较满意。在调查中,我们采用五级态度量表对农民工对其职业的满意程度进行测量,从"很不满意"到"非常满意"分别赋值为1至5,其中3为"无所谓或不知道"。(参见图4-11)经过统计,公租房社区居住的农民工对其职业满意度的评价均值为3.45,即介于"无所谓"和"满意"之间。我们使用单样本 T 检验对样本均值(Mean=3.45)与"无所谓"这一中间态度的编码"3"进行检验,在0.01的显著性水平下,农民工对其职业的满意度显著高于"无所谓"。换句话说,在公租房社区居住的农民工对其职业持"满意"的态度是真实的。我们分析,这可能是由于农民工的职业满意度并非是从与城市高收入群体的比较中获得的,而主要是考虑在家乡务农和较低的学历水平下做出的判断。

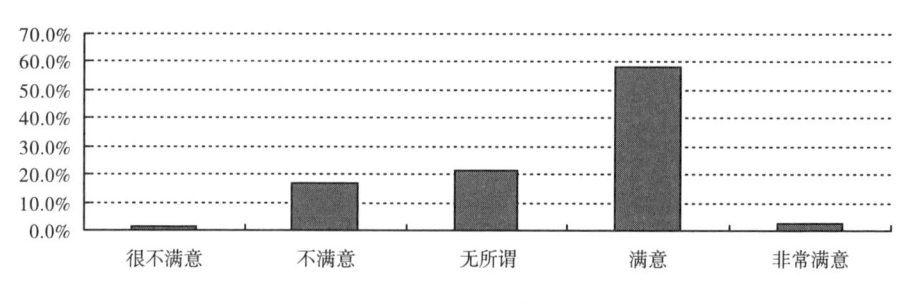

图4-11 职业满意度

(三)收入状况

与其从事的职业相对应,公租房社区的农民工收入相对来说也比较低。将暂时没有工作的个案去除掉后,我们发现在渝农民工的月收入平均为3083.21元。其收入分布情况为:1000元及以下占全部样本的5.6%,1001至2000元的占28.3%,2001至3000元的占33.6%,3001至4000元的占16.1%,4001至5000元的占8.5%,5000元以上的占7.9%。(参见图4-12)

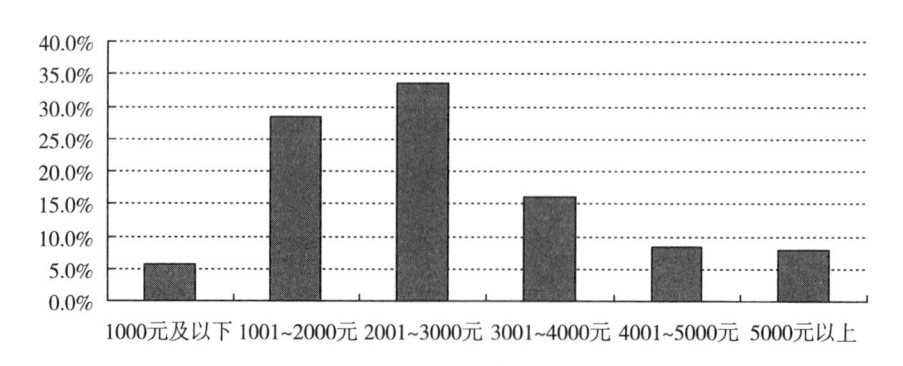

图4-12 月工资分布

较低的个人收入决定了农民工的家庭收入也相对较低。同样是将暂时没有工作的个案去除掉后,我们发现在渝农民工家庭的月收入平均为5675.20元。其收入分布情况为:2000元及以下占全部样本的7%;2001至4000元的占32.2%,4001至6000元的占34%,6001至8000元的占14.1%,8001至10000元的占9%,10000元以上的占3.7%。(参见图4-13)

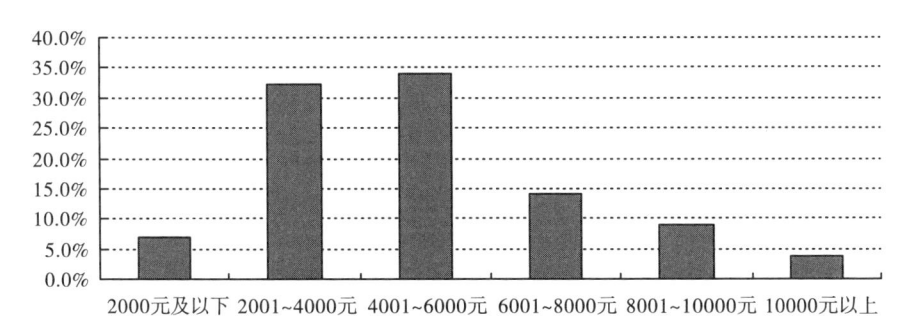

图4-13 家庭月收入分布

(四)社会交往

到重庆主城打工的农民工以重庆区县和四川周边地区为主,这就决定了他们在重庆主城区亲戚较多,社会交往多基于亲缘关系展开。同时,由于重庆区县和四川周边地区跟重庆主城区距离较近,风土人情、文化传统相似,外来农民工愿意跟城市居民交往并融入城市。

本次调查显示,平均每个在公租房社区居住的农民工在主城区有8.52个亲戚。其亲戚数量分布情况为:没有亲戚的占3.2%,1至2个的占15.8%,3至5个的占33%,6至10个的占23.6%,11至15个的占10.2%,16至20个的占8%,20个以上的占6.2%。(参见图4-14)很多农民工甚至表示全家(往往是三代)都已迁到主城区居住。

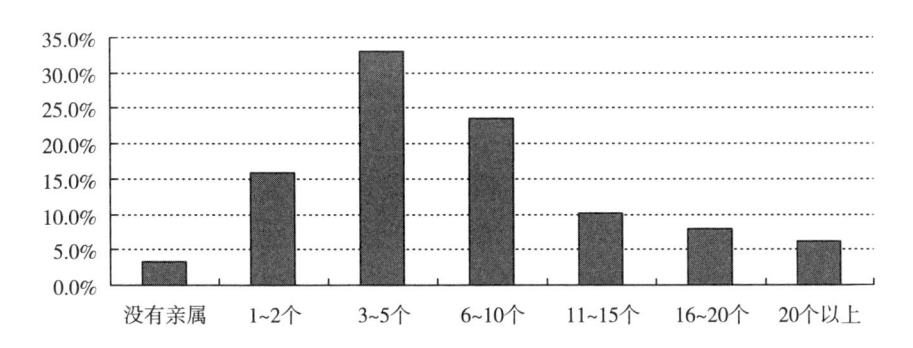

图4-14 主城区的亲属数分布

被调查者自我评价其在重庆主城区的人际交往一般,既不狭窄,也不广泛。我们采用五级态度量表对被调查者的人际交往自评结果进行测量,从"很狭窄"到"很广泛"分别赋值为1至5,其中3为"一般"。(参见图4-15)经过统计,公租房社区居住的农民工群体对其人际交往范围的评价均值为3.08,即介于"一般"和"广泛"之间。我们使用单样本 T 检验与"一般"这一中间态度的编码"3"对样本均值(Mean=3.08)进行检验,在0.05的显著性水平下,农民工对其人际交往范围的评价与"一般"并无显著差异。也就是说,公租房社区的农民工对其人际交往的评价为中性的"一般"。

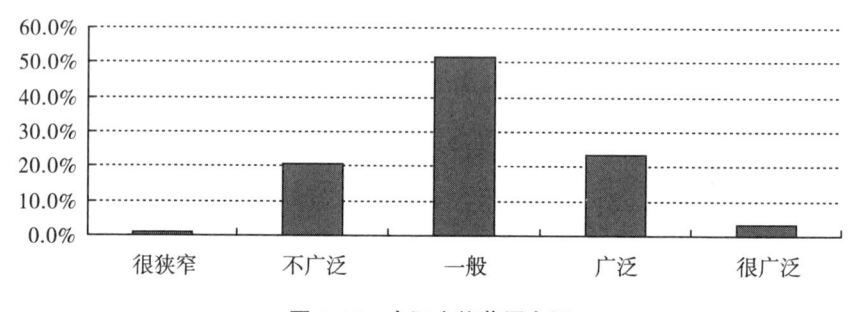

图4-15 人际交往范围自评

较近的迁移距离不仅使农民工在重庆主城的亲戚数量较大,朋友数量也比较多。本次调查显示,平均每个在公租房社区居住的农民工在主城区有13.4个朋友。其朋友数量分布情况为:1至2个的占8.2%,3至5个的29%,6至10个的占25.3%,11至15个的占10.6%,16至20个的占13.3%,20个以上的占13.6%。(参见图4-16)

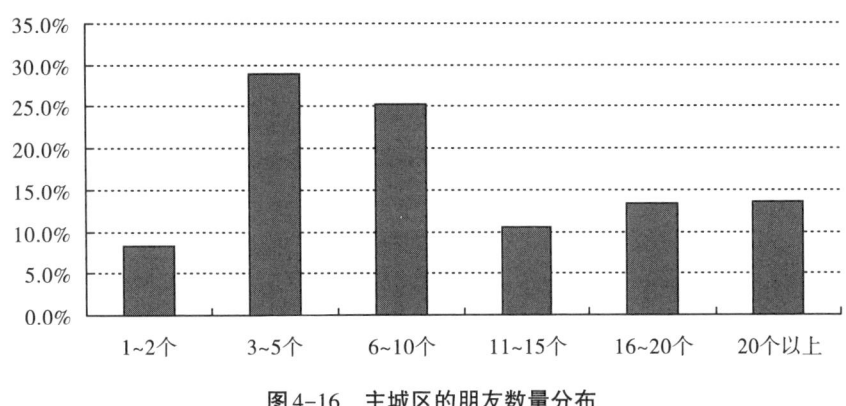

图 4-16　主城区的朋友数量分布

与人际交往自评结果不同,在公租房社区居住的农民工群体普遍对与当地人交往持开放态度。我们同样使用了五级态度量表对被调查者与本地人交往的意愿进行测量,从"很不愿意"到"很愿意"分别赋值为1至5,其中3为"无所谓"。(参见图4-17)经过统计,在公租房社区居住的农民工群体与本地人交往的意愿评价均值为3.96,基本达到了"愿意"水平。我们使用单样本T检验对样本均值(Mean=3.96)与"无所谓"这一中间态度的编码"3"进行检验,在0.01的显著性水平下,农民工与本地人交往的意愿显著高于"无所谓"。换句话说,公租房社区的农民工愿意与本地人交往是真实的。

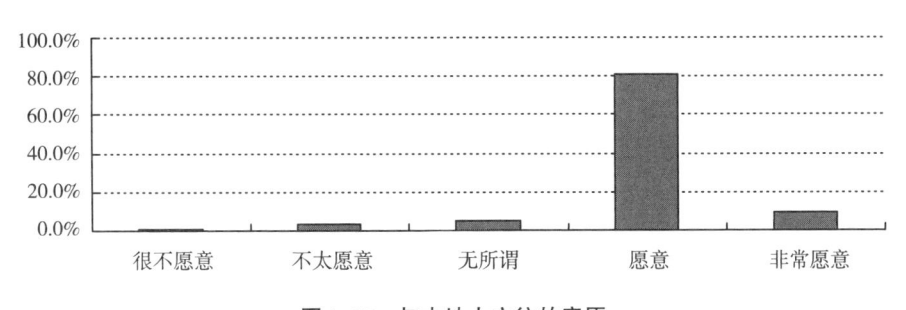

图 4-17　与本地人交往的意愿

本次调查还显示,在重庆农民工的朋友圈中,本地人朋友要多于外地人朋友。在调查中,表示"完全没有本地人朋友"的农民工只占全部样本的

4.3%;"本地人朋友少于外地人朋友"的占28.2%;"本地人朋友和外地人朋友各占一半"的占13.9%;"本地人朋友多于外地人朋友"的超过一半,达到53.6%。(参见图4-18)而且,在遇到困难的时候,大部分农民工(57.5%)表示"会向本地人朋友求助",仅有20.6%的农民工表示"不会向本地人朋友求助"。(参见图4-19)

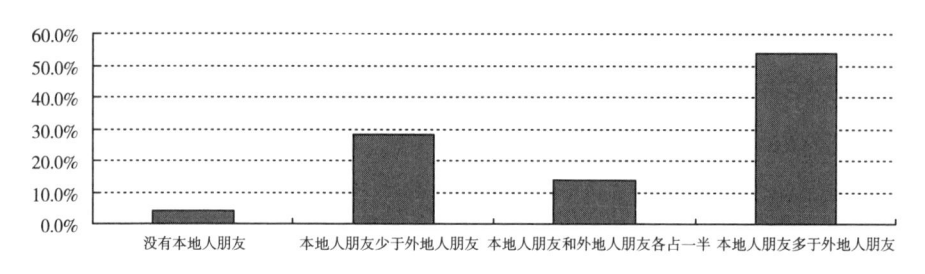

图4-18 本地人朋友的比例

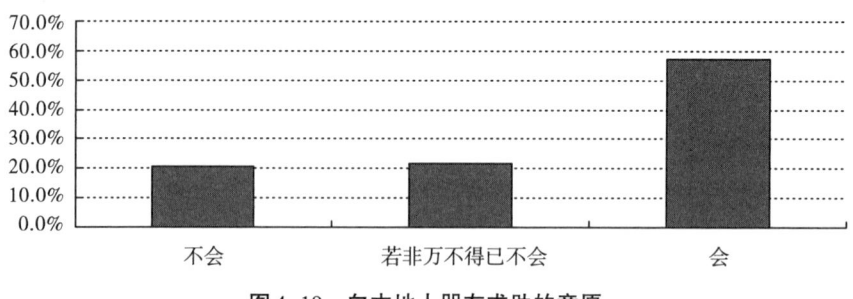

图4-19 向本地人朋友求助的意愿

三

在公租房社区的居住状况

(一)在重庆主城居住时间与在城南家园居住时间

本次调查的农民工群体在重庆主城的平均居住时间超过了10年,为10.62年,其中居住了0至4年的占24.4%,居住了5至9年的占26.3%,居住

了10至14年的占23.3%,居住了15至19年的占18%,居住了20年以上的占8%。(参见图4-20)

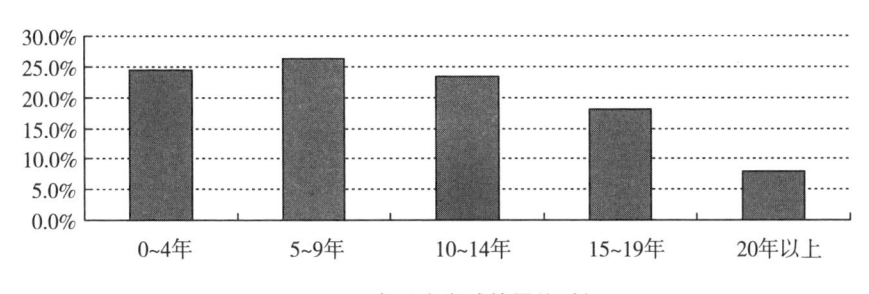

图4-20 在重庆主城的居住时间

本次调查的农民工群体在城南家园的平均居住时间为3.72年,其中居住不满1年的占2.4%,居住了1年的占8%,居住了2年的占10.1%,居住了3年的占17.3%,居住了4年的占20.3%,居住了5年的占40.6%,居住了6年的占1.3%。(参见图4-21)

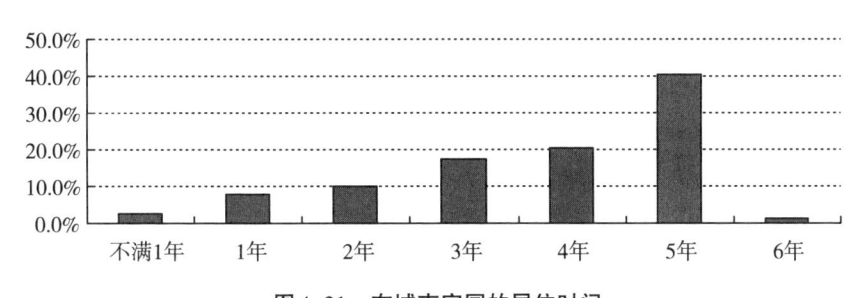

图4-21 在城南家园的居住时间

(二)承租人与本人的关系

在被调查者中,公租房的承租人就是本人的占全部样本的45.9%,承租人是配偶的占30.4%,承租人为子女的占17.6%,承租人为父母的占3.5%,其他人的占2.6%。(参见图4-22)

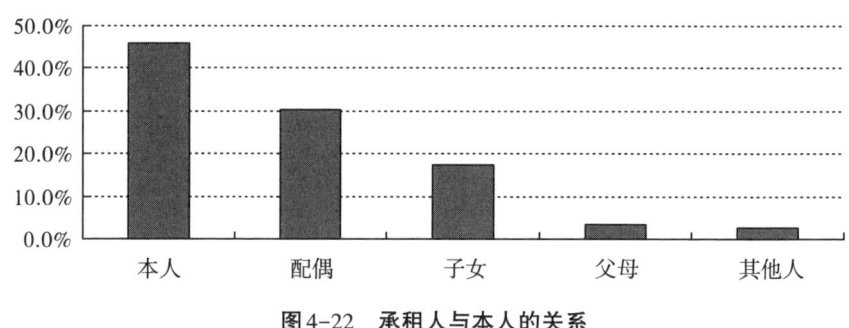

图 4-22　承租人与本人的关系

(三)建筑面积

本次调查发现,被调查者承租的公租房建筑面积最小的为 23 平方米,最大的为 79 平方米,平均为 46.29 平方米;其分布情况为 30 平方米以下占 9.9%,31 至 40 平方米占 18.9%,41 至 50 平方米占 44.5%,51 至 60 平方米占 18.4%,61 至 70 平方米占 5.1%,71 平方米以上占 3.2%。(参见图 4-23)

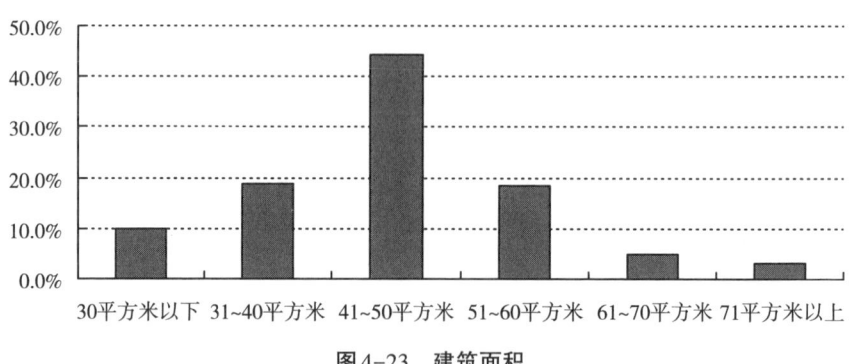

图 4-23　建筑面积

(四)选择公租房的原因

调查数据显示,"租金便宜"和"租赁关系稳定"是农民工选择公租房居住最主要的两个原因,分别有 43.8% 和 39.5% 的被调查者选择。此外,有 10.1% 的被调查者选择公租房的原因是"距离工作地点近",3.2% 的被调查者选择的原因是"配套设施完善"，1.6%的被调查者选择的原因是"为了五年后购买"，选择其他原因的有1.8%。(参见图4-24)

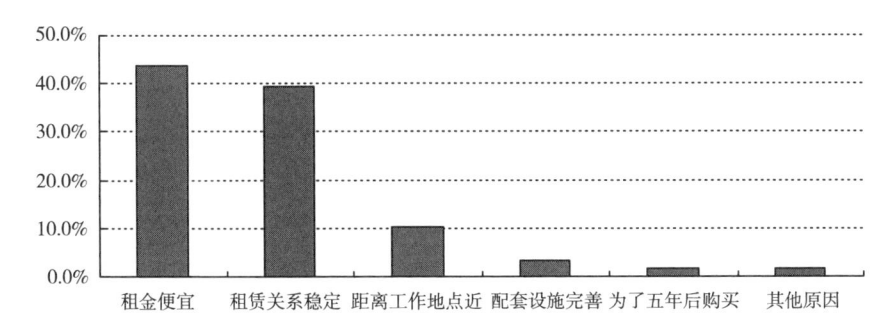

图4-24 选择公租房的原因

(五)居住满意度

公租房是用低于市场租金价格水平的方式为城市住房困难居民提供的一种保障性住房，也是唯一将外来农民工纳入保障范围的保障性住房。从理论上讲，公租房的公益性和保障性特征决定了公租房租户比普通住房租户具有更高的居住满意度。本次调查数据在一定程度上印证了这一观点。本次调查数据显示，对公租房总体上感到满意的农民工占68.2%，其中"满意"的占66.9%，"非常满意"的占1.3%；对公租房总体上感到不满意的农民工仅占18.7%，其中"不满意"的占17.9%，"很不满意"的占0.8%；剩下13.1%的农民工认为"无所谓或不知道"。(参见图4-25)可见，近七成的农民工对公租房的居住感受持正面态度，只有不足两成的农民工持负面态度。我们对五级态度量表的答案从"很不满意"到"很满意"分别赋值为1至5，并将农民工对公租房居住满意度评分的均值(Mean=3.5)与"无所谓"这一中间态度的编码"3"进行单样本T检验，在0.01的显著性水平下，农民工对公租房的居住满意度显著高于"无所谓"。也就是说，公租房社区的农民工对公租房持"满意"的态度是真实的。

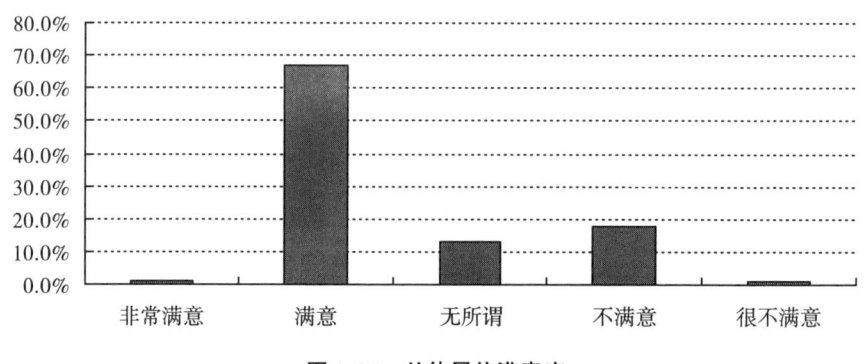

图 4-25　总体居住满意度

为了更精准地把握农民工对公租房的态度,我们将影响公租房使用感受的"配租过程""区位""房屋质量""面积""装修""租金""物业管理""配套设施""小区环境""邻里关系"等十大要素纳入了调查问卷,并使用五级态度量表对被调查者的使用感受进行测量,其答案从"很不满意"到"很满意"分别赋值为1至5,其中3为"一般或无所谓"。我们对各要素的得分均值进行分析,发现农民工对城南家园公租房的"区位"满意度最高,平均得分为3.91;其次为"租金""配套设施""邻里关系""配租过程""小区环境""面积",其平均得分均超过了3分,分别为3.78、3.70、3.65、3.37、3.14、3.06;低于3分的分别是"物业管理"2.86、"装修"2.78、"房屋质量"2.63。(参见图4-26)

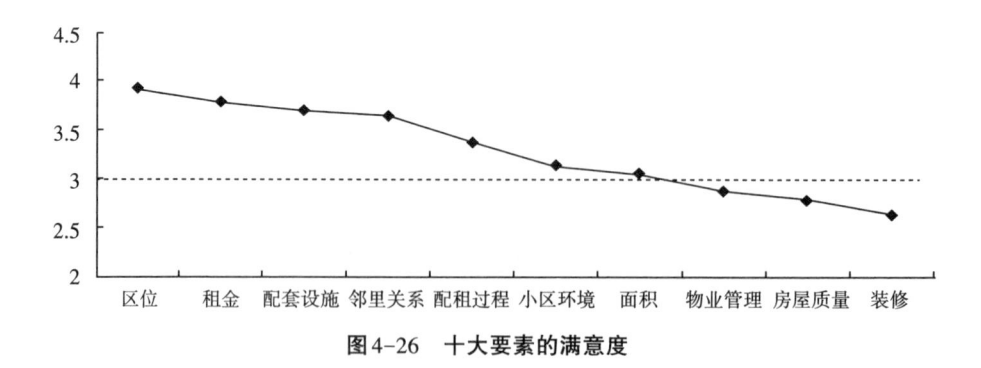

图 4-26　十大要素的满意度

通过对以上10个要素的平均得分与"无所谓"这一中间态度的编码"3"

进行单样本T检验,我们发现,除了"面积"的评分均值没有达到0.05的显著性水平要求,"物业管理"的评分均值显著性介于0.05和0.01,其余要素均在0.01显著性水平下通过了检验。也就是说,农民工对公租房的"区位""租金""配套设施""邻里关系""配租过程""小区环境"等要素的满意态度和"物业管理""装修""房屋质量"等要素的不满意态度是真实的,对"面积"的满意态度很可能来自样本抽样的随机性。(参见表4-1)农民工对公租房"面积"持有的态度更有把握的判断应该是"一般或无所谓"。

表4-1 十大要素的均值与显著性

	均值(Mean)	标准差(Std. Deviation)	标准误(Std. Error Mean)	显著性(Sig.)
配租过程	3.37	0.906	0.047	0.000
区位	3.91	0.610	0.032	0.000
房屋质量	2.63	0.972	0.050	0.000
面积	3.06	0.995	0.051	0.214
装修	2.78	0.925	0.048	0.000
租金	3.78	0.702	0.036	0.000
物业管理	2.86	1.057	0.055	0.013
配套设施	3.70	0.762	0.039	0.000
小区环境	3.14	1.045	0.054	0.008
邻里关系	3.65	0.693	0.036	0.000

外来农民工对公租房的不满意主要集中在房屋、装修质量和物业管理等方面,此后的调查也印证了这一点。当被问到"您对目前住房最不满意的地方是?"这一问题时(可选择三项),55%的被调查者选择了"房屋质量差(包括装修质量)",48%的被调查者选择了"社区和物业服务差",34.9%的被调查者选择了"面积太小",20.2%的被调查者选择了"邻居素质低",15.3%的被调查者选择了"配套不设施完善"。(参见图4-27)

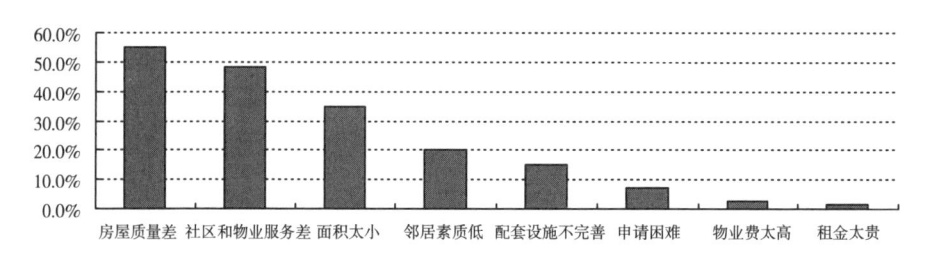

图 4-27 对公租房不满意的地方

(六)购买意愿

重庆市公租房建设伊始,市领导曾承诺公租房住满5年可以购买。根据我们的调查,73.1%的被调查者表示愿意购买目前居住的公租房,只有18.7%的被调查者明确表示不愿意购买,另有8.2%的被调查者"说不清楚"。(参见图4-28)在城南家园,最早配租入住的一批租户已经居住超过5年了,在调查中,很多被调查者在被问到这一问题时,会提到当年市领导曾做出的承诺。

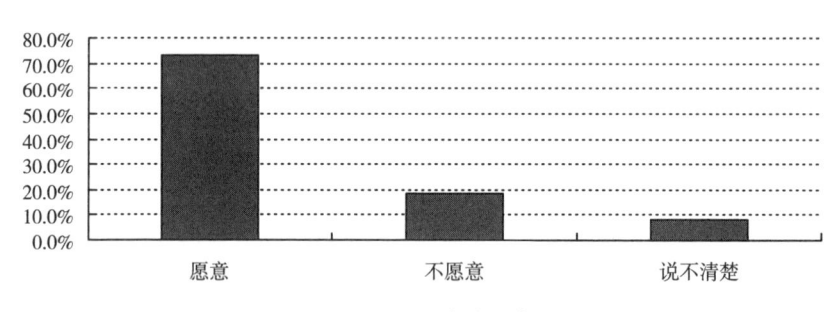

图 4-28 公租房购买意愿

第五章 Chapter Five

公租房社区的农民工城市融入状况

第一节

农民工城市融入度模型的构建

NONGMINGONG CHENGSHI RONGRUDU MOXING DE GOUJIAN

长期以来,在关于农民工城市融入问题的研究中,融入度的测量、结构维度和指标体系的构建一直是该研究的基础与难点问题。根据史学斌的研究,目前学术界对农民工城市融入的测量在测量维度与指标体系上主要分为直接测量和间接测量;在度量方法上主要分为多重指标法与单一指标法。[①]概括来讲,以上各种测量方法各有优势,同时也存在不足。考虑到直接测量指向性更强,单一指标法更直观并易于横向比较,因此本研究采用直接测量的单一指标法构建农民工城市融入度模型。

一

研究设计

学术界对融入度测量方法的争论,主要源于对"农民工城市融入"概念内涵、外延的分歧。从最初田凯的三层面说(经济层面、社会层面、心理或文化层面),到王桂新的五层面说(居住条件、经济生活、社会关系、政治参与、心理认同),再到刘传江、程建林的三层面说(外部制度因素、农民工群体市民化进程、农民工个体市民化进程),以及徐建玲的三层面说(外部制度因素、农民工市民化意愿、农民工市民化能力),目前学术界对这一概念的内涵与外延仍没有形成一个能被大多数学者普遍接受的观点。这也必然导致人们对农民工城市融入度的结构及其构成要素也存在较大争议。考虑到这种

---

① 史学斌:《城市融合度:外来农民工城市融入程度的测量——对已有研究的综述》,《贵州大学学报(社会科学版)》2014年第4期。

情况,课题组运用探测性因子分析(exploratory factor analysis)的方法来界定农民工城市融入的基本结构。

二

指标说明

综合已有研究成果,课题组选择了与农民工城市融入相关的19个指标。其中,"工作单位性质""每周工作小时数""享有的社保项数""本地亲属数量""在本地的朋友数量""朋友中本地人朋友比例"等6项指标为客观指标;"职业满意程度""户口迁移意愿""住房满意程度""本地购房意愿""本地语言掌握程度""本地风俗熟悉程度""本地风俗接受程度""人际交往范围""与本地人交往意愿""向本地人朋友求助意愿""邻居认识程度""在社区受欢迎程度""对子女与本地人通婚的态度"等13个指标为态度测量指标。具体指标的操作化测量如下:

"工作单位性质":指被调查者所属工作单位在所有制上的属性,反映了农民工职业的稳定和保障化程度。操作化问题为:"您工作单位的性质是?"答案为"暂时没有工作""私营企业打工,没有签订正式的劳动合同""私营企业打工,并签订正式的劳动合同""自己做生意""国有企业/事业单位"5种类别,分别赋值为1至5。

"朋友中本地人朋友比例"。操作化问题为:"在您的朋友中,重庆本地人占的比例?"答案为"没有本地人朋友""本地人朋友少于外地人朋友""本地人朋友和外地人朋友各占一半""本地人朋友多于外地人朋友"4种类别,分别赋值为1至4。

"本地购房意愿"。操作化问题为:"您是否考虑购买商品房"和"您是否考虑购买现在租住的公租房"。两个调查问题合并并重新编码。变量值为"既没考虑过购买商品房,也没考虑购买公租房""说不清楚""考虑购买公租房""考虑购买商品房",分别赋值为1至4。

"本地语言掌握程度"。操作化问题为："您会讲重庆话吗?"答案为"不能讲""能讲一些""能讲但本地人能听出我是外地人""能讲而且不仔细听不能听出我是外地人"4种类别,分别赋值为1至4。

"本地风俗熟悉程度"。操作化问题为："您是否熟悉本地特有的风俗习惯?"答案为"不熟悉""知道一些""大部分知道""很熟悉"4种类别,分别赋值为1至4。

"本地风俗接受程度"。操作化问题为："在日常生活中,您会按照本地风俗习惯办事吗?"答案为"从不遵守""仅仅与本地人交往时遵守""大部分遵守""完全遵守"4种类别,分别赋值为1至4。

"人际交往范围"。操作化问题为："您觉得您在社会上的人际交往属于?"答案为"很狭窄""不太广泛""一般""广泛""很广泛"5种类别,分别赋值为1至5。

"向本地人朋友求助意愿"。操作化问题为："当您在重庆遇到困难了,是否会向本地人朋友求助?"答案为"不会""若非万不得已,不会向本地人朋友求助""会向本地人朋友求助"3种类别,分别赋值为1至3。

"邻居认识程度"。操作化问题为："您对居住地周围邻居的认识程度?"答案为"完全不认识""认识很少几个""认识一些""认识很多"4种类别,分别赋值为1至4。

"在社区受欢迎程度"。操作化问题为："您感觉所在社区的本地居民是否欢迎您的家庭在这里居住?"答案为"不欢迎""说不清楚""欢迎"3种类别,分别赋值为1至3。

"每周工作小时数""享有的社保项数""在本地的朋友数量""本地亲属数量"为4项客观指标,其含义分别为"平均每周工作天数"与"平均每周工作小时数"之积;就业单位为其购买了失业、养老、医疗、工伤、生育5项保险中的几项;所有生活在重庆主城的朋友数量;所有生活在重庆主城的亲戚数量。

"职业满意程度""住房满意程度""户口迁移意愿""与本地人交往意愿""对子女与本地人通婚的态度"为态度测量指标,从"很不满意(很不愿意)"到"很满意(很愿意)"共分5级,分别赋值为1到5。

这里需要说明的是,在以往的研究中,被调查者的户籍和自我身份认知均被视为衡量农民工城市融入的重要指标。但是,通过课题组的前期研究发现,随着我国改革的深入,城镇户口的含金量已经大不如前,反之农村户口的含金量上升。本次调查中,超过一半(54.7%)的农民工不愿意将户口迁到城市就说明了这个问题。我们认为,当附属在户籍之上的经济利益逐渐褪去后,户籍本身并不能单独构成农民工城市融入的评价指标。因此,我们并没有将户籍状况纳入探索性因子分析中。而将农民工的自我身份认知排除在外,主要是技术原因。我们在前期研究中发现,相当一部分重庆农民工对"重庆人"更多是从行政划分角度理解,而非从城乡角度理解。由于被调查者的理解偏差,该变量的效度较差。

三

模型构建

首先,我们使用SPSS17.0统计软件对前述19项农民工城市融入指标进行了相关关系的矩阵分析,结果发现"每周工作小时数""职业满意度""户口迁移意愿""邻居认识程度"与其他变量的相关系数均在0.2以下。因此,这4项指标不适合与其他指标进行因子分析,故在下一步的因子分析中予以剔除。

通过探测性因子分析方法,我们对其余的15项城市融入指标进行主成分法分析,采用方差极大值法对因子负荷进行正交旋转,结果见碎石图(图5-1)。从分析结果来看,我们提取到5个特征值大于1的主成分,分别用F1、F2、F3、F4和F5表示,具体分析结果参见表5-1。从表5-1可以看到,除"朋友中本地人朋友比例""向本地人朋友求助意愿""对子女与本地人通婚的态度"和"社区受欢迎程度"4个指标以外,其余13个指标的共用度(公因子方差)均在0.5以上。5个因子累计方差贡献率达到53.38%。KMO检验值为0.663,巴特利特球体检验值为618.073($P<0.001$),说明这些变量存在潜在的因子结构,适合进行因子分析。

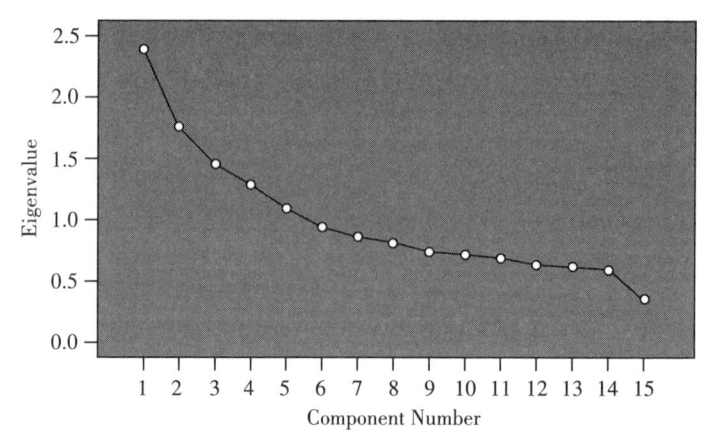

图 5-1 探索性因子分析的碎三石图

从经过最大正交旋转后得到因子负载矩阵可以看出,"本地语言掌握程度""本地风俗熟悉程度""本地风俗接受程度"3项指标在F1的负荷值最高,分别为0.710、0.841、0.809。(参见表5-1)说明这3项指标的数据信息主要为F1所代表的。语言、风俗和价值观都属于社会文化范畴的指标,因此我们将F1命名为文化融入因子。

"与本地人交往意愿""朋友中本地人朋友比例""向本地人朋友求助意愿""对子女与本地人通婚的态度""在社区受欢迎程度"等5项指标在F2上的负荷值分别为0.658、0.390、0.506、0.673和0.551。(参见表5-1)"与本地人交往意愿""向本地人朋友求助意愿""对子女与本地人通婚的态度""在社区受欢迎程度"4个指标都是态度测量指标,反映了农民工对迁入地的认同度和深度融入的意愿。"朋友中本地人朋友比例"则是农民工在迁入地深度融入的结果。因此,我们将F2命名为心理融入因子。

F3主要由"本地亲属数量""人际交往范围""在本地的朋友数量"3项指标来代表,其因子负荷值分别为0.652、0.652和0.750。(参见表5-1)这3项指标反映了农民工在迁入地的社会关系和交际网络的情况,因此将F3命名为社会网络融入因子。

F4主要包括"工作单位性质""享有的社保项数"2项指标,其负荷值分别为0.726、0.694。(参见表5-1)这2项指标通过农民工所从事的职业间接反映了其经济状况,我们可将F4命名为经济融入因子。

F5对应着"住房满意程度""本地购房意愿"2项指标,其负荷值分别为0.735和0.607。(参见表5-1)这2项指标反映的是农民工的居住状况,因此我们将F5命名为居住融入因子。

表5-1 农民工城市融入的探索性因子分析结果

自变量	F1	F2	F3	F4	F5	共用度
工作单位性质	-0.054	-0.036	0.058	0.726	-0.014	0.535
享有的社保项数	0.025	0.014	-0.113	0.694	0.158	0.520
本地语言掌握程度	0.710	-0.035	-0.060	0.000	0.098	0.519
本地风俗熟悉程度	0.841	0.051	0.064	0.055	-0.097	0.727
本地风俗接受程度	0.809	0.114	0.111	-0.059	0.048	0.686
本地亲属数量	0.096	-0.145	0.679	-0.156	0.216	0.563
人际交往范围	-0.046	0.280	0.652	0.075	-0.031	0.512
与本地人交往意愿	-0.015	0.658	0.206	0.200	0.208	0.558
在本地的朋友数量	0.056	0.033	0.750	0.078	-0.081	0.580
朋友中本地人朋友比例	0.246	0.390	0.210	0.370	-0.245	0.453
向本地人朋友求助意愿	0.056	0.506	0.192	0.364	-0.031	0.429
对子女与本地人通婚的态度	-0.007	0.673	-0.013	-0.143	0.002	0.474
住房满意程度	0.143	0.104	-0.051	-0.058	0.735	0.578
本地购房意愿	-0.122	-0.002	0.152	0.348	0.607	0.527
在社区受欢迎程度	0.076	0.551	-0.094	0.167	0.013	0.346
特征值	2.403	1.763	1.455	1.292	1.093	
方差贡献率(%)	16.022	11.754	9.699	8.614	7.289	
累计方差贡献率(%)	16.022	27.776	37.474	46.088	53.377	

Extraction Method: Principal Component Analysis.

Rotation Method: Varimax with Kaiser Normalization.

从探测性因子分析结果来看,农民工城市融入在结构上由文化、心理、社会网络、经济、居住5个一级指标构成。这一研究结论与田凯的经济、社会、文化三因素论(田凯,1995),刘传江等提出的生存职业、社会身份、自身素质、意识行为四因素论(刘传江等,2008),王桂新等的居住条件、经济生活、社会关系、政治参与、心理认同五因素论(王桂新等,2008)具有逻辑和内容上的一致性。这一方面说明从多维度出发研究农民工城市融入问题的合理性,另一方面也说明农民工城市融入内涵结构的稳定性。另外,虽然这5个因子对农民工城市融入度的方差贡献率存在差异,但我们认为这并不能代表它们对农民工城市融入作用的大小。这种差异主要来自统计学,即对可量化的自变量的选取。从前期的相关研究看,由于选取的纳入因子分析的变量不同,这些结构因子的方差贡献率会有不同,但农民工城市融入的整体维度结构并没有变化。我们认为,对于公租房社区农民工的城市融入,经济和居住融入是基础,社会网络融入是途径,文化融入是关键,心理融入是目标。五个方面不分主次、不可偏废,共同构成了农民工城市融入的基本维度。

第二节 农民工城市融入的现状与特征分析

一、总体融入现状

我们将探测性因子分析所获得的5个公因子的因子值转化为0至100之间的数值,[①]然后以5个公因子的方差贡献率为权数进行求和,构造出城市融入度指标,其结果参见表5-2。

表5-2 公租房社区农民工城市融入的结构与状况

	文化融入因子	心理融入因子	社会网络融入因子	经济融入因子	居住融入因子	总融入度
Mean	67.445	66.138	32.558	47.084	60.090	55.537
SD	20.681	16.111	16.792	20.724	19.752	8.757

由于我们将所有5个公因子值予以百分化,而农民工城市总融入度是通过对5个公因子加权求和得到,因此其也是一个百分化的指标。从表5-2可以发现,当前我国公租房社区的农民工城市总融入度为55.537,刚刚超过一半,可见其融入度较低。

---

① 转化公式:(因子值−最小值)/全距×100

二

在文化、心理、社会网络、职业、经济等维度的融入现状

在构成农民工城市融入的五个维度中,农民工的文化融入、心理融入和居住融入得分分别为67.445(SD=20.681)、66.138(SD=16.111)、60.090(SD=19.752),均高于总融入度,说明居住在公租房社区的农民工在这三方面的融入状况相对较高。而社会网络融入因子和经济融入得分分别为32.558(SD=16.792)、47.084(SD=20.724),落后于总体城市融入程度。可见,制约公租房社区农民工进一步融入城市的主要是社会网络和经济因素,尤其是社会网络落后其他维度较多。

三

农民工城市融入的特征分析

(一)总体融入水平偏低

从总融入度和各维度的测量情况看,当前我国公租房社区的农民工城市融入形势最显著的特点就是融入程度低。这反映出我国农民工城乡流动的总体质量偏低,大量已经成功实现职业转变和居住空间转移的农民工并没有真正融入所在的城市。居住在城市公租房社区的农民工在文化、心理、社会网络、经济、居住等方面,与当地居民相比还存在较大差距。这种差距不可能在短期内完全弥合,只有经过长期的社会互动与社会适应才能得到缩小与缓和。

(二)文化融入水平最高,但仍有发展空间

在所有五个融入维度中,居住在公租房社区的农民工在文化方面融入

程度最高并没有让我们十分吃惊。这是由于重庆地处我国西部,经济发展水平较低,经济辐射范围较小,重庆主城吸引的外来农民工以本市和周边省份为主,来自较远省份的农民工数量较少。其次,在重庆,公租房租赁合同最短为1年,最长为5年,并且以家庭为单位申请。这在一定程度上将单独外出进行短期务工、经商的农民工排除在外了。而务工关系和务工地稳定,全家外出的农民工以城市周边区域居多。在本次调查中,来自重庆本地的农民工占77.9%,来自四川的农民工占15.5%,两者合计占93.5%。

较短的空间距离决定了外来农民工与重庆主城区居民在语言、价值观、生活方式、风俗习惯上比较相近,从而大大降低了外来农民工文化融入的难度。在本次调查中,被调查者"完全不会说重庆话和仅会说一点儿"的比例仅为9.5%,超过九成(90.5%)的被调查者"会讲重庆话",近七成的被调查者(69.6%)不仅会说重庆话,而且从口音上很难判断其为外地人。与语言类似,在本地风俗习惯和对本地风俗习惯的接受度上也表现出类似的特征。回答"不熟悉"或"知道一些"的被调查者仅占全部被调查者的15.2%,而回答"大部分知道"和"很熟悉"的被调查者占84.8%。"从不遵守"和"仅仅与本地人交往时才遵守"本地风俗习惯的被调查者仅占全部被调查者的7.9%,而回答"大部分遵守"和"完全遵守"本地风俗习惯的被调查者则占92.1%。可见,本次调查之所以文化融入程度最高,与被调查者迁移距离短,从而语言、风俗习惯与迁入地相近关系较大。

考虑到短距离迁移所带来的文化融入难度降低,本次调查文化融入因子的得分就不显得那么高了。我们认为这要从城乡文化差距上找原因。在我们实地调查的过程中,在公租房社区观察到不文明养狗、随地吐痰、高空抛物等现象十分突出。可见,由于城乡文化差距较语言、风俗习惯差距大,公租房社区的农民工不容易改变农村生活习惯,因此在城市文明的养成方面仍有较大欠缺。这应该是未来促进农民工文化融入方面的重要领域。

(三)心理融入水平较高,但城乡分野的观念仍在

与文化融入相似,由于迁移距离短,迁入地与迁出地在语言、风俗习惯等方面相近,很容易模糊人们的地域观念。尤其是在重庆主城区,很多来自

铜梁、永川、长寿等主城周边区县的农民工自认为就是本地人(这也是为什么本次调查问卷没有涉及自我认知问题的原因),对迁入地的认同度很高。这也是本次调查农民工的心理融入得分较高的主要原因。

在构成心理融入因子的各变量中,"与本地人交往意愿""向本地人朋友求助意愿""对子女与本地人通婚的态度""在社区受欢迎程度"4项均为态度量表。我们通过单样本T检验对各变量进行了显著性检验。分析结果表明,"与本地人交往意愿""对子女与本地人通婚的态度"的均值分别为3.95、3.67(五级态度量表,1为非常不愿意,5为非常愿意),在0.01的显著性水平下,农民工与本地人交往意愿和对子女与本地人通婚态度均显著高于编码为"3"的中间态度(不知道或无所谓)。"向本地人朋友求助意愿""在社区受欢迎程度"的均值分别为2.37、2.61(三级态度量表,1为"不会"或"不愿意",3为"会"或"愿意"),在0.01的显著性水平下,农民工向本地人朋友求助意愿和在社区受欢迎程度均显著高于编码为"2"的中间态度(不知道或无所谓)。在对"朋友中本地人朋友比例"这一问题的回答中,回答"本地人朋友多于外地人朋友"的超过一半,达到53.6%;另有13.9%的被调查者认为自己"本地人朋友和外地人朋友各占一半";认为自己"本地人朋友少于外地人朋友"和"没有本地人朋友"的被调查者仅占32.5%,同样表现出较高的融入水平。可见,在构成心理融入的5个变量中,公租房社区的农民工对迁入地均表现出较高的心理接受度与认同感。

被调查者在构成心理融入的各变量上均表现出积极的融入意愿,而公租房社区的农民工心理融入的得分仅刚过及格线,我们认为主要是因为被调查者普遍表现出城乡分野的观念。在深度调查中,一部分被调查者经常不自觉地会有"我们乡下""你们城里"等表述。尤其是中老年农民工,相当一部分向我们表示"将来上年纪了,打工没人要了,就回乡下老家"。可见,很大一部分居住在城市公租房的农民工在潜意识里仍将农村看作自己真正的家,而城市只是谋生之地。

(四)社会关系网络融入程度低

对于新移民,谋生、居住等问题可以在短期内得到解决,而在迁入地构建一个生活圈子和关系网络则相对较难。即便如此,本次调研发现居住在公租房社区的农民工社会网络融入程度在所有维度中分值最低,仍大大出乎我们的意料。因为一般来说,较短的空间距离往往也意味着移民在迁入地有较多的亲戚、朋友,从而大大降低社会网络构建的难度。尤其是农民工群体,其社会关系网络主要以血缘、地缘为纽带形成,较近的迁移距离十分有利于其在迁入地社会关系网络的建立。

从构成社会网络融入因子的3个变量来看,公租房社区的农民工在重庆主城的亲戚数量和朋友数量均比较多。调查数据显示,平均每个在公租房居住的农民工在主城区有8.52个亲戚。其亲戚数量分布情况为:没有亲戚的占3.2%,1至2个的占15.8%,3至5个的占33%,6至10个的占23.6%,11至15个的占10.2%,16至20个的占8%,20个以上的占6.2%。平均每个在公租房居住的农民工在主城区有13.4个亲戚。其朋友数量分布情况为:1至2个的占8.2%,3至5个的占29%,6至10个的占25.3%,11至15个的占10.6%,16至20个的占13.3%,20个以上的占13.6%。

考虑到不同被调查者对"亲戚"和"朋友"的理解可能有偏差,被调查者对其人际交往的自我评价可能更加能够反映其在迁入地的社会关系网络状况。被调查者自我评价其在重庆主城区的人际交往一般,既不狭窄,也不广泛。我们采用五级态度量表对被调查者的人际交往自评结果进行测量,从"很狭窄"到"很广泛"分别赋值为1至5,其中3为"一般"。经过统计,在公租房社区居住的农民工群体对其人际交往范围的评价均值为3.08,即介于"一般"和"广泛"之间。但是,我们使用单样本 T 检验与"一般"这一中间态度的编码"3"对样本均值(Mean=3.08)进行检验,在0.05的显著性水平下,农民工对其人际交往范围的评价与"一般"并无显著差异。也就是说,公租房社区的农民工对其人际交往的评价为中性的"一般"。可见,农民工对自己在迁入地的朋友圈发展并不感到满意。

另一个不能忽视的因素是公租房居住对农民工社会关系网络的影响。从以往的研究来看,农民工的社会关系网络主要由血缘和地缘关系为主。农民工向城市的迁移往往要借助这种关系网络,作为在城市谋生、立足的助力。因此,在居住形态上往往表现为与亲戚、老乡或本行业从业者集中居住。而公租房社区会打破农民工的这种居住形态,进而影响他们的社会关系网络。

(五)经济融入相对滞后

经济是农民工城市融入的基础。然而,在农民工城市融入的五个维度中,经济融入程度仍相对滞后,从而影响农民工在其他维度领域的融入。我们分析其原因主要有以下几点:

首先,重庆属于我国西部地区,经济发展相对欠发达,农民工家庭经济状况普遍较差。从本次调查数据来看,公租房社区的农民工个体和农民工家庭的平均月收入分别只有2980.07元和5585.29元。其中,69%的农民工月收入在3000元以下,92.9%的农民工月收入在5000元以下。而同期重庆市城镇居民在私营单位和非私营单位的月收入分别为4204元和5097元。可见,农民工的经济收入和城镇居民差距明显。根据一般规律,经济发展与城市化的早期,农民工与本地居民的经济和福利差距趋于扩大,只有在经济发展到一定水平阶段,这种差距才会在政府的关注和推动下逐渐缩小。短期来看,农民工与城市居民的经济鸿沟难以弥合。

其次,农民工在城市从事的职业普遍具有以私企为主、工作时间长、社会保障不健全的特点。本次调查显示,居住在公租房社区的农民工的工作单位为私营企业的占73.9%,其中签订了劳动合同的占40.3%,没有签订劳动合同的占33.6%。在工作时间上,农民工每周平均工作5.86天,每天平均工作9.12小时,均明显高于劳动法"每周工作5天""每天工作时间不超过8小时"的规定。从社会保障来看,工作单位为农民工购买保险的仅占80.3%,即19.7%的农民工其单位没有为其购买任何一项社会保险。即便在工作单位为其购买了社会保险的农民工中,大部分也只享受到1至2项(以医疗和养老保险为主),仅有三成的农民工反映工作单位为其购买了全部5项社会保险。超长的工作时间和不健全的社会保障进一步摊薄了农民工的工资,其实际工资比统计数字表现出来的更低。

最后,由于公租房属于保障性住房,为了保证低收入者对公租房的需求,重庆市对公租房申请者在收入上做了限制。这在一定程度上也导致公租房社区的农民工在低收入阶层中也属于经济收入较低者。

(六)居住融入度提升速度快,并已经高于总融入度

从以往的研究来看,农民工在城市的居住条件比较差,与城市居民相比甚至比经济收入的差距还要大。根据我们在2013年对重庆农民工居住情况的调查,农民工在城市的住房自有率较低(18.3%),而且多达21%的农民工居住在单位工棚、单位宿舍、雇主家或亲友家、合租居民房中。即便是单独租房居住或购买商品房的农民工,其住房普遍存在居住面积小、居住环境差的现象。因此,农民工的居住条件一直是其城市融入的一项重要制约因素。

从本次调查来看,调查样本的居住融入度已经高于总融入度。由此可见,公租房对农民工居住融入的提升作用十分巨大。调查中,相当一部分深度访谈对象在谈到公租房对其居住条件的改善时都表示确实如此,甚至通过对比入住公租房前后的居住条件而感触良多。(详见附录1)

农民工对公租房评价积极的主要原因是"租金便宜"和"租赁关系稳定"。在被问到为什么放弃以前居住的房子来申请公租房(选择公租房的原因)时,44.3%的农民工选择"租金便宜",38.6%的农民工选择"租赁关系稳定",两者共计占全部样本的82.9%。另外,选择"距离工作地点近""配套设施完善""想五年后购买"的被调查者分别占10.3%、3.3%、1.6%。(参见图5-2)

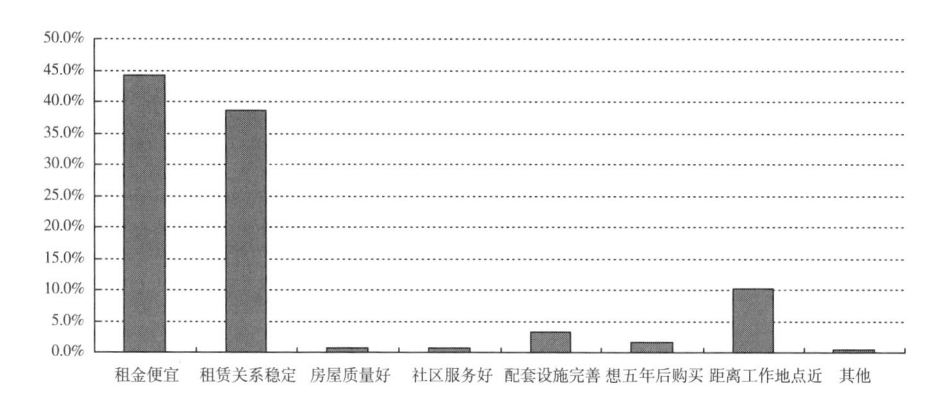

图5-2 选择公租房的原因

在购房意愿方面,本次调查发现"从没考虑过购买商品房"的农民工占42.7%,"短期内没考虑过购买商品房"的农民工占28.5%,两者合计共占71.2%。(参见图5-3)而在被问到"是否愿意购买现在居住的公租房"时,73.1%的被调查者选择"愿意"。(参见图5-4)农民工在商品房和公租房购买意愿上表现出的这种巨大差异说明,农民工并不是不想在城市拥有自有住房,而是在商品房价格与货币支付能力之间存在巨大反差情况下的一种无奈选择。

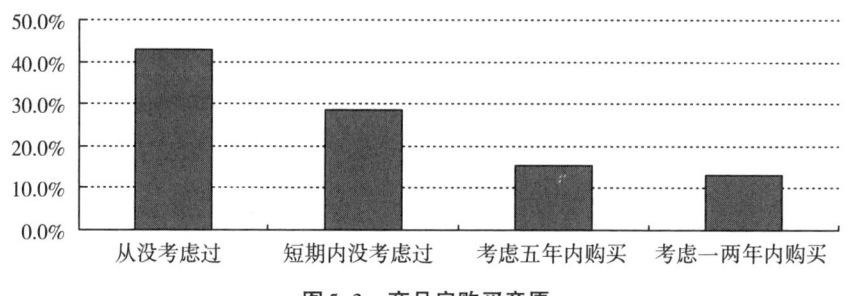

图5-3 商品房购买意愿

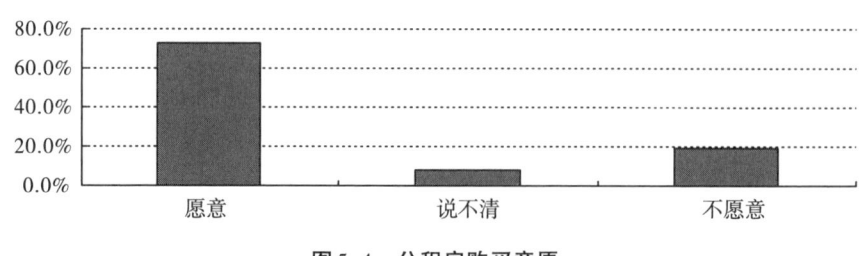

图5-4 公租房购买意愿

我们发现有19%的农民工不愿意购买现在居住的公租房。应该说,这是一个不小的比例。可见,虽然公租房对提高农民工的城市融入贡献较大,但农民工租户对公租房仍有较普遍的不满意。对于不愿购买的原因,19.1%的农民工是因为自己"买不起",29.4%的农民工觉得"质量差",19.1%的农民工是因为"面积小",10.3%的农民工觉得"小区环境差",还有22.1%的农民工是因为其他原因不愿购买公租房的。(参见图5-5)可见,大部分农民工是因为对公租房品质不满意而选择不购买公租房的。通过提升公租房品质，进而提升公租房社区农民工的居住体验和感受，将是城市管理者未来提升农民工居住融入度的工作重点。

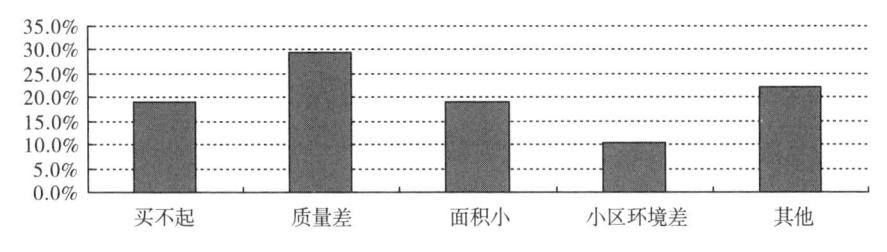

图5-5 不愿意购买公租房的原因

第三节

NONGMINGONG GONGZUFANG JUZHU MANYIDU FENXI

农民工公租房居住满意度分析

为了考察公租房在农民工城市融入中的作用,我们对公租房社区农民工的居住满意度进行了深入分析。

一

农民工公租房居住满意度现状

公租房是用低于市场租金价格水平的方式为城市住房困难居民提供的一种保障性住房,也是唯一将外来农民工纳入保障范围的保障性住房。从理论上讲,公租房的公益性和保障性特征决定了公租房租户比普通住房租户具有更高的居住满意度。我们的调查数据在一定程度上印证了这一观点。本次调查数据显示,对公租房总体上感到满意的农民工占68.2%,其中"满意"的占66.9%,"非常满意"的占1.3%;对公租房总体上感到不满意的农民工仅占18.7%,其中"不满意"的占17.9%,"很不满意"的占0.8%;剩下13.1%的农民工认为"无所谓或不知道"。可见,近七成的农民工对公租房的居住感受持正面态度,只有不足两成的农民工持负面态度。我们将农民工对公租房居住满意度评分的均值(Mean=3.5)与"一般/无所谓"这一中间态度的编码"3"进行单样本T检验,在0.01的显著性水平下,农民工对公租房的居住满意度显著高于"无所谓"。

虽然总体上看农民工对公租房是满意的,但如果深入研究就会发现,这种满意度主要来自公租房的某些属性,而非全部。对外来农民工来说,公租房的短板也十分明显。

我们使用五级态度量表(1为"非常不满意",2为"不满意",3为"无所谓或不知道",4为"满意",5为"非常满意")考察了农民工对公租房的配租过程、地理位置、房屋质量、建筑面积、装修、租金、物业管理、社区配套、小区环境、邻里关系等十大要素的评价,发现农民工的满意度评分的平均值从高到低分别为地理位置(3.98)、租金(3.78)、社区配套(3.7)、邻里关系(3.65)、配租过程(3.37)、小区环境(3.14)、住房面积(3.06)、物业管理(2.86)、装修(2.78)、房屋质量(2.63)。(参见图5-6)我们将以上均值与"无所谓"这一中间态度的编码"3"进行单样本T检验,发现农民工对公租房的地理位置、租金、社区配套、邻里关系、物业、装修、房屋质量的评分均值在0.01的显著性水平下,与"无所谓"这一态度具有显著差异;对小区环境的评分均值在0.01的显著性水平下,与"无所谓"这一态度具有显著差异;对配租过程的评分均值在0.05的显著性水平下,与"无所谓"这一态度具有显著差异;对住房面积的评分均值在0.05的显著性水平下,与"无所谓"这一态度无显著差异。换句话说,农民工对公租房的地理位置、租金、社区配套、邻里关系、配租过程、小区环境的态度为"满意",其中最满意的为公租房的地理位置;对公租房的物业管理、装修、房屋质量的态度为"不满意",其中最不满意的是公租房的房屋质量;对公租房住房面积的态度为"一般"。

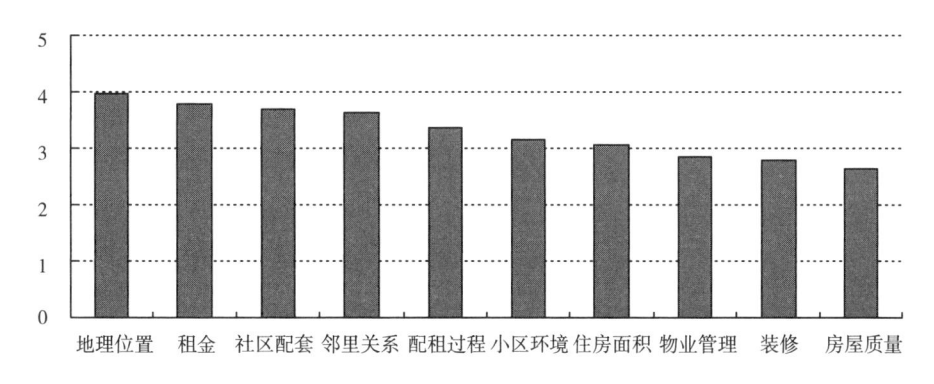

图5-6 农民工对十个公租房属性评分的均值

以上十个属性,除了邻里关系,我们大体可以分为三大类:公租房设计政策决定的地理位置、住房面积和社区配套;公租房建造政策决定的房屋质量和装修;公租房管理政策决定的配租过程、租金、物业和小区环境。可见,农民工对公租房的设计政策最满意;其次为管理政策,主要是被物业管理拖了后腿;最不满意的是建造政策。

在主要由公租房设计政策决定的三个属性中,农民工对公租房的地理位置和社区配套评价较高并不出乎我们的意料。其实,这并不能说明公租房在设计选址的时候充分考虑了租户的实际需要。恰恰相反,公租房在最初设计选址的时候,基本上都处于待开发的偏远地区。只是由于近年来城市快速扩张,这些地方才逐渐繁华兴盛起来,成为发展成熟的区域。农民工对公租房住房面积的态度为"无所谓或一般",显示出他们对公租房建筑面积的复杂态度。在调查中,很多农民工都在客厅搭了简易床,或在卧室放置了高低床。(参见附录一)他们想方设法充分利用公租房的空间面积,甚至很多农民工还要把走廊、楼梯间等公共区域占为己有,放置物品。可见,他们的居住面积仍是十分狭窄、拥挤的。之所以农民工并没有对公租房的住房面积表现出不满意,我们分析是由于过去他们居住的条件更差,更狭窄。现在住进公租房,他们的居住面积有一定的改善。当然,这种改善并没有根本改变他们居住面积狭小的状况。

在主要由公租房管理政策决定的四个属性中,农民工对配租过程、租金、小区环境都是满意的。尤其是农民工对租金的满意度,仅低于对地理位置的满意度,排第二位。这主要是由于重庆公租房的租金水平在设计时就被定为普通住房租金的六成。近年来,随着城南家园所在的南岸区茶园片区越来越成熟,普通出租房的房租增长很快。相比之下,公租房的租金水平就更显得有优势了。农民工对社区环境感到满意多少让我们感到有点儿意外。因为在调查中,很多农民工向我们抱怨过宠物在社区便溺、乱丢垃圾、高空抛物等问题。与住房面积类似,我们分析可能是由于过去的居住环境更差,甚至没有社区和物业管理,因此农民工对公租房社区环境还是比较满意的。当然,农民工对小区环境的满意度并没有像地理位置和租金那么高。农民工对物业管理的抱怨充斥我们调查的全过程。统计数字确实也反映出了这一点。从被调查者反映的情况来看,农民工对公租房社区物业管理的意见主要是管理人员失职、不作为,对承租人反映的住房问题、申请的维修(由于建筑质量堪忧,这类问题很普遍)不闻不问,搪塞推托,甚至恶语相向。其次是物业人员的腐败现象,如换租或退房时有意刁难、罚款无据、收钱办事、公器私授等。第三是对监控等公共设施维护不力。城南家园的租户对社区公共设施维护不力的怨言主要集中在摄像头和路灯上。很多农民工反映社区里的监控摄像头是坏的,路灯长期不开或损坏后不及时更换。(参见附录一)

在所有评分中,主要由公租房建筑政策决定的两个属性——房屋质量和装修得分最低。农民工对这两点最不满意。被调查者向我们反映的建筑质量问题最多的是房屋漏水、渗水。曾有被调查者向我们反映,他放在阳台上的洗衣机水管爆裂,导致水从自家阳台连续贯穿了几层阳台。有的被调查者由于墙壁渗水而不敢将木质家具靠墙摆放。此外,城南家园消防管道也存在水压为零的情况。据有的被调查者(从事物业管理工作)猜测,可能是水管质量太差、漏点太多而不敢加压。在我们调查中,确实发现几处明显的漏水处。而且从痕迹上看,水已经漏了很长一段时间。另外,需要引起注意的是,很多被调查者将遇到的墙壁起皮、瓷砖剥落、电器损坏等装修质量问题或正常的使用损耗也归结为"公租房质量不好"。其原因是多方面的:一是公租房装修使用的材料、电器等质量确实不够好,使用寿命低于人们的心理预期,导致人们推测公租房和这些材料、电器一样质量较差;二是遇到公租房设施损坏,物业管理人员没能及时维修,甚至以"还能使用""公租房就是这样的,不满意可以退租"等借口推卸责任,进一步"证实"了公租房质量差;三是公租房租金低,似乎暗合了人们"一分钱一分货"的认知;四是人云亦云。不排除一部分遇到房屋设施损坏又没得到及时维修的租户将其经历向周边邻居宣扬扩散,从而影响了其他租户的看法。

二

农民工公租房居住满意度的影响因素

(一)指标说明

农民工居住满意度是居住在城市公共租赁房的外来农民工对当前居住状况满意程度的主观感受。我们通过对"您对目前住房的总体满意程度是?"这一问题的回答来衡量农民工公租房居住满意度。该问题答案为"很不满意""不太满意""无所谓或不知道""满意""非常满意"五级态度量表,分别表示对现居住的公租房的满意程度从最低到最高的五个等级。

我们选择的自变量主要有住房本身、租户的特征、租金、区位与配套、社区环境与服务等。由于受调查规模的限制,本次调查所有样本均来自南岸区城南家园公租房社区,因此所有样本单位在区位与配套、社区环境与服务因素上均没有差别,即所有区位与配套或社区环境与服务因素,如地段、社区配套设施(幼儿园、医院等)、物业管理等,均没有被纳入模型中。此外,由于公租房不同于一般普通住房,不存在产权和装修程度的差异,因此住房本身因素中的所有权、装修等因素也没有被纳入模型中。需要说明的是,租金是影响租住者居住满意度的重要因素。但公租房的租金水平由政府统一规定,并与建筑面积完全相关,如城南家园公租房的租金为9元/平方米/月,40平方米公租房的租金为360元/平方米/月。因此,租金和建筑面积同时纳入模型中会导致严重的多重共线性问题,所以我们用"租金满意度"代替"租金"。

综上,综合已有研究成果和公租房的特性,我们选择了与农民工公租房居住满意度相关的"性别""年龄""婚姻状况""文化程度""月收入""每周工作小时数""承租人""建筑面积""常住人口""居住时长""租金满意度""本地亲属数量"等12个指标,具体指标的操作化与变量赋值如表5-3所示:

表5-3 指标的操作化与赋值

变量类型	变量名称	变量操作化	变量赋值
因变量	住房满意度	您对目前住房的总体满意程度是?	1=很不满意,2=不太满意,3=无所谓,4=满意,5=非常满意
自变量	性别	您的性别是?	1=男,2=女
	年龄	您的出生年份是?(变量计算获得)	定比变量
	婚姻状况	您目前的婚姻状况是?	1=未婚,2=已婚,3=离异,4=丧偶
	文化程度	您的文化程度是?	1=文盲,2=小学,3=初中与高中,4=大专及以上
	月收入(千元)	您每月的收入是多少?	定比变量
	每周工作小时数	您平均每周工作几天?您平均每天工作几小时?(变量计算获得)	定比变量
	承租人	您目前居住的公租房承租人是?	1=本人,2=父母,3=子女,4=配偶,5=兄弟姐妹等
	建筑面积	您居住的公租房的建筑面积是?	定比变量
	常住人口	您家目前在公租房的常住人口是?	定比变量
	居住时长	您是哪年入住城南家园的?(变量计算获得)	定比变量
	租金满意度	您对目前公租房租金的满意程度?	1=很不满意,2=不太满意,3=无所谓,4=满意,5=非常满意
	本地亲属数量	您所有生活在重庆主城的亲戚有多少?	定比变量

(二)统计结果与分析

我们使用SPSS17.0,采用BACKWARD法对农民工公租房居住满意度的12个影响因素进行了多元线性回归分析。由于"性别""婚姻状况""文化程度""承租人"4个自变量属于定类或次序变量,不能直接纳入回归方程,我们对其进行了虚拟化处理(dummy variable),参照类(reference category)分别为"男""未婚""文盲""本人"。具体回归结果参见表5-4:

表5-4 农民工公租房居住满意度回归结果

	非标准化系数 B	标准误 Std. Error	检验值 t	显著性水平 Sig.
文化程度(文盲)				
小学	−0.410	0.237	−1.887	0.060
中学	−0.185	0.130	−0.803	0.423
大专及以上	−0.503	0.261	−1.991	0.047
月收入	−0.072	0.025	−2.940	0.003
承租人(本人)				
父母	0.625	0.239	2.616	0.009
子女	0.062	0.129	0.479	0.632
配偶	−0.100	0.097	−1.029	0.304
兄弟姐妹等	0.256	0.261	0.98	0.328
建筑面积	0.007	0.004	2.007	0.045
租金满意度	0.219	0.059	3.690	0.000
本地亲属数量	0.011	0.005	2.238	0.026
调整后的 R^2=0.089	F=5.514	Sig.= 0.000		

注:括号内是该变量的对照类,"月收入"的单位为"千元"。

从最后的回归结果来看,我们选取的12个自变量中,"文化程度""月收入""建筑面积""承租人""租金满意度""本地亲属数量"等6个变量通过了检验,而"性别""年龄""婚姻状况""每周工作小时数""常住人口""居住时长"等6个变量由于未达到显著性水平,从回归方程中予以剔除。整个回归模型方差检验值F为5.514,显著性Sig值为0.000,说明所有6个自变量对因变量的影响达到了显著性水平,回归模型在总体上具有统计学意义。虽然调整后的决定系数仅为0.089,即纳入回归方程的六个因素在农民工公租房居住满意度上仅具有8.9%的解释力,但由于整体模型达到了显著性水平,模型解释力较低主要是由于一些相对重要的解释变量未被纳入回归模型,但这并不影响对已纳入模型因素的解释[1]。

1.经济条件是影响居住满意度的重要因素

在所有的自变量中,月收入和租金满意度是最显著的两个变量,其Sig值分别为0.003和0.000。因此,我们有相当把握认为经济条件是影响农民工公租房居住满意度的重要因素。月收入的回归系数为-0.072,说明在其他条件不变的情况下,农民工的月收入每增加1000元,其公租房居住满意度将减少0.072。之所以出现这种情况,我们认为主要是由于经济能力决定了人们在城市选择住房的自由度以及对现有住房缺陷的容忍度。经济能力越强,人们在城市选择住房的自由度越大,相应就对现有住房缺陷的容忍度越低,不满意度提高。[2]我们在调查中还发现,农民工的月收入与购房意愿呈显著正相关($r=0.242,P<0.001$),说明收入越高,农民工越倾向于退租公租房,购买商品房。这一方面说明收入增加提高了农民工选择住房的自由度,另一方面也是经济能力提高导致居住满意度下降的自然反映。

租金满意度的回归系数为0.219,说明在其他条件不变的情况下,农民工对公租房的租金满意度每提高1个单位,其对公租房的总体满意度提高0.219个单位。公租房属于保障性住房,政府一般都对申请人的经济条件进行了限制。例如,2011年重庆市发布并实施的《重庆市公共租赁住房管理实施细则》就规定,公租房申请人月收入须不高于2000元,2人家庭月收入不高于3000元,超过2人的家庭人均月收入不高于1500元。由于收入较低,因此公租房租户普遍比较看重住房的经济性,而非舒适性、方便性等其他属性。这一点从将近一半(43.8%)的农民工选择公租房的原因是"租金便宜"就能

---

[1] 郭志刚:《社会统计分析方法——SPSS软件应用》,中国人民大学出版社,2005,第34—35页。
[2] 吴莹、陈俊华:《保障性住房的租户满意度和影响因素分析——基于香港公屋的调查》,《经济社会体制比较》2013年第4期。

看出来。因此，农民工对公租房租金的满意度自然会成为总体满意度的重要组成部分。

2. 面积仍是影响公租房居住感受的痛点

虽然农民工对公租房住房面积的满意度评价并没有达到显著性水平，但面积确实是影响农民工居住感受的重要因素。建筑面积对居住满意度的回归系数是0.007（$P<0.05$），说明在控制其他变量的情况下，公租房的建筑面积每增加1平方米，农民工的居住满意度就增加0.007。这是由于公租房的公益性质决定了其建筑面积不会很大，公租房相对于同户型的普通商品房显得更狭小，居住的舒适度相对较差。因此，公租房面积的提升对租户居住感受的改善则较大。在重庆，三室一厅的公租房最难申请，其租住者也最稳定；二室一厅的申请难度和租户稳定性次之；一室一厅和单间配套最容易申请，租户流动性则最大。这充分说明建筑面积是影响公租房居住满意度的重要因素。

有意思的是，我们发现农民工的公租房居住满意度似乎仅和建筑面积相关，而与常住人口或人均居住面积并不相关。我们认为出现这种情况的原因可能有两个。一是公租房虽然面积较小，但也基本满足了租户的基本居住需求，只有在两个孩子需要单独卧室、需要长辈照护或亲戚到访等特殊情况下才会明显感到房子不够住。二是重庆公租房的农民工租户大部分来自周边农村，他们往往在农村老家有较大面积的自建房。儿女结婚、家庭聚会等需要较大空间的生活场景基本是在农村老家完成的。城里的公租房仅承担类似单位宿舍的职能，因此即便面积较小也并不显得特别局促。

3. 文化程度是影响居住满意度最重要的个人因素

回归结果表明，文化程度是影响农民工公租房居住满意度最重要的个人因素，而以前我们认为可能会对农民工公租房居住满意度构成影响的性别、年龄、婚姻状况等个人因素均没有在本研究中得到证实。从回归结果来看，小学、中学、大专及以上对居住满意度的回归系数分别为-0.410（$P<0.1$）、-0.185（$P>0.05$）、-0.503（$P<0.05$）。这说明在其他条件不变的情况下，具有小学、中学、大专及以上文化程度的农民工，其公租房居住满意度比没

有上过学的农民工分别低0.410、0.185、0.503。其中,大专及以上文化程度农民工对居住满意度的影响不仅达到了显著性水平,而且其边际效应也最大,为-0.503;小学文化程度农民工对居住满意度的影响虽然没有达到0.05的显著性水平,但也十分接近。我们认为二者具有显著差别的判断也具有相当高的置信度。三个虚拟变量中,只有中学文化程度的农民工对居住满意度的影响没有达到0.05的显著性水平,因此我们有相当把握认为文化程度对农民工公租房居住满意度具有显著影响。

再看这种影响的作用方向。由于三个回归系数全部为负,而且随文化程度升高大体呈现逐步降低的趋势,因此教育对农民工公租房居住满意度具有较为明显的负面作用,即文化程度越高,农民工对公租房的居住满意度就越低。究其原因,可能是由于文化程度越高,农民工在城市找到一份薪资令人满意的工作的可能性越高;而农民工的收入越高,其居住满意度就越低。

4. 承租人在家庭中的角色

父母、子女、兄弟姐妹、配偶对居住满意度的回归系数分别是0.625($P<0.05$)、0.062($P>0.05$)、0.256($P>0.05$)、-0.100($P>0.05$),说明在控制其他变量的情况下,承租人的子女、父母、兄弟姐妹、配偶的公租房居住满意度分别比承租人高0.625、0.062、0.256,低0.100。需要说明的是,由于有一些公租房是由本人与配偶、本人与父母、本人与子女共同承租的,在数据处理时我们分别将其归入了配偶、父母和子女类别中,这在一定程度上会导致回归结果不显著。因此,承租人在家庭中的角色对居住满意度的影响仍有待进一步研究。但是,本次调查我们发现承租人子女的居住满意度比承租人本人更高,而且这种差异达到了统计学上的显著性。我们认为出现这种情况的原因可能是,一方面公租房的性质和特点决定了承租人的子女比较年轻,收入不高,社会阅历和经验较欠缺,这在一定程度上降低了他们对房屋的期望值;另一方面,承租人子女往往仅是从居住功能上看待公租房,而承租人要从居住、配套、物业、投资等多方面看待公租房。

5. 在城市的社会关系网络会影响农民工公租房居住满意度

本地亲属数量对居住满意度的回归系数为 0.011（$P<0.05$），说明在控制其他变量的情况下，在重庆主城的亲戚每增加 1 个，农民工的居住满意度就增加 0.011。由于教育程度和就业技能较低，长期以来，我国的农民工城乡迁移往往以血缘、地缘关系为纽带。这种以血缘、地缘关系为纽带的社会关系网络背后的经济推动力往往直接决定了农民工的城乡迁移意愿，以及他们在城市的生活状况。[①]相应地，农民工在城市的生活状况又会影响其居住满意度。

可见，总体上讲，重庆的公租房确实解决了相当一部分进城农民工居住困难的问题，农民工对重庆公租房也是比较满意的。但是，我们也应看到，公租房只是解决了农民工"住下"的问题，而并没解决"住好"的问题。而且，如果放任公租房的问题长期得不到解决，公租房租户往往倾向于将问题的症结归结于政府不重视，并将政府不重视的原因归结为公租房是"贫民区"，公租房租户是"外来人"。这种受害者心理会随着居住问题的出现而不断被放大，进而影响农民工的居住感受。

---

① 史学斌、熊洁：《公租房居住对农民工家庭城市融合影响的实证研究》，《农村经济》2015 年第 1 期。

第六章 Chapter Six

影响公租房社区农民工城市融入的因素及其作用机制

农民工城市融入是农民工主观上接受城市文明、融入城市生活，客观上农民工被城市所接纳并享受城市居民的一切权利、承担所有义务的过程。因此，农民工城市融入要受到农民工个人要素和外部环境要素的影响。其中，外部环境要素又可以分为制度性要素和非制度性要素。前者主要包括公租房储备制度、选址与建设制度、配租与管理制度、退出与出售制度等。后者包括公租房的社会标签、居住地点变化、聚居形态变化、公租房的诅咒等。

第一节

影响公租房社区农民工城市融入的个人因素

一

指标说明

(一)因变量及其测量

我们分别将公租房社区的农民工城市融入度和各融入因子作为因变量进行多元线性回归分析,其取值即为各变量在探索性因子分析中所获得的因子得分。(参见表6-1)

(二)自变量及其测量

从理论上讲,农民工的个人身份、性格特征、生活条件、人生经历等都会对其城市融入构成影响。我们综合考虑研究目的和变量的可测量性,选取了"性别""年龄""文化程度""家庭人口数""迁出地""来渝居住时间""每周工作小时数""月收入""住房面积""租金满意度"等10个变量分别引入总体城市融入度及其各融入因子的线性回归方程,分析其对农民工城市融入的影响。(参见表6-1)其中,性别、文化程度、迁出地等3个类别变量做了虚拟化处理(dummy variable),参照类分别为"男性""没上过学""重庆"。需要说明的是,租金通过影响租住者的居住满意度来影响其城市融入。但是,公租房的租金水平由政府统一规定,并与建筑面积完全相关,如城南家园公租房的租金为9元/平方米/月,40平方米公租房的租金为360元/月。因此,租金和建筑面积同时纳入模型中会导致严重的多重共线性问题,所以我们用"租金满意度"代替"租金"。

表6-1 多元线性回归分析的因变量与自变量的操作化与赋值

变量类型	变量名称	变量操作化	变量赋值
因变量	总融入度	由5个公因子构造得到	以5因子方差贡献率为权数对各因子融入度进行加权求和
	文化融入度	探索性因子分析	因子得分并予以百分化
	心理融入度	探索性因子分析	因子得分并予以百分化
	社会网络融入度	探索性因子分析	因子得分并予以百分化
	经济融入度	探索性因子分析	因子得分并予以百分化
	居住融入度	探索性因子分析	因子得分并予以百分化
自变量	性别	您的性别是？	1=男,2=女(虚拟化处理,参照类为"男")
	年龄	您的出生年份是？(变量计算获得)	定比变量
	文化程度	您的文化程度是？	1=文盲,2=小学,3=初中,4=高中,5=大专及以上(虚拟化处理,参照类为"文盲")
	家庭人口数	您家目前在公租房的常住人口是？	定比变量
	迁出地	您是哪里人？	1=重庆,2=四川,3=其他省份(虚拟化处理,参照类为"重庆")
	来渝居住时间	您是哪年来重庆打工的？(变量计算获得)	定比变量
	每周工作小时数	您每周工作几天？您每天平均工作几个小时？(变量计算获得)	定比变量
	月收入(千元)	您每月的收入是多少？	定比变量

续表

变量类型	变量名称	变量操作化	变量赋值
	住房面积	您居住的公租房的建筑面积是?	定比变量
	租金满意度	您对租金的满意程度?	1=很不满意,2=不太满意,3=无所谓,4=满意,5=非常满意

二 回归结果与分析

我们使用SPSS 17.0统计软件,分别以文化融入因子、心理融入因子、社会网络融入因子、经济融入因子、居住融入因子和总融入度作为因变量,以"性别""年龄""文化程度""家庭人口数""迁出地""来渝居住时间""每周工作小时数""月收入""住房面积""租金满意度"等10个个人因素变量作为自变量,采用ENTER法进行线性多元回归分析,其回归结果如下:

表6-2 影响公租房社区农民工城市融入的个人因素(非标准化系数Beta值)

自变量	文化融入因子	心理融入因子	社会网络融入因子	经济融入因子	居住融入因子	总融入度
性别						
女	-4.071*	-1.208	-0.200	4.055	-1.759	-1.102
年龄	0.1170	-0.023	0.118	-0.231*	-0.146	-0.006
文化程度						
小学	2.547	9.964*	2.375	8.493	13.054*	6.474**
初中	6.939	10.974*	6.397	10.676*	6.786	8.177***
高中	8.805	9.376*	7.433	14.656*	11.066*	9.710***
大专及以上	4.261	10.325	5.828	27.515*	14.302*	10.837***
家庭人口数	0.643	-0.640	-0.265	-1.572	-0.867	-0.361
迁出地						
四川	-12.745***	2.247	3.438	4.315	-1.550	-2.327*

续表

自变量	文化融入因子	心理融入因子	社会网络融入因子	经济融入因子	居住融入因子	总融入度
其他省份	-30.993'''	2.436	-3.381	11.487''	-6.432	-8.293'''
来渝居住时间	0.250'	-0.181	0.137	0.124	-0.238	0.043
每周工作小时数	-0.060	-0.073	0.044	-0.097	-0.032	-0.048
月收入（千元）	0.556	-0.455	3.875'''	0.105	-0.893	0.511'
住房面积	-0.018	0.116	0.225'	0.198'	0.265'	0.122'
租金满意度	0.017	3.291	-0.569	-1.540	3.400	0.859
常数项	57.466'''	48.619'''	-1.188	47.362'''	42.498'''	41.274'''
F检验值	6.712'''	1.782'	6.627'''	7.314'''	2.570''	5.169'''
R^2	0.215	0.064	0.213	0.230	0.095	0.174
N	375	375	375	375	375	375

双尾检验统计显著度：'$P<0.05$，''$P<0.01$，'''$P<0.001$

从回归结果来看，整个回归模型方差F检验值为5.169，显著性Sig值为0.000，说明模型中所有自变量对因变量的影响达到了显著性水平，回归模型在总体上具有统计学意义。虽然所有自变量对总体城市融合度的解释力只有17.4%，即纳入回归方程的十个因素对公租房社区农民工的总融入度仅具有17.4%的解释力，但由于整体模型达到了显著性水平，模型解释力较低主要是由于一些相对重要的解释变量未纳入回归模型，但这并不影响对已纳入模型因素的解释。从具体因子来看，自变量对所有融入因子的解释力达到了显著性，其中对经济融入因子的解释力最大（$R^2=0.230$，$P<0.001$），其后是文化融入因子（$R^2=0.215$，$P<0.001$）、社会网络融入因子（$R^2=0.213$，$P<0.001$）、居住融入因子（$R^2=0.095$，$P<0.01$），对心理融入因子（$R^2=0.064$，$P<0.05$）的解释力最小。

从具体变量来看，"性别"对总融入度的回归系数为-1.102（$P>0.05$），这说明在其他条件不变的情况下，公租房社区的女性农民工的城市融入度比男性农民工低1.102分。但是这种影响并没有达到统计学上的显著性水平。类似地，"性别"对文化融入因子、心理融入因子、社会网络融入因子和居住融入因子的回归系数也是负值，分别为-4.071（$P<0.05$）、-1.208（$P>0.05$）、

−0.200(P>0.05)、−1.759(P>0.05)。也就是说,公租房社区的女性农民工比男性农民工在文化、心理、社会网络和居住方面更难融入城市。当然,这其中只有"性别"对文化融入因子的影响作用达到了显著性水平。"性别"对经济融入因子的回归系数是正值,为4.055(P>0.05),说明在其他条件不变的情况下,公租房社区的女性农民工在经济融入方面比男性农民工高4.055分,但这种影响作用没有达到统计学上的显著性水平。(参见表6-2)

"年龄"对总融入度的回归系数为−0.006(P>0.05),说明在其他条件不变的情况下,公租房社区的农民工每增加1岁,其城市总融入度将减少0.006分。但"年龄"对农民工总融入度的作用并没有达到统计学上的显著性水平。同样,年龄增长对公租房社区农民工的心理融入、经济融入、居住融入也是不利因素,其回归系数分别为−0.023(P>0.05)、−0.231(P<0.05)、−0.146(P>0.05)。但这其中,只有"年龄"对经济融入的影响作用达到了显著性水平。"年龄"对文化融入和社会网络融入因子的回归系数均为正值,分别为0.117(P>0.05)、0.118(P>0.05),说明在控制其他变量的情况下,公租房社区的农民工年龄每增加1岁,其文化融入、社会网络融入分别增加0.117分、0.118分,但这种影响作用也没有达到了统计学上的显著性水平。(参见表6-2)

从文化程度来看,"小学""初中""高中""大专及以上"对总融入度的回归系数分别为6.474(P<0.01)、8.177(P<0.001)、9.710(P<0.001)、10.837(P<0.001)。这说明在其他条件不变的情况下,具有小学、初中、高中、大专及以上文化程度的农民工,其城市总融入度比"没上过学"的农民工分别高6.474分、8.177分、9.710分和10.837分。而且所有这些影响作用均达到了统计学上的显著性水平。从回归系数随文化程度上升而增加可以看出,"大专及以上"对农民工城市总融入度的边际效应最大,为10.837分。从对具体融入因子的影响来看,文化程度的提高对公租房社区农民工的经济融入有明显促进作用,而且大部分回归系数达到了显著性水平。在心理融入和居住融入方面,文化程度的提高并没有带来公租房社区的农民工在心理融入和居住融入回归系数的明显增加,而且这些回归系数大部分都是显著的。在文化融

入和社会网络融入方面,似乎中等学历的农民工能够更好地融入城市。初中、高中文化程度的农民工对文化融入和社会网络融入的回归系数最大,分别为6.939($P>0.05$)、8.805($P>0.05$)和6.397($P>0.05$)、7.433($P>0.05$),但这种影响没有达到显著性水平。(参见表6-2)

"家庭人口数"对公租房社区农民工城市总融入度的回归系数为-0.361($P>0.05$),说明在其他条件不变的情况下,家庭每增加一口人,公租房社区农民工的总融入度减少0.361分。但"家庭人口数"对总融入度的这种影响作用并不显著。从对具体融合因子的影响来看,"家庭人口数"对文化融入、心理融入、社会网络融入、经济融入、居住融入因子的回归系数分别为0.643($P>0.05$)、-0.640($P>0.05$)、-0.265($P>0.05$)、-1.572($P>0.05$)、-0.867($P>0.05$),但其显著性均未到临界值。(参见表6-2)

"迁出地"对公租房社区的农民工城市融入具有非常重要的影响作用。从回归结果来看,"四川"对总融入度的回归系数为-2.327($P<0.05$),说明在控制其他变量的情况下,来自四川的农民工的城市融入程度比来自重庆的农民工低2.327分,而且这种差异达到了统计学上的显著性水平。"其他省份"对城市融入度的回归系数为-8.293($P<0.001$),说明在控制其他变量的情况下,来自其他省份的农民工的城市融入程度比来自重庆的农民工低8.293分,并且这种差异达到了统计学上的显著性水平。

从对具体融合因子的影响来看,"四川"对文化融入、心理融入、社会网络融入、经济融入、居住融入的回归系数分别为-12.745($P<0.001$)、2.247($P>0.05$)、3.438($P>0.05$)、4.315($P>0.05$)、-1.550($P>0.05$),说明在控制其他变量的情况下,来自四川的农民工在文化融入、心理融入、社会网络融入、经济融入、居住融入等方面分别比来自重庆的农民工低12.745分、高2.247分、高3.438分、高4.315分、低1.550分。(参见表6-2)这其中仅"四川"对文化融入的影响达到了显著性水平。"其他省份"对文化融入、心理融入、社会网络融入、经济融入、居住融入的回归系数分别为-30.993($P<0.001$)、2.436($P>0.05$)、-3.381($P>0.05$)、11.487($P<0.01$)、-6.432($P>0.05$),说明在控制其他变量的情况下,来自其他省份的农民工在文化融入、心理融入、社会网络融入、经济融入、居住融入等方面分别比来自重庆的农民工低30.993分、高2.436分、低3.381分、高11.487、低6.432分。这其中仅"其他省份"对文化融入和经济融入的影响达到了显著性水平。可见,"迁出地"变量对公租房社区的农民工城市融入主要通过文化融入因子发生作用,而且这种作用是一种负效应。也就是说,随着迁出地距离重庆越来越远,农民工在文化方面的融入程度越低,进而导致总融入度降低。

"来渝居住时间"对总融入度的回归系数为0.043($P>0.05$),说明在控制其他变量的情况下,在重庆居住时间每增加1年,农民工的总融入度增加0.043分,但这种影响没有达到显著性水平。再看对具体融合因子的影响,"来渝居住时间"对文化融入、心理融入、社会网络融入、经济融入、居住融入的回归系数分别为0.250($P<0.05$)、-0.181($P>0.05$)、0.137($P>0.05$)、0.124($P>0.05$)、-0.238($P>0.05$),说明在其他变量不变的情况下,在重庆居住时间每增加1年,农民工在文化融入、心理融入、社会网络融入、经济融入、居住融入等方面分别增加0.250分、减少0.181分、增加0.137分、增加0.124分、减少0.238分。(参见表6-2)其中"来渝居住时间"对文化融入的影响达到了显著性水平。

"每周工作小时数"对总融入度的回归系数为-0.048($P>0.05$),说明在其他条件不变的情况下,公租房社区的农民工周工作时间每增加1小时,其总融入度将减少0.048分。(参见表6-2)但这种影响没有达到统计学上的显著性水平。从具体融入因子的影响来看,"每周工作小时数"对绝大部分融入因子的回归系数均为负值,说明该变量几乎对公租房社区农民工城市融入的所有方面均表现为负效应。不过与总融入度一样,"每周工作小时数"对各融入因子的影响也没有达到统计学上的显著性。

从收入上来看,"月收入"对总融入度的回归系数为0.511($P<0.05$),说明在控制其他变量的情况下,农民工的月收入每增加1000元,其城市融入度就增加0.511分,而且这种影响达到了显著性水平。换言之,收入对公租房社区农民工的城市融入具有显著影响。从对具体融合因子的影响来看,"月收入"对文化融入、心理融入、社会网络融入、经济融入、居住融入因子的回归

系数分别为0.556($P>0.05$)、-0.455($P>0.05$)、3.875($P<0.001$)、0.105($P<0.05$)、-0.893($P>0.05$),说明在其他变量不变的情况下,农民工的月收入每增加1000元,其文化融入度、心理融入度、社会网络融入度、经济融入度、居住融入度分别增加0.556分、减少0.455分、增加3.875分、增加0.105分、减少0.893分。其中"月收入"对社会网络融入、经济融入的影响达到了显著性水平,即收入对公租房社区农民工的社会网络融合和经济融合具有显著影响。

"住房面积"对总融入度的回归系数为0.122($P<0.05$),说明在控制其他变量的情况下,住房面积每增加1平方米,公租房社区农民工的城市融入度就增加0.122分,并且这种影响达到了显著性水平。从对具体融合因子的影响来看,"住房面积"对文化融入、心理融入、社会网络融入、经济融入、居住融入因子的回归系数分别为-0.018($P>0.05$)、0.116($P>0.05$)、0.225($P<0.05$)、0.198($P<0.05$)、0.265($P<0.05$),说明在其他变量不变的情况下,农民工的住房面积每增加1平方米,其文化融入度、心理融入度、社会网络融入度、经济融入度、居住融入度分别减少0.018分、增加0.116分、增加0.225分、增加0.198分、增加0.265分。其中"住房面积"对社会网络融入因子、经济融入因子、居住融入因子的影响达到了统计学上的显著性水平。也就是说,"住房面积"对公租房社区农民工的社会网络融入、经济融入因子和居住融入均有显著的正向影响。

"租金满意度"对总融入度的回归系数为0.859($P>0.05$),说明在控制其他变量的情况下,租金满意度每增加1个单位,公租房社区农民工的城市融入度就增加0.859分,但这种影响没有达到显著性水平。从对具体融合因子的影响来看,"租金满意度"对文化融入、心理融入、社会网络融入、经济融入、居住融入因子的回归系数分别为0.017($P>0.05$)、3.291($P<0.01$)、-0.569($P>0.05$)、-1.540($P>0.05$)、3.400($P<0.05$),说明在其他变量不变的情况下,公租房社区农民工对公租房租金的满意度每增加1个单位,其文化融入度、心理融入度、社会网络融入度、经济融入度、居住融入度分别增加0.017分、增加3.291分、减少0.569分、减少1.540分、增加3.400分。其中,对心理融入和居住融入的影响达到了显著性水平。

三

影响公租房社区农民工城市融入的个人因素分析

(一)性别

"性别"对公租房社区的农民工城市融入的影响主要体现在文化融入和经济融入方面。有意思的是,在文化融入方面,女性农民工似乎比男性农民工更不容易融入城市。而在经济融入方面,则女性农民工比男性农民工更容易融入城市。我们对构成文化融入因子的3个指标——"本地语言掌握程度""本地风俗熟悉程度""本地价值观接受度"分别进行了独立样本T检验。我们发现,在0.05的显著性水平下,不同性别在"本地语言掌握程度"上存在显著差异(女性本地语言掌握情况显著好于男性),而在"本地风俗熟悉程度"和"本地价值观接受度"方面则没有显著差异。对于导致这种差异的原因,我们猜测不是来自生理层面,而是来自性别的社会定位和就业的差异。但是,这一假设的证实仍需要更多证据。

(二)年龄

虽然"年龄"对公租房社区农民工城市融入的影响并不显著,但仍有一定参考价值。总体上讲,年龄增长对农民工的城市融入是一种不利因素,其中尤以对经济融入的边际效益最大。我们分析,这主要是由于农民工主要从事低端制造和服务业工作,以及主要在城市非正规部门就业导致的。这类工作只要求从业者具备简单的生产技能。年龄的增加带给他们的人力资本增加十分有限,反而会带来体力、精力的下降,从而在劳动力市场失去竞争力。

(三)文化程度

"文化程度"对公租房社区的农民工融入城市具有明显的积极作用。这一点在农民工经济融入上表现得最为明显。这一现象出现的原因是农民工的文化程度与收入具有显著的正相关关系。我们利用一元方差分析(ANOVA)对"文化程度"与"月收入"的关系进行了分析。统计结果显示,F检验值为9.823,在0.001的显著性水平上"文化程度"与"月收入"具有显著的正相关关系。可见,受教育程度越高,农民工在城市找到一份薪资令人满意同时又比较稳定的工作的可能性越高,从而带来更高的经济融入度。但令人意外的是,似乎中等文化程度最有利于农民工家庭的文化融入和社会网络融入。我们分析这主要是由于在样本中来自重庆、四川的农民工以高中以下学历为主,大专及以上学历的只占11.1%。而来自其他省份的农民工中具有大专及以上学历的占25%。由于其他省份的农民工在语言、风俗习惯上与重庆差异较大,相较于来自重庆和四川的农民工,他们文化融入和社会网络构建上存在更多困难,从而影响到了大专及以上农民工文化融入和社会网络融入的数据。

(四)家庭人口数

与"年龄"一样,"家庭人口数"对公租房社区农民工城市融入的影响并不显著,但我们仍能从其回归结果中读出一些有价值的信息。总体上讲,家庭规模越大似乎对农民工的城市融入越不利。这一点在经济融入上表现得最为明显。农民工属于城市的低收入群体,家庭规模越大,意味着纯消费人口越多,有限的收入将面对较大的生活开支,进而降低其经济融入度。当然,这种影响还需要更多的数据来证实。

(五)迁出地

"迁出地"对公租房社区农民工的城市融入具有显著的影响作用。大体上说,来自四川的农民工比来自重庆的城市融入度低;来自其他省份的比来自四川的农民工城市融入度低。"迁出地"对公租房社区农民工的城市融入的这种影响主要是通过文化融入因子发挥作用的。这主要是由于随着迁移距离的增加,迁入地与迁出地之间在语言、风俗习惯等方面的差距越来越大,从而对农民工的文化融入带来越来越大的难度。而重庆过去曾隶属于四川,两地无论是从空间距离还是从人们的语言、风俗习惯等方面都比较相近,来自重庆和四川的农民工天然的比来自其他省份的农民工更容易实现文化融入。

(六)居住时间

一般来说,居住时间与移民的本地融入水平呈正相关关系。但本次调查并没有证实两者的这种关系。虽然"来渝居住时间"对各融入因子的回归系数大部分是正的,但只有对文化融入因子的影响达到了统计学上的显著性水平。可见,随着居住时间的增加,公租房社区农民工的文化融入、社会网络融入、经济融入均随之提高,但文化风俗方面的融入困难更为突出。

(七)工作时长

如果要选择一个变量来反映被调查者的就业质量,我们认为除了收入,工作时长也是一个非常好的指标。但是在回归分析中,"每周工作小时数"对各因变量的回归系数都没有达到显著性水平。我们分析出现这种情况的原因可能是"每周工作小时数"并不能很好地反映农民工的工作时长。"每周工作小时数"由"每周工作天数"和"每天工作小时数"两个变量相乘获得。实际上,农民工从事的工作在工作时间上往往表现出不固定、非常态的特点。这些工作要么天数多,要么每天工作小时数长,但同时具备这两点的工作并不很多。也就是说,通过两个变量相乘,"每周工作时间长"将农民工实际工作时间的特征稀释了。

(八)经济收入

经济收入对公租房社区农民工的社会网络融入和经济融合具有显著的积极影响,进而对总的城市融合度具有显著的积极影响。随着收入的增加,农民工的经济状况与城市居民之间的差距不断弥合,农民工的经济融入程度不断增加。经济收入的改善离不开社会关系网络的拓展,同时,经济收入又会带来进一步拓展社会关系网络的需要,并为此创造条件,进而带来更高的社会网络融入。

(九)住房面积

住房不仅仅是遮风避雨的物理空间,它还决定了城市居民的生活环境和社会交往空间,为社会民众获得各种城市资源,积累人力资本,融入城市主流社会提供机会。尤其是在中国,住房被人们赋予了更多的社会功能和属性。从回归结果来看,"住房面积"主要通过社会网络融入因子、经济融入因子和居住融入因子来影响公租房社区农民工的总融入度,而且这种影响是正向的。我们认为,"住房面积"对经济融入具有显著性影响,主要是由于公租房的租金与建筑面积完全相关,因此能在一定程度上反映农民工的居住条件和经济条件。"住房面积"对社会网络融入具有显著性影响的原因可能是公租房的住房面积和家庭规模相关。一般来说,家庭成员越多,与社会交往的管道和机会就越多,构建社会关系的可能性就越大。当然,这一解释还仍是假说,需要更多的证据证实。

(十)租金满意度

"租金满意度"虽然对总融入度的回归系数不显著,但对心理融入因子和居住融入因子的影响达到了统计学上的显著性水平。租金属于重要的住房属性,对承租人居住满意度的影响很大。我们对"租金满意度"对农民工的居住融入具有显著性影响并不觉得意外。然而,"租金满意度"对公租房社区农民工的心理融入构成显著性影响的原因则不是那么明显。为了探寻"租金满意度"对公租房社区农民工的心理融入具有显著性影响的原因,我们对"租金满意度"与构成心理融入因子的5个变量分别做了相关分析,发现"租金满意度"与"向本地人朋友求助意愿"($r=0.139, P<0.01$)、"对子女与本地人通婚的态度"($r=0.1115, P<0.05$)具有显著相关关系。"向本地人朋友求助意愿"和"对子女与本地人通婚的态度"都能反映农民工对迁入地的认同度和深度融入的意愿。而对于住房租金和住房本身的满意程度同样会影响农民工对迁入地的认同和融入意愿。

综上,在所有个人因素中,"文化程度""迁出地""月收入""住房面积"等4个变量对公租房社区农民工城市融入的影响得到了验证,其中"文化程度"

主要是通过经济融入因子、心理融入因子和居住融入因子来发挥正向作用;"迁出地"主要通过影响文化融入因子来影响总融入度,而且这种影响是负向的;"月收入"主要通过社会网络因子和经济因子来发挥正向作用;"住房面积"主要通过社会网络融入因子、经济融入因子、居住融入因子来影响总融入度,而且这种影响是正向的。

"性别""来渝居住时间""租金满意度"等3个变量虽然对公租房社区农民工的城市总融入度的影响没有得到验证,但它们对某一个或几个融入因子的影响是显著性的。具体来说就是,"性别"对文化融入因子具有显著性影响,女性农民工在文化融入方面明显低于男性农民工;"来渝居住时间"对文化融入因子具有显著性影响,并且这种影响是正向的;"租金满意度"对公租房社区农民工的心理融入和居住融入具有显著性影响,而且这种影响也是正向的。

第二节

影响公租房社区农民工城市融入的制度性因素及其作用机制

一

影响公租房社区农民工城市融入的制度性因素

公租房属于福利性质的保障性住房。因此,公租房从规划、设计、建造、管理、配套等各方面都深受中央和地方政府制定的相关政策的影响。而居住因素又是外来农民工在迁入城市安身立命、融入发展的重要条件。因此,政府制定的公租房政策必然会对居住在公租房社区的外来农民工融入城市构成重要影响。概括来说,对公租房社区农民工城市融入构成影响的相关政策主要有如下四个方面:

(一)储备制度

从国内外的经验来看,政府公租房配租房源主要有集中新建和收储社会闲置房两种储备方式。其中,前者又包括政府直接投资兴建和企业配建、政府回购两种方式。一般来说,集中新建公租房不仅能够增加公租房存量供应,而且可以让政府直接拥有一部分稳定的公租房房源,有利于政府掌握动态调控保障资源的主动权。此外,政府在集中新建公租房的同时,会建设较完善的配套设施,有利于农民工获得教育、医疗等公共服务。但这种公租房储备方式投入的土地成本、开发建设或回购给地方政府带来的财政压力比较大,可能导致地理空间上的社会分层,而且后期公租房存量达到一定程度后,不仅维修管理支出大,而且可能会由于配套设施、公共交通、租金水平等问题导致公租房空置,进而带来资源的浪费。从当前全国各地的实践来看,现阶段公租房主要以新建公租房为主。

收储社会闲置房包括长期租赁市场"过滤"出的旧房、部分廉租房、政府公房,按转化、接受社会捐赠等渠道筹集。这种公租房储备方式不增加住房市场的总供给,对房地产市场影响小,而且在充分满足农民工家庭多元化、个性化住房需求的同时,可以减少财政支出,避免出现供求失衡以及地理空间上的社会分层现象。但是,这种储备方式存在房源分散、"城中村"老旧社区公共服务供给能力差、租金补贴易被挪用、后期监管难度大等问题。

(二)选址与建设制度

由于当前我国公租房配租房源主要通过集中新建方式获得,因此选址与建设政策对公租房社区农民工城市融入的影响较大。公租房社区在城市的选址会影响公租房的区位、环境、配套设施、社区成熟度等因素,从而对农民工的生活便利性、公共服务的获得、与城市居民的交流构成影响。从当前各地方的实践情况来看,公租房社区普遍存在地理位置偏远、配套设施不健全、社区成熟度差等问题。

出于维护公租房的保障房性质、减少寻租现象发生的目的,我国各地方政府对公租房的建筑形式、面积、装修条件等建设政策均做了规定。例如,重庆的公租房基本是超高层住宅楼,建筑面积不超过90平方米,装修程度以保证租户的基本生活和居住需求为标准。这些规定(或不成文规定)会对外来农民工获得公租房的经济成本、使用成本、聚居形态、社区成熟度等造成影响,进而影响农民工的城市融入状况。

(三)配租与管理制度

一般来说,外来务工人员申请所在城市的公租房需要在收入、纳税、缴纳保险、居住时间等方面满足一定条件。例如,《重庆市公共租赁住房管理实施细则》规定,公租房申请人为:"年满18周岁,在主城区有稳定工作和收入来源,具有租金支付能力,符合政府规定收入限制的无住房人员、家庭人均住房建筑面积低于13平方米的住房困难家庭、大中专院校及职校毕业后就业和进城务工及外地来主城区工作的无住房人员。"其中,"有稳定工作"

是指:"与用人单位签订1年以上劳动合同,且在主城区连续缴纳6个月以上的社会保险费或住房公积金的人员;在主城区连续缴纳6个月以上社会保险费且在主城区居住6个月以上的灵活就业人员和个体工商户;在主城区退休的人员;国家机关、事业单位在编工作人员。""收入限制标准"是指:"单身人士月收入不高于2000元,2人家庭月收入不高于3000元,超过2人的家庭人均月收入不高于1500元。""无住房"是指:"申请人和共同申请人在主城区无私有产权住房(私有产权住房包括已签订合同未取得产权证的房屋),未承租公房或廉租住房,且申请之日前3年内在主城区未转让住房。"这些规定实际是将已经具备一定基础的农民工筛选出来入住公租房,从而表现出这部分农民工具有较强的融入意愿和较高的融入水平。此外,公租房配租需要申请人在网上申请、提供证明材料、签订合同、轮候、验房等程序。这也会对申请人将来入住公租房后的体验造成影响。从我们掌握的情况来看,农民工对旧房重新配租和换租的体验尤为不佳。

公租房管理涉及的内容比较多,其中租金管理、物业管理、配套设施管理等几个方面对农民工城市融入的影响比较大。一般来说,公租房的租金比市场租金要低。比如重庆市规定"公租房的租金标准原则上不超过同地段、同品质、同类型普通商品房市场租金的60%"。因此,入住公租房不仅会降低农民工的房租支出,而且住房条件的改善本身就意味着农民工家庭经济的改善,进而影响其在经济、居住上融入城市。公租房社区的物业管理和配套设施管理直接影响到农民工的居住体验,从而会在心理层面对农民工城市融入构成影响。

(四)退出与出售制度

为了维护公租房保障性住房的性质,我国各级地方政府一般都制定了公租房的退出制度。例如,在重庆除了对"骗租""转租"等不当行为做出强制退租的规定外,《重庆市公共租赁住房管理实施细则》还规定:"承租人通过购买、获赠、继承等方式在主城区获得住房,且达到政府公布的人均住房建筑面积标准的,或在租赁期内超过政府规定收入标准的,应当退出公共租赁住房。"客观来讲,这些规定确实有利于维护公租房的保障性住房性质,保证公租房被需要的人获得。但是,这些规定也导致公租房社区的农民工与其他城市居民在经济收入、生活质量上的差距长期存在。

从全国的情况来看,各地均没有实施公租房出售制度。例如,虽然《重庆市公共租赁住房管理实施细则》规定了"承租人在租赁5年期满后,可选择申请购买居住的公共租赁住房",但目前这一条款处于冻结状态。对属于低收入阶层的外来农民工来说,公租房可能是他们在城市实现购房梦的唯一可行途径,能否在城市拥有一套属于他们个人的住房会直接影响他们长期居留的意愿和对所在城市的认同感与归属感。

二

制度性因素对公租房社区农民工城市融入的作用机制

(一)研究框架

要搞清楚政府公租房政策对公租房社区农民工城市融入的影响,关键是要搞清楚各种制度性因素如何对农民工城市融入各维度施加影响,以及这种影响如何在融入系统中传递。因此,我们首先需要建立结构方程模型研究农民工城市融入各维度的作用传导机制,然后再通过多元线性回归分析考察各制度性因素对农民工城市融入各维度的影响及其传导机制。

对于农民工城市融入各维度之间的关系,我们通过分析认为,公租房社区农民工城市融入的各维度在整个融入系统中的地位并不是相同的。其中,经济融入和居住融入属于基础层面。在迁入城市获得一个安身之地并有一定的经济收入,是外来农民工能够居留并生存下来的基本条件。而在这二者之间,经济融入显然又是居住融入的基础。心理融入是农民工城市融入的最高阶段或最高目标。在农民工城市融入的基础层面和最高层面之间的是社会网络融入和文化融入。当农民工在心理上认同所在城市,接受所在城市,对所在城市形成归属感的时候,也同时意味着他们在城市形成了新的关系网络和社交圈子,在社会关系网络中找到了自己的定位,并且接受了所在城市的风俗习惯和价值观。而农民工在城市形成了新的关系网络、社交圈子,接受所在城市的风俗习惯和价值观则依赖于在城市获得稳定的经济收入和安全温暖的居所。基于以上三个层面的关系,再结合现实情境,我们将公租房社区农民工城市融入的各维度进行了模型关系假设。(如图6-1)至于说总融入度,它仅是我们为了衡量公租房社区农民工城市融入程度,基于经济融入因子、居住融入因子、社会网络融入因子、文化融入因子和心理融入因子构建的一个综合指标。它只能反映当前公租房社区农民工城市融入的程度,而不是比心理融入更高的融入阶段。

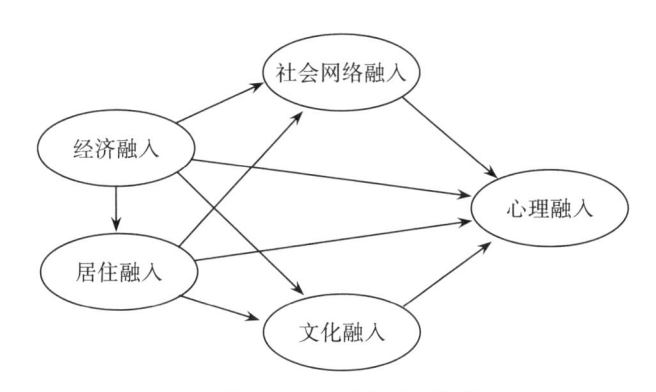

图6-1 公租房社区农民工城市融入的关系假设

(二)结构方程模型建构

我们利用前文的研究结果,将各融入因子确定为结构方程模型的潜变量,其高负荷值指标即为结构方程模型的观测变量。本研究中,各潜变量及其对应的观测变量分别为:经济融入因子包括"工作单位性质""享有的社保项数"等2个观测变量;居住融入因子包括"住房满意程度""本地购房意愿"等2个观测变量;社会网络融入因子包括"本地亲属数量""人际交往范围""在本地的朋友数量"等3个观测变量;文化融入因子包括"本地语言掌握程度""本地风俗熟悉程度""本地风俗接受程度"等3个观测变量;心理融入因子包括"与本地人交往意愿""本地人朋友比例""向本地人朋友求助意愿""对子女与本地人通婚的态度""在社区受欢迎程度"等5个观测变量。

因子分析的结果表名,经济融入的2个观测变量中,"工作单位性质"的负荷值最大($f=0.726$),因此将"工作单位性质"的负荷固定为1;居住融入的2个观测变量中,"住房满意度"的负荷值最大($f=0.735$),因此将"住房满意度"的负荷固定为1;社会网络融入的3个观测变量中,"在本地的朋友数量"的负荷值最大($f=0.750$),因此将"在本地的朋友数量"的负荷固定为1;文化融入的3个观测变量中,"本地风俗熟悉程度"的负荷值最大($f=0.841$),因此将"本地风俗熟悉程度"的负荷固定为1;心理融入的5个观测变量中,"对子女与本地人通婚的态度"的负荷值最大($f=0.726$),因此将"对子女与本地人通婚的态度"的负荷固定为1。

一般认为因子间的相关,在有合理解释下,可以容许自由估计,但对于指标的误差间的相关除有特殊理由外,不能随意容许自由估计。[①]在本研究中,首先容许各融入维度之间的影响关系全部自由估计,而不容许指标的误差相关。结合前文的公租房社区农民工城市融入的关系假设,我们得到了公租房社区农民工城市融入机构方程全模型假设。(参见图6-2)

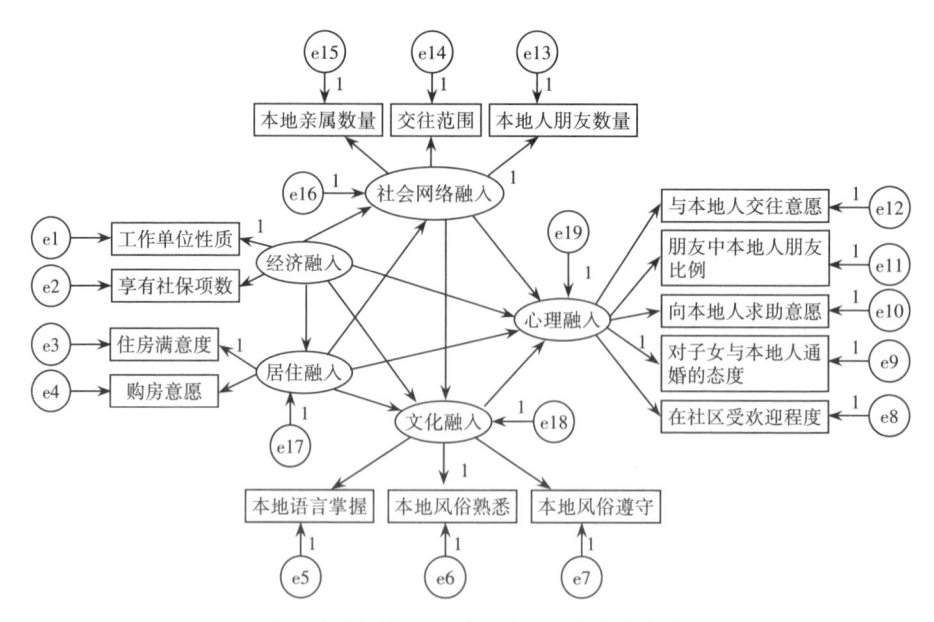

图6-2 公租房社区农民工城市融入结构方程全模型假设

[①] 侯杰泰、温忠麟、成子娟:《结构方程模型及其应用》,教育科学出版社,2004,第119页。

(三)结构方程模型拟合

由于居住融入、社会网络融入、文化融入和心理融入是内生变量,为了减少估计偏差,我们采用AMOS 17.0结构方程模型统计软件,对公租房社区农民工城市融入模型进行了分析和验证。

一般来说,绝对拟合检验(CMIN)置信度 P 值大于0.05,调整后的拟合指数AGFI、塔克-刘易斯指数(TLI)大于0.9,且近似均方根误差(RMSEA)小于0.05时,模型是比较令人满意的。[1]模型初步拟合结果显示,虽然塔克-刘易斯指数(TLI=0.932)和近似均方根误差(RMSEA=0.031)通过了检验,但绝对拟合检验(CMIN=107.939,df=80,P=0.020)未达拟合测量标准。(参见表6-3)因此,我们需要对模型进行修正。

表6-3 公租房社区农民工城市融入结构方程模型的参数指标

参数	修正前	修正后
CMIN	$P<0.05$	$P>0.05$
AGFI	0.943	0.956
TLI	0.932	0.990
RMSEA	0.031	0.011

首先,模型初步拟合结果显示,经济融入对文化融入的影响(P=0.740),居住融入对社会网络的影响(P=0.365),居住融入对文化融入的影响(P=0.344),以及居住融入对心理融入的影响(P=0.652),均不显著。因此,我们将这几项影响路径进行了剔除。

其次,模型的修改需要参考结构方程分析软件输出的模型修正指数和残差矩阵。模型中某个受限制的参数,若容许自由估计,模型会因此而改良,整个模型的卡方减少的数值,称为此参数的修正指数(MI,Modification Index)。因此,我们需要首先考虑修正的是MI最大或较大者。由于修改模型时,原则上每次只修改一个参数,每次修改一个固定路径,变为自由估计

---

[1] 郭志刚:《社会统计分析方法——SPSS软件应用》,中国人民大学出版社,1999,第34-35页。

后,需重新计算所有固定路径的MI。①我们选择MI＞6.63作为路径可改为自由估计的准则。②从样本重新模拟后的参数检验结果来看,"与本地人交往意愿"和"对子女与本地人通婚的态度"的残差相关的MI=12.924,"与本地人交往意愿"和"人际交往范围"的残差相关的MI=7.443,是所有MI中最大的。因此,我们考虑"对子女与本地人通婚的态度"和"与本地人交往意愿"的残差,以及"与本地人交往意愿"和"人际交往范围"的残差之间存在相关。模型的拟合不能单纯看拟合指数是否符合要求,还要考虑路径参数估计在理论上是否合理,是否有实质意义③。"与本地人交往意愿"和"对子女与本地人通婚的态度"共享残差,表明外来农民工与本地人交往意愿越强,就越倾向于对自己或子女与本地人结婚持赞同态度。我们认为与本地人结婚也属于与本地人交往范畴,是与本地人交往的更高阶段。只有建立在对本地人了解、认同的基础上,才会进一步对与本地人通婚持开放态度。"与本地人交往意愿"和"人际交往范围"共享残差,表明外来农民工与本地人交往意愿越强,其人际交往范围就越大。显然,在一个陌生的城市,农民工扩大自己的关系网络和社交圈子不可避免地会与本地人打交道。因此,"对子女与本地人通婚的态度"和"与本地人交往意愿",以及"与本地人交往意愿"和"人际交往范围"的残差之间的相关在理论和现实上是有意义的。当我们增加这两项修正后,样本的模型修正结果显示,绝对拟合检验(CMIN=86.053,df=82,P=0.358)通过了检验,并且调整后的拟合指数(AGFI=0.956)、塔克-刘易斯指数(TLI=0.990)和近似均方根误差(RMSEA=0.011)均较修正前得到了优化,且所有参数值估计达到显著性水平,说明修正后的模型为能拟合数据的最简模型。

根据修正模型,我们确定了公租房社区农民工城市融入结构方程模型(参见图6-3)。由于变量的测量单位不同,为了清楚地看到各变量之间的关系,图中标出的是各观测变量、潜变量之间的标准回归系数及统计显著性水平。从图6-3中可以看出,公租房社区农民工城市融入各维度之间的作用路径关系,具体表现如下:

---

① 侯杰泰、温忠麟、成子娟:《结构方程模型及其应用》,教育科学出版社,2004,第117页。
② 在df＝1时,若取 a=0.05,=3.84为显著;若取 a=0.01,=6.63为显著。
③ 侯杰泰、温忠麟、成子娟:《结构方程模型及其应用》,教育科学出版社,2004,第118页。

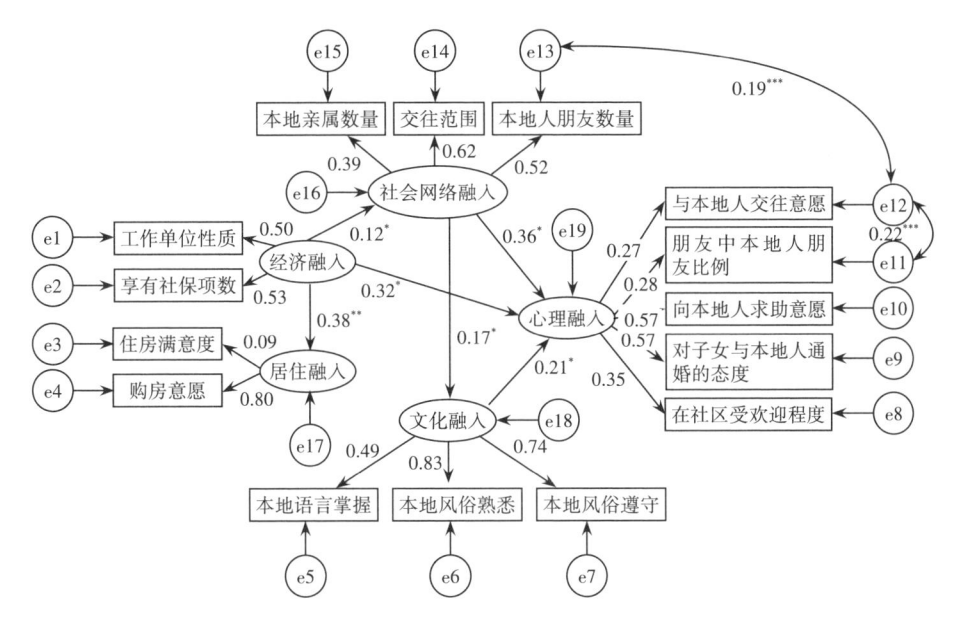

图6-3 公租房社区农民工城市融入结构方程模型

经济融入与心理融入的路径系数为0.32,说明公租房社区的农民工经济融入程度越高,其对所在城市的心理认同与归属感越强。此外,经济融入还通过社会网络融入对心理融入产生影响,其路径系数分别为0.12和0.36。这说明公租房社区的农民工经济融入程度越高,就会在城市为其带来更大的关系网络和社交圈子,而更大的关系网络和社交圈子又会增加农民工对所在城市的认同与归属感。除了一条直接作用路径,社会网络融入对心理融入也有一条间接作用路径,即通过文化融入影响心理融入。社会关系网络融入与文化融入的路径系数以及文化融入与心理融入的路径系数分别为0.17和0.12,说明公租房社区农民工的本地关系网络越是发达,就越愿意接受本地文化和价值观,而越愿意接受本地文化与价值观又会增进农民工对所在城市的认同与归属感。经济融入与居住融入的路径系数为0.38,说明公租房社区的农民工经济融入程度越高,其居住融入的程度就越高。由于以上路径系数均为正值,且均达到了统计学上的显著性水平,表明它们之间存在显著的影响作用。

经济融入与文化融入、居住融入与社会网络融入、居住融入与文化融入、居住融入与心理融入的路径系数并不显著,说明经济融入与文化融入、居住融入与社会网络融入、居住融入与文化融入、居住融入与心理融入之间没有直接影响作用。

从对心理融入的直接影响来看,社会网络融入比经济融入的作用更大(0.36>0.32),经济融入比文化融入的作用更大(0.32>0.21)。这说明那些在城市拥有更发达社会关系网络的农民工比那些经济上更成功的农民工,更可能认同所在城市并获得心理上的归属感。而经济上更成功的农民工比那些对迁入地文化接受程度更高的农民工,更可能认同所在城市并获得心理上的归属感。如果再加上间接影响,经济融入对心理融入的总影响为0.36(0.32+0.12×0.36),社会网络融入对心理融入的总影响为0.40(0.36+0.17×0.21)。可见,对心理融入的总影响仍是社会网络融入最大,经济融入次之,文化融入最小。因此,促进农民工心理融入最有效的手段应该是帮助外来农民工构建健康、多元、高水平的社会关系网络并提高他们的经济收入,其中前者的作用比后者更大。

(四)多元线性回归分析

1.因变量及其测量

从结构方程模型的拟合结果来看,对公租房社区农民工的心理融入具有显著影响的是经济融入、社会网络融入和文化融入。因此,我们分别将因子分析所获得的经济融入因子、社会网络融入因子、文化融入因子和心理融入作为多元线性回归分析的因变量,其百分化因子得分作为分析数据。考虑到公租房制度对居住融入因子的影响最大,我们也将居住融入因子纳入了分析。(参见表6-4)

2.自变量及其测量

为了定量化研究公租房政策对农民工城市融入的影响,我们需要对相关政策因素进行量化。因此,我们采用被调查者对相关政策实施效果的感受作为自变量。考虑到承租人对公租房储备制度实施效果的感受不明显、退租农民工的调查难度以及出售制度尚没有实施,我们没有将以上三项制度纳入分析。

我们将农民工对公租房制度设计实施效果的感受分解为3个可测量的指标,即农民工对公租房地理位置、面积、配套设施的评价;我们将农民工对公租房建造制度实施效果的感受分解为2个可测量的指标,分别为农民工对公租房房屋质量、装修的评价;我们将农民工对公租房管理制度实施效果的感受分解为4个可测量的指标,即农民工对公租房的配租过程、租金、物业、小区环境的评价。以上9个测量指标的操作化问题如下:

"地理位置满意度"。操作化问题为:"您对城南家园的地理位置的满意程度?"答案为"很不满意""不满意""无所谓/不知道""满意""很满意"5种类别,分别赋值为1至5。

"住房面积满意度"。操作化问题为:"您对住房面积的满意程度?"答案为"很不满意""不满意""无所谓/不知道""满意""很满意"5种类别,分别赋值为1至5。

"配套设施满意度"。操作化问题为:"您对社区配套设施(学校、医院等)的满意程度?"答案为"很不满意""不满意""无所谓/不知道""满意""很满意"5种类别,分别赋值为1至5。

"房屋质量满意度"。操作化问题为:"您对房屋质量的满意程度?"答案为"很不满意""不满意""无所谓/不知道""满意""很满意"5种类别,分别赋值为1至5。

"房屋装修满意度"。操作化问题为:"您对房屋装修的满意程度?"答案为"很不满意""不满意""无所谓/不知道""满意""很满意"5种类别,分别赋值为1至5。

"配租过程满意度"。操作化问题为:"您对公租房的配租过程的满意程度?"答案为"很不满意""不满意""无所谓/不知道""满意""很满意"5种类别,分别赋值为1至5。

"租金满意度"。操作化问题为:"您对租金的满意程度?"答案为"很不满意""不满意""无所谓/不知道""满意""很满意"5种类别,分别赋值为1至5。

"物业满意度"。操作化问题为:"您对物业的满意程度?"答案为"很不满意""不满意""无所谓/不知道""满意""很满意"5种类别,分别赋值为1至5。

"小区环境满意度"。操作化问题为:"您对小区环境的满意程度?"答案为"很不满意""不满意""无所谓/不知道""满意""很满意"5种类别,分别赋值为1至5。

表6-4 自变量与因变量的操作化与赋值

变量类型	变量名称	操作化问题	变量赋值
因变量	文化融入度	探索性因子分析	百分化的因子得分
	心理融入度	探索性因子分析	百分化的因子得分
	社会网络融入度	探索性因子分析	百分化的因子得分
	经济融入度	探索性因子分析	百分化的因子得分
自变量	地理位置满意度	您对公租房的地理位置的满意程度?	1=很不满意,2=不满意,3=无所谓/不知道,4=满意,5=很满意
	住房面积满意度	您对住房面积的满意程度?	
	配套设施满意度	您对社区配套设施(学校、医院等)的满意程度?	
	房屋质量满意度	您对房屋质量的满意程度?	
	房屋装修满意度	您对房屋装修的满意程度?	
	配租过程满意度	您对公租房的配租过程的满意程度?	
	租金满意度	您对租金的满意程度?	
	物业满意度	您对物业的满意程度?	
	小区环境满意度	您对小区环境的满意程度?	

3.回归结果分析

我们使用SPSS17.0统计软件,分别以经济融入因子、居住融入因子、社会网络融入因子、文化融入因子、心理融入因子作为因变量,以"地理位置满意度""住房面积满意度""配套设施满意度""房屋质量满意度""房屋装修满意度""配租过程满意度""租金满意度""物业满意度""小区环境满意

度"等9个变量作为自变量,采用FORWARD法进行多元线性回归分析,其回归结果如下:

表6-5 影响公租房社区农民工城市融入的政策因素

自变量	经济融入因子	居住融入因子	社会网络融入因子	文化融入因子	心理融入因子
地理位置满意度	—	—	—	—	—
住房面积满意度	—	—	—	—	—
配套设施满意度	—	—	—	—	—
房屋质量满意度	—	2.768*	—	2.867*	—
房屋装修满意度	—	2.826*	—	—	—
配租过程满意度	—	—	—	2.244*	—
租金满意度	3.582**	2.446*	—	—	3.316**
物业满意度	—	2.898**	—	—	1.847*
小区环境满意度	—	—	-2.301*	1.831*	—
常数项	34.959***	27.385***	40.240***	46.631***	48.204***
F检验值	9.939**	11.049**	6.818**	6.544**	7.539**
R^2	0.025	0.108	0.018	0.051	0.043
N	375	375	375	375	375

双尾检验统计显著度:*$P<0.05$,**$P<0.01$,***$P<0.001$

从最后的回归结果来看,"房屋装修满意度""配租过程满意度"等2个自变量对一个因变量有显著性影响;"房屋质量满意度""物业满意度""小区环境满意度"等3个自变量对2个因变量有显著性影响;"租金满意度"对3个因变量有显著性影响;"地理位置满意度""住房面积满意度""配套设施满意度"等3个自变量对所有因变量的影响都没有达到显著性水平。所有5个回归模型均达到了显著性水平,说明回归模型具有统计学意义。虽然各模型对因变量的解释力分别只有2.5%、10.8%、1.8%、5.1%和4.3%,但由于各回归模型均达到了显著性水平,模型解释力较低主要是由于一些相对重要的解释变量未纳入回归模型,但这并不影响对已纳入模型因素的解释。

回归结果显示,所有的3个公租房制度设计感受指标对所有因变量的影响都没有达到显著性水平,说明从农民工对公租房制度设计的感受来说,这些制度对他们的城市融入并没有显著影响。这一结果多少有点儿出乎我们的意料。我们认为公租房的区位优劣以及配套设施的完善程度会影响农民工的居住体验,至少会对他们的居住融入构成影响。然而,统计数据并没有证实这一点。我们认为,这可能是由于一方面承租人对公租房的区位、面积、配套设施比普通商品房要差已经有了充分认知,降低了听他们的心理预期,从而对他们的居住感受没有构成太大影响;另一方面,我们的样本分布相对集中,被调查者所居住公租房的区位、面积、配套设施状况没有太大差异,也可能导致这一结果。

2个公租房建造制度感受指标主要是对农民工的居住融入和文化融入构成显著性影响。在调查中,农民工反映的公租房房屋质量问题和装修质量问题较多,甚至有的已经严重影响到了他们正常的居住。(参见附录一)。因此,2个建造制度感受指标都对农民工的居住融入构成影响并没有出乎我们的意料。从回归系数来看,农民工对房屋建筑质量和装修质量满意度越高,其居住融入程度越高。真正令我们感到意外的是,"房屋质量满意度"对文化融入具有显著影响。农民工对房屋建筑质量满意度越高,其文化融入程度越高。我们分析认为其原因可能有两个。一方面,不同文化程度的农民工对公租房质量的评价标准存在差异($F=3.007, P<0.05$),存在文化程度越低的农民工对公租房质量越满意的趋势。而不同文化程度的农民工的文化融入存在显著差异($F=2.930, P<0.05$),文化程度越高的农民工在文化上越难融入所在城市。另一方面,住房质量所带来的居住的舒适性与满意度确实能够促进农民工对所在城市地方文化与风俗习惯的认同与接受。

4个公租房管理制度感受指标对所有五个融入维度因子均构成显著性影响。其中,"租金满意度"的影响面最大,在经济、居住、心理三个层面对农民工的城市融入构成显著影响。从回归系数来看,农民工对公租房的租金满意度越高,其经济、居住、心理融入程度越高。在重庆,公租房的租金大约仅为周边商品房的六成(近两年,随着商品房租金的上涨,公租房的平均租金水平仅为周边商品房的四成左右）。公租房带给农民工的住房租金节省非常明显，这必然会带来农民工经济融入程度的提高。我们认为，"租金满意度"对农民工居住融入的影响主要是由于公租房带给农民工的房租节省增加了他们的经济能力，进而提升了他们的居住满意度和购房意愿。当然，绝大部分农民工仍不具备购买商品房的经济能力，但普遍流露出购买公租房的意愿。本次调查中，愿意购买现在居住的这套公租房的农民工占73.1%正说明了这一点。而"租金满意度"对农民工心理融入的影响主要来自公租房的超性价比。租金相对较低，而住房条件相对较好，再加上租赁关系稳定，无疑会带给农民工更多的安全和保障，从而提升农民工对所在城市的认同度和归属感。

"配租过程满意度"对农民工的文化融入构成具有显著性影响。农民工的配租过程满意度越高，其文化融入程度越高。这可能是由于农民工在申请公租房过程中，不仅要与公租房管理部门打交道，而且往往要向已入住公租房的居民了解相关信息，甚至加入"业主"QQ群了解公租房社区的居住生活情况，从而增进了对所在城市文化与风俗习惯的了解。

"物业满意度"主要对农民工的居住融入和心理融入构成显著性影响。农民工对公租房物业管理的满意度越高，其居住、心理融入程度就越高。物业服务水平会影响人们的居住体验，尤其是在公租房普遍存在或多或少的建筑质量和装修质量问题的前提下，物业管理部门能否快速解决农民工居住过程中遇到的各种问题，直接会影响到农民工的居住满意度和购房意愿。而"物业满意度"对农民工的心理融入的影响则主要是由于作为政府雇用的物业公司，在公租房承租人眼中或多或少代表着政府的形象和态度，进而会影响他们对地方政府乃至所在城市的看法和态度。在调查中，这方面的例子往往是负面的。很多农民工承租人遇到过物业公司管理人员不作为、故意刁难，甚至索贿的情形。有的物业公司管理人员甚至以"还能用就不能维修""公租房就是这样的，不满意可以退租"这类伤害农民工自尊心的话，作为自己不作为的理由对申请维修的农民工进行搪塞。这实际上是在向农民工传递一种负面的信息——你是外地到我们这里讨生活的，没有权利要求更多！这必然会极大地伤害农民工的感情,降低他们对所在城市的认同感和归属感。

"小区环境满意度"主要对农民工的社会网络融入和文化融入构成显著性影响。农民工对公租房社区环境满意度越高,其社会网络融入程度越低,文化融入程度越高。"小区环境满意度"对农民工的社会网络融入具有显著性影响的原因,我们分析主要有两方面的原因。其一是农民工的"文化程度"与"小区环境满意度"存在负相关关系($r=-0.105, P<0.05$),即农民工的文化程度越高,对公租房社区的环境满意度越低。"文化程度"一般又与农民工的社会关系网络构成方式相关,即农民工文化程度越低,越依赖由血缘和地缘构成的社会关系网络,从而表现为社会网络融入程度低。而文化程度高的农民工的社会关系网络则主要依靠业缘形成,表现为社会关系网络融入程度高。其二是管理有序、环境舒适的社区有利于形成友好的生活氛围,进而帮助农民工拓展其社交圈子。与此类似,"小区环境满意度"对农民工文化融入构成显著影响也与"文化程度"中介变量相关。一方面,正如前文所述,农民工的"文化程度"与"小区环境满意度"存在负相关关系($r=-0.105, P<0.05$),而不同文化程度的农民工的文化融入存在显著差异($F=2.930, P<0.05$),文化程度越高的农民工在文化上越难以融入所在城市。另一方面,良好的社区环境有利于形成良好的邻里关系和生活氛围,进而促进外来农民工与当地居民的文化交流。

综上,结合公租房社区农民工城市融入结构方程模型可知,公租房的管理制度对提升公租房社区农民工的城市融入效应最大(不仅直接对心理融入构成影响,而且对影响心理融入的经济融入和社会网络融入也有影响);其次是公租房建造制度(对心理融入没有直接影响,但对文化融入有影响);公租房设计制度最小(既没有直接影响,也没有间接影响)。因此,从提高公租房社区的农民工城市融入程度角度看,应重点完善公租房管理制度(尤其是物业管理制度)和公租房建造制度。

此外,需要说明的是,虽然没有相应定量研究结论的支持,但我们认为公租房出售制度对农民工城市融入也具有重要影响。自古以来,中国人对房屋所有权有根深蒂固的渴望,拥有住房产权能给人们带来自尊、自信以及安全感。农民工离开家乡,来到陌生的城市,拥有一片属于自己的房屋,是他们在城市安身立命、安居乐业的根本。本次调查数据显示,73.1%的农民工表示愿意购买目前居住的公租房,只有18.7%的农民工明确表示不愿意购买,另有8.2%的农民工"说不清楚"。可见,绝大多数农民工希望购买自己居住的公租房。尤其是对于低收入和中老年农民工,可以说公租房是他们实现在城市拥有一套自己住房的最后希望。对他们来说,如果不能实现,当他们年老的时候就只能被迫返回农村老家了。当外来农民工明知自己只是城市的过客,无法在这座城市终老,又何谈融入城市!

第三节

影响公租房社区农民工城市融入的非制度性因素

一

打在公租房上的社会标签

公租房的公益性质会使农民工感受到政府和城市给予他们的温暖,但同时也会给公租房社区打上"低档社区"甚至"贫民窟"的标签。不可否认,这种特殊的社会心理可能并不会对农民工的现实生活造成太大困扰,但或多或少会造成农民工在心理上对城市缺乏亲近感和认同度。对此,我专门询问过城南家园所在的水云路社区曹大荣主任。曹主任给我的答复是公租房的居民不仅没有自卑心理,甚至还有某种优越心理。因为公租房的租金便宜,生活便利,这使得城南家园公租房的租户成为周边普通出租房租户的羡慕对象。我们在进行深度访谈调查的时候,也会询问被调查者是否遭遇过周边居民的歧视或轻视。绝大部分被调查者的答案是否定的。但是,当谈到公租房存在的建筑质量和物业管理问题时,很多农民工都会无奈地流露出"一分钱一分货""公租房租金便宜就要忍受这些弊端"的态度。一些做生意的农民工在和生意伙伴、客户交往的时候会尽量避免让他们知道自己住在公租房。其原因主要是担心这会影响别人对他们的评价,从而怀疑他们的经济实力。可见,公租房也许会带给农民工一些经济、居住上的改善,但仅限于经济层面,绝不会上升到心理层面,更不会出现曹主任所说的那种优越心理。反而,社会给公租房打上的"廉价""低档"标签带给农民工心理上的自卑和压力是确实存在的。只不过,这种自卑和压力被他们小心地隐藏在心里的最深处,轻易不向别人,甚至不向自己表露出来。

二 居住地点的变化

重庆的公租房社区都是大型、集中式公租房社区。这意味着一旦农民工选择居住在公租房,往往会远离已经熟悉的居住地点。虽然重庆的公租房社区分布在城市的各个角落,但往往是相对偏远的区域。农民工不太可能搬入公租房后不改变主要工作和生活区域。这也许对老年人并没有什么问题,但会给打工族、小生意人带来较大影响。调查中,很多被调查者向我们提及由于居住地点的变化而导致通勤时间增加,甚至被迫另找工作的经历。另外,由于农民工在城市高度依赖血缘、地缘为基础的社会关系网络,当可以自由选择居住地点的时候,他们往往会以家族、老乡为单位集聚在一个相对集中的区域。这不仅给他们带来了生活成本的降低,而且便于沟通信息,互相提供帮助。尤其是那些周边老乡、亲戚均从事某一类行业的农民工更是如此。农民工搬离老社区往往也意味着疏离了这种社会关系网络,从而对他们建立新型社交圈子、构建新的社会关系网络提供了机会,也带来了挑战。

三 聚居形态的变化

由于公租房属于保障性住房,我国各地均对申请人做出了一定限制。根据《重庆市公共租赁住房管理实施细则》规定,重庆公租房申请人为:"年满18周岁,在主城区有稳定工作和收入来源,具有租金支付能力,符合政府规定收入限制的无住房人员、家庭人均住房建筑面积低于13平方米的住房困难家庭、大中专院校及职校毕业后就业和进城务工及外地来主城区工作的无住房人员。"并且该实施细则还对申请人的收入做了明确规定:"单身人士月收入不高于2000元,2人家庭月收入不高于3000元,超过2人的家庭人均月收入不高于1500元。"因此,公租房社区事实上是城市低收入群体居住区。

公租房租户的经济基础与社会地位均处于社会底层,这实际上在居住空间上形成了类似"单体同质型"的聚居社区。与异质型社区相比,由于同质型社区中的租户具有相似的社会交往范围和生活习惯,社会关系网络高度重合,社区提供的弱纽带(如邻居关系)不能成为家庭强纽带的有力补充,为社区成员提供向上流动至关重要的就业信息等帮助。对于农民工家庭来说,他们在城市高度依赖血缘、地缘为基础的社会关系网络(搬到公租房后还对原有的社会关系网络造成了破坏),社区关系网络的缺失对他们融入城市和向上流动都造成了非常不利的影响。调查中,很多被调查者都反映,在公租房社区大家都是关起门来过自己的日子,与邻居的交往没有过去密切了。即便与邻居有交往,也仅限于日常生活,而不会给他们带来生意或工作上的帮助。这种社区提供的弱纽带在农民工社会关系网络中的缺失给农民工改变生活状况带来的无力感,我们在城南家园感受得比较明显。(参见附录一)

当然,聚居形态的变化带给农民工的影响也并非完全是负面的。例如,由分散居住变为集中居住,有利于政府与社会组织为农民工提供就业指导和职业培训,提升其融入城市所必需的基本素质与技能。在城南家园,社区为公租房租户免费提供就业信息和培训信息。一些社会组织也会以社区为平台对农民工提供就业指导和职业培训。社区还专门设有一个活动室用来开展这类活动。此外,由于社区功能更加完善,低收入群体的集中居住还有利于解决一部分就业问题。在城南家园,大正物业(公租房社区聘用的物业管理公司)聘用了一些农民工作为保安、清洁工,这一方面降低了物业公司的经营成本,也给社区低收入群体带来一些就业机会。

第七章 Chapter Seven

公租房社区的农民工在城市融入中存在的问题

2010年,中央七部委联合发布了《关于加快发展公共租赁住房的指导意见》,全国各地开始大面积建设公租房社区。以重庆为例,截至2017年年底,全市公租房累计竣工投用56.6万套,分配使用公租房54.3万套,为130万中低收入群体解决了居住问题。公租房的建设与配租在满足了大量低收入群体(包括农民工)居住需求的同时,我们也应看到,由于集中式公租房的固有缺陷和公租房相关管理制度的不完善,公租房社区也暴露出一些较严重的问题。这些问题不仅影响着城市低收入群体的居住体验,而且构成了外来农民工城市融入的障碍。

第一节

公租房社区带来的居住空间隔离效应不容忽视

我国公租房的制度设计主要是为了解决包括外来农民工在内的城市低收入群体的居住问题,并没有为农民工城市融合进行专门的制度设计。通过集中新建方式储备公租房房源而形成的大型公租房社区,在客观上造成了低收入群体在城市居住空间上的隔离效应。这对农民工的城市融入极为不利。

一

公租房社区的贫困集聚

由于公租房属于保障性住房,我国各地都对申请人在居住和收入条件上做出了一定限制。例如《重庆市公共租赁住房管理实施细则》规定,重庆公租房申请人为:"年满18周岁,在主城区有稳定工作和收入来源,具有租金支付能力,符合政府规定收入限制的无住房人员、家庭人均住房建筑面积低于13平方米的住房困难家庭、大中专院校及职校毕业后就业和进城务工及外地来主城区工作的无住房人员。"并且该实施细则还对申请人的收入做了明确规定:"单身人士月收入不高于2000元,2人家庭月收入不高于3000元,超过2人的家庭人均月收入不高于1500元。"这些规定虽然有利于保证公租房被真正需要的人获取,但客观上在空间上形成了类似"单体同质型"城市低收入群体聚居区。而且,随着时间推移,随着经济改善人群不断被筛选出来,低收入人群不断沉淀凝聚,公租房社区很容易变成与周边普通居民社区相隔离的贫困过度集中的问题社区。

公租房社区贫困集聚导致的首要问题就是社区提供的就业机会少、就业质量低下，进而导致农民工无法从社区和周边区域就近获得薪资满意的工作。由于公租房社区居住的都是消费能力低下的城市低收入人群，周边业态主要以低收入群体为目标人群，社区能够提供的就业岗位也十分有限并且收入较低。在调查中，我们发现城南家园的物业公司雇了许多在城南家园居住的外来农民工，主要做社区保安和清洁工。他们的收入高不过2500元，低的只有1000多元。(参见附录一)社区周边常见业态也多为各种流动贩售摊位和低端餐馆，一些在城市消失了的行当(如缝纫摊、拔牙摊、美容摊)在城南家园都能见到，而KTV、酒店、高档餐馆则比较罕见。显然，这些业态无法为农民工提供高质量的就业。

此外，由于公租房社区大多选址在城市边缘或外围还没充分开发、土地价值较低的地区，很多公租房社区建成启用后，周边仍是荒地。由于开发程度较低，人口集聚不充分，这些地区城市经济多样化的服务业尚未发展起来，从而导致就业岗位短缺，农民工不能在周边获得充分的就业机会。虽然政府有意识地将公租房选址在工业区或工业企业附近，但这些工业企业的工作岗位往往对学历和技能要求较高，因此其带来的就业机会并不能补偿经济成熟度较低所导致的各种服务业岗位的损失。

无法获得高质量的就业，公租房社区的农民工就只能在城市非正规部门从事劳动密集型或低端服务业工作。以深度访谈对象为例，如果我们将年龄超过60岁的邓05、张26和在读学生蒋33排除，剩下的30个接受深度访谈的被调查者从事的职业分别为：制造业工人4人；销售员3人(其中销售主管1人)；超市、饭店服务员4人；物业保安3人；保洁员3人；打零工3人；自己做生意3人；财务1人；社区医生1人；公路收费员1人；社区工作人员1人；文明劝导员1人；无业2人。可见，超市、饭店服务员，物业保安，保洁员，打零工等低端服务业的从业人员就有13人，占所有就业人员的将近一半。而且，即便在其他行业就业，这些被调查者的就业质量也不高。在制造业企业就业的工人有一些在服装加工厂、电子厂等小型私企打工；自己做生意也仅限于经营肉摊、网上销售高仿手表等小生意;公路收费员、社区工作人员和文明劝导员虽然属于政府雇员,但都是临时聘用人员,不仅工作不稳定,而且收入很低。这样算来,有21人属于低报酬、非正式、无保障的低端就业人员,占28名全部就业人员的近八成。在城南家园,几乎每栋楼前都停放着几台流动售卖车(参见图7-1)。由于从业门槛低,不需要特殊技能,而且面向收入较低的本社区居民,所以城南家园的租户做卤菜、烧烤摊生意的人特别多。

图7-1 存放在小区内的流动售卖车

农民工在城市非正规部门从事劳动密集型或低端服务业工作,必然带来低收入。除去暂时没有工作的个案,本次调查在渝农民工的月收入平均仅为3083.21元。其收入分布情况为:1000元及以下占全部样本的5.6%;1001至2000元占28.3%,2001至3000元占33.6%,3001至4000元占16.1%,4001至5000元占8.5%,5000元以上占7.9%。(参见图4-12)从当前重庆主城的消费水平来看,月收入3000元以下,仅够本人基本生活,养家、积蓄根本无从谈起。而本次调查中,居然有一半以上的被调查者月收入在3000元以下。

可见农民工的收入之低！这也是一些农民工担心有一天他们会连房租都交不起的原因。(参见附录一)

当然,我们也应该看到公租房较低的租金对改善农民工家庭经济条件的作用。但是,仅仅帮助农民工节流,而不是开源,无法从根本上缩小农民工与城市居民的经济差距。由于经济融入是外来农民工城市融入的基础,公租房社区的农民工遇到的就业问题必然制约着他们进一步在经济上融入城市。

二

社会关系网络的缺失

一般来说,相较于贫困集聚的同质型社区,在异质型社区长大的人不仅拥有更多的人力资本,而且拥有更多的社会资本。这是由于贫困家庭往往不能提供就业信息等对个人发展至关重要的帮助,社区提供的弱纽带(邻里关系等)则对个人的向上流动扮演了更重要的角色。[1]在公租房社区,由于租户同处社会底层,具有相似的经济背景、交往范围和生活习惯,社会关系网络高度重合,社区提供的弱纽带不能成为家庭强纽带的有力补充,为社区成员提供向上流动至关重要的就业信息等帮助。对于农民工家庭来说,他们在城市高度依赖血缘、地缘为基础的社会关系网络,社区关系网络的缺失对他们融入城市和向上流动都造成了非常不利的影响。典型的例子是陈25。陈25做白酒生意,交际面广,十分善于交朋友。过去在城里租房住的时候,陈25的邻居与他交往久了,知道他做白酒生意,会给他介绍生意。而搬到城南家园居住的5年间,陈25也与很多邻居变成了朋友,但是城南家园认识的朋友从来没有给他介绍过一单生意。对此,陈25也有自己的思考,用他的话来说就是:"城南家园住的基本上都是打工的和做小生意的,他们的经济实力、为人处世、见识什么的和中产阶级还是有很大差距的。"(参见附录

---

[1] Briggs, X., "Brown kids in white suburbs: Housing mobility and the many faces of social capital," *Housing Policy Debate* 9, no. 1 (1998): 177–221.

一)陈25将邻居没在生意上给他提供帮助的原因归结为公租房租户经济实力差,格局低下,眼界狭窄。其实,在我们看来,出现这种现象的主要原因还是城南家园的居民社会关系网络同质化严重。社区成员之间的工作性质、生活背景、交往圈子十分相似。社区成员不能从社区的弱纽带中获得各种就业、经商的信息。

从理论上讲,人们在阶层间的流动主要有两种形式:代内流动和代际流动。前者指的是一代人的阶层流动,后者指的是两代以上人的阶层流动。从我们的调查来看,由于社会关系网络的缺失,公租房社区的农民工向上流动的困境主要表现为代内阶层流动缓慢,代际复制式流动。

代内流动缓慢主要表现为公租房社区的农民工在职业地位、收入水平、经济状况等方面改善缓慢,呈现出相对固化的状态。从本次调查中深度访谈对象的经历来看,通过后天努力获得阶层跃升的人寥寥无几,大部分被访者仅是努力地"谋生",职业地位、经济状况并没有本质上的跃升。

从本次调查来看,农民工改善自身生活境况的奋斗方式主要有四种:踏实苦干型、拼命钻营型、自我奋斗型、读书考证型。

踏实苦干型的典型代表有杜12、胡18、吴30等。这类农民工的特点是文化水平比较低,也不具有充足的资金做生意,但比较吃苦耐劳,只能通过苦干来获得更高一点儿的收入。杜12业余时间组装风扇卖,胡18去工地给建筑工人理发,吴30在社区摆缝补摊都属于这种情况。(参见附录一)由于他们从事的是低端服务业,竞争激烈、劳动附加值低,可以想见,他们通过这种方式可以获得一定的经济回报,但若想实现阶层跃迁则几乎不可能。

投机钻营型的典型代表是刘11。由于没有学历,也没有一技之长,作为一个中年妇女,刘11想要在城市生存下去,还要把两个孩子抚养成人,确实艰辛。与吴30一样,刘11也在服装厂打工。但是,刘11由于不满足服装厂的收入,又做起了保险业务员。刘11做的这种保险业务员既无底薪,也无保险,只是在业余时间利用自己的人脉兼职推销保险。虽然刘11利用一切关系、时机推销保险,但这份工作为她带来的收入不会太多,而且没有保障,因此并不算是阶层的跃升。为了增加收入,刘11甚至打起了公租房的主意。

通过转租,刘11每个月可以获得400元的"收入"。但是这些收入一样不可能给刘11的生活带来实质性的改善。(参见附录一)

邹17、杨22、杨24、陈25等有一定的资金基础,头脑灵活,自己做生意或是销售主管,我将他们定义为自我奋斗型。在所有类型中,这类农民工最接近实现阶层跃升。事实上,杨24的家庭收入已经达到重庆的中高收入水平。但是,这部分农民工面临着市场的不确定性:杨22办厂失败,陈25生意越做越小,黄28曾经的意外事故,都会打破他们阶层跃升的进程。杨24告诉我,他打算从现在的这家医药公司辞职,自己开一家药店。如果将来经营不利,杨24也面临着阶层降级的风险。(参见附录一)

读书考证型的典型代表是罗10、罗16、蒋33。这类农民工一般比较年轻,具有一定的学历,打算通过学业提升或获得相关从业资格证书、考取公务员来改变自己的命运。罗10从成人教育学院毕业,由于学历的含金量不够,只找到了一份收费员的工作。后来,罗10考了一个建筑安全证,打算找个建筑单位挂证挣钱。但是一来这个资格证书的含金量不太高,二来需求量也不大,罗10没有实现挂证挣钱的目的。罗16从四川音乐学院毕业,但学的是音乐表演专业。由于很难从事与艺术相关的工作,罗16去泰国读了金融学的研究生。可能是觉得这个学历也不够硬,罗16打算考家乡的公务员。而且考公务员填写个人资料的时候,罗16只填了本科学历。在我调查的时候,罗16的公务员考试成绩已经公布,考了121分。虽然罗16认为可能还有面试机会,但其实机会很小。蒋33即将中专毕业,但她坚持毕业后考大学。然而,蒋33对未来考什么大学、学什么专业以及将来从事的职业毫无规划,显得比较盲目。在我国人口整体素质提升的背景下,这类农民工面临着激烈的竞争,再加上受眼界、见识的限制,他们读书的目的比较功利,也比较盲目,能够通过这条路获得阶层跃升的农民工不会太多。(参见附录一)

代际复制式流动主要表现为农民工的下一代直接复制了上一代的阶层地位,甚至职业,即人们常说的"子承父业"。也许被称为"农民工二代"并不准确,但从社会阶层角度来看,农民工家庭的社会阶层并没有实现跃升,而是在代际间传递,并被固化在较低阶层。

从本次深度访谈对象的家庭来看,第二代的社会阶层较上一代有明显跃升的只有4个家庭,夏15、杨24、黄28和董29。其中杨24从农村走出来,通过自己的努力在本代内获得了阶层跃升;夏15、董29的儿子通过高考获得了较好的职业,实现了阶层跃升;黄28的大儿子入赘浙江,小儿子通过自己努力经营服装厂。(参见附录一)

在两代间没有实现阶层跃升的家庭中,有一些呈现明显的代际复制式流动。例如邓05年轻的时候在建筑工地做小工,老婆在餐馆做服务员。虽然邓05自言很重视女儿的教育,但女儿长大后也和他们一样来到重庆主城打工,而且和妈妈一样,也是在餐馆做服务员。邓05的女婿则继承了岳父的职业,在建筑工地做零工。第二代的职业完全复制了第一代。同样的情况也出现在吴14家。吴14在社区做清洁工,她老公在大正物业做保安。她的儿子也是做保安的,儿媳则在幼儿园做保育老师,主要负责孩子们的饮食和清洁工作。(参见附录一)

即便没有复制上一代的职业,在本次调查中,绝大多数第二代也复制了上一代的收入和阶层。例如文03在超市做称重员。她的女儿大学毕业后找了很多工作都很不理想,现在在一家公司做前台接待工作。虽然职业看似更加体面,但她女儿的月收入只有1900元,甚至比文03的收入还低。吴30过去在服装厂打工。现在她的大女儿带了几年孩子后,刚出来在私企打工;小女儿大学毕业后去江西做销售;儿子在重庆跑出租。虽然,职业各不相同,但吴30的子女所从事的都是较低阶层的典型职业。(参见附录一)

还有的农民工,由于某种原因,来城南家园后,社会阶层还有一定程度的下降。吴08大学毕业,学的是广告设计专业,以前在渝北从事广告设计工作。由于在家带了3年孩子,不仅专业荒废了,而且与以前广告公司的关系也慢慢疏远了。再加上搬到城南家园后,吴08去渝北上班很不方便,因此她现在被迫去工厂做了一名手机装配工。虽然收入并没有降低很多,但工作性质和工作环境已经没法和过去相比了。(参见附录一)

三

相对落后、自成体系的社区文化

空间隔离必然导致文化隔离。客观地讲,重庆公租房社区的环境条件是很不错的,无论是绿地、道路,还是休闲娱乐设施都不比一般商品房小区差。然而,由于外来人口较多,与其他城市居民的交流较少,公租房社区似乎成为城市文明无法到达的坚固堡垒,形成相对落后、自成体系的独特社区文化。其显著特征就是与城市文明相悖的不文明现象十分普遍。

在所有不文明行为中,笔者提到最多、反映最为强烈的是不文明养狗。在调查中,我们有意观察了社区内养宠物的情况,确实比较普遍。而且,很多租户养的狗体型较大。在社区内一处较偏僻的绿地,我曾看到有大大小小十几只狗在玩耍,它们的主人则坐在一边玩手机或与人聊天。人们外出遛狗时,大型犬会拴绳,中小型犬基本不拴绳。因此,我们无从判断社区内那些独自跑来跑去的狗是不是流浪狗。

犬只多了,环境卫生问题自然就来了。虽然清洁工一直拿着笤帚和簸箕巡视、清理,我们依然经常在社区道路上看到宠物粪便。有一次我和一名调查员去做深度访谈,当我们走进电梯,一股刺鼻的气味儿迎面而来,走进电梯的人都不由自主地皱起眉,一位年轻女士甚至捂住了口鼻。恰巧,一位清洁工正在电梯里拿着拖把拖地。我从她那里了解到,电梯里的难闻味道来自宠物的便溺。由于该栋楼内养狗的租户比较多,有时候狗主人出来遛狗不及时,狗就在楼道内或电梯里排便了。狗主人对此不进行干预和教导,乃至狗在电梯里排便成了习惯。进入夏季,这股气味儿就越来越刺鼻了。(参见图7-2)我问她有没有采取什么措施。她告诉我在电梯里贴过提醒告示,但没有什么效果。

图 7-2　在电梯里的宠物便溺

除了不文明养狗,乱丢垃圾现象在公租房社区也十分触目惊心,甚至我们的调查员都险些成为高空抛物的受害者。为了顺利完成调查,我们的调查员只能撑着伞进行问卷调查。对此,我曾专门向城南家园社区的曹主任了解情况。曹主任告诉我,城南家园的租户很多是从农村来的农民工,有随手将垃圾扔出窗外的习惯。因此,城南家园是高空抛物的重灾区,曾经就发生过高空抛物砸伤人的事件。社区管委会也做了大量的宣传教育工作,但高空抛物现象仍屡禁不止。

图 7-3　险些砸中我们的"高空炸弹"

第七章　公租房社区的农民工在城市融入中存在的问题

此外,乱丢垃圾现象在公租房社区也十分普遍。在我们调查的城南家园社区,人们随意丢弃的垃圾也充满了"公租房特色"。比如大堆的腐败水果(图7-4)、僵尸面包车(图7-5)、报废三轮车(图7-6)等。这些被丢弃的垃圾都有一个共同的特点:不是普通的生活垃圾,而是做小生意产生的垃圾。城南家园的租户多属于中低收入阶层,做小生意的人很多。他们将卖不出去的腐烂水果和报废的车辆也丢弃在社区中。这里需要说明的是,这些反映环境问题的照片均为一天内所拍,并不是长期观察积累的照片。由此可见公租房社区环境问题的严重性。

图7-4　随意丢弃的垃圾

图7-5　僵尸面包车

图7-6　丢弃在路边的三轮车与旧家具

不文明养狗、乱丢垃圾、高空抛物等不文明现象虽然在普通社区也存在，但公租房社区表现得尤为明显。我们认为这或多或少与外来农民工较多有关。一般来说，文明行为在城市居民中的传播是一个耳濡目染、润物细无声的过程。在空间相对隔离的公租房社区，文明行为不能成为表率，一些农村的陋习反而保留了下来，甚至成为社会风气。这一判断来自我们对公租房社区的另一个不文明现象的观察。住在城南家园的一些农民工，虽然已经离开了农村，但农民"本色不改"。在社区周边的荒坡上，一些居民开垦出了很多菜地，种上了蔬菜。本来是一片绿色的山坡，如今变成一块块难看的"伤疤"。而且，这些"都市农民"将很多泡沫箱、废纸盒、各种坛坛罐罐放置在自家开垦出来的菜地里。远远望去，就像是一大片垃圾场，十分影响城市景观。（参见图7-7）由于这些菜地都在城南家园社区之外，"都市农民"要穿过花园，翻越围栏，才能到达自家的菜地。因此，他们在社区花园里走出来一条条小蹊，围栏也被砸开了洞以便出入。（参见图7-8）社区工作人员为此也很头痛。因为菜地在社区范围以外，他们没有管辖权。他们只能贴出安全警示通知，并把砸坏的围栏修补好，但是"都市农民"并不理会安全警示通知，围栏上很快就又出现了新的洞。

第七章 公租房社区的农民工在城市融入中存在的问题

图7-7 山坡上开垦的菜地

图7-8 扛着锄头去耕种的"都市农民"

第二节

JIANZHU ZHILIANG CHA DAILAI DE JUZHU TIYAN BUJIA

建筑质量差带来的居住体验不佳

根据前文的定量研究,公租房的建筑质量和装修质量是影响农民工居住满意度和城市融入的重要因素。早在我们为问卷调查做准备进行预调研的时候,我们就从城南家园社区居委会曹大荣主任那里了解到,公租房建筑质量问题是他们日常工作中最为常见的问题。这其中以漏水现象最为普遍。仅从33个深度访谈的对象来看,超过七成的被调查者在谈到公租房的问题时都会提到公租房建筑质量差的问题。有过房屋漏水经历的被调查者有10位,占全部被调查者的30%。此外,还有1人自己的房子没有漏水,但提到邻居的房子曾经漏水。这位幸运儿推测之所以自己的房子没有漏水,并不是恰好自己的房子质量好,而是屋顶有一个保护架。(参见附录一)由此可见,公租房质量问题之严重。

如果说室内的建筑和装修质量问题不容易被观察到,公租房社区公共建筑和设施的建筑质量问题则比较容易暴露在外。在我们进行问卷调查的7天中,图7-9、图7-10的两处漏点一直没有被堵住,水一直在流。而且,从留在墙壁上的印迹来看,这两处漏水已经有一段时间了。

第七章 公租房社区的农民工在城市融入中存在的问题

图7-9 水从建筑外墙流下　　图7-10 水从车库外墙流下

在调查中,有农民工反映二组团曾发生过一次火灾,而消防车来灭火时才发现楼道的消防栓没有水。该农民工是做物业管理工作的,事后他曾到楼顶查看消防管道的水压表,发现管道里没有水压。根据他的分析,出现这种状况的原因可能是建筑质量不过关,管道漏点太多,消防管道里并没有加压。(参见附录一)由于受人员和技术能力的限制,研究者没有办法核实该租户的说法是否属实。不过,在社区的一处隐蔽的绿化带里,我们确实发现了一个水压表读数为零的消防栓。(参见图7-11)城南家园社区共有住宅85栋,全部是30层以上的超高建筑。而且,由于公租房社区的人均居住面积小,公摊面积也小,每栋建筑里居住的人员要比普通商品住宅楼要多。一旦发生火灾,而消防栓又无水可用,可能会造成重大的人员、财产损失。

图7-11 水压为零的消防栓

由于公共设施毁损严重,维修在公租房社区就成了常态。在2017年9月的一次回访中,我们发现社区内很多地方都竖起了蓝色的施工挡板。有的是在维修人行便道,有的是在维修排水管道,有的看不出在做什么维修。(参见图7-12)我们简单做了统计,发现竖起施工挡板的地方不下七八处(不包括城南家园中一路社区)。而且,在同一天,我们还发现严重脱落的墙面、损坏的玻璃门、塌陷的地面、面目全非的篮球场等多处严重损坏的公共设施。(参见图7-13、图7-14、图7-15、图7-16)可见,城南家园公租房的建筑质量确实堪忧!

图7-12 多处正在施工

第七章 公租房社区的农民工在城市融入中存在的问题

图7-13 严重脱落的墙面

图7-14 损坏的玻璃门

图7-15 塌陷的地面　　　　　　图7-16 面目全非的篮球场

公租房建筑和装修质量问题严重影响了农民工的居住感受。在调查中农民工之所以总体上对公租房是倾向于满意,主要是由于租金低。也就是说,农民工觉得公租房住着还不错,主要是和市场上相同租金的出租房比较后得出的,也就是公租房性价比较高。事实上,单从居住体验上来看,公租房租户的居住体验并不好。而给农民工糟糕居住体验的往往来自建筑和装修质量问题。在调查中,我们发现有的农民工家里的洗手台都已经完全折断了,仍在使用;有的农民工不敢把衣柜靠墙放置,因为怕墙壁渗出的水损坏衣柜和衣物;有的农民工用着完全没有吸力的抽油烟机。(参见附录一)考虑到我们调查的城南家园公租房社区建成投用仅5年就已经出现了这么多的质量问题,随着建筑和各种设施的设计寿命、使用年限集中到期,将来这些问题会更加突出,并严重影响农民工的居住体验和城市融入。

第三节 物业管理带来的居住体验与心理融入问题

在重庆,公租房管理涉及的主体有三个:公租房管理中心、物业公司、社区。这三个部门表面上分别拥有公租房所有权、物业设施管理权和行政管理权,各司其职,各负其责,但实际上存在着责任主体不明确、管理边界不清晰的问题。一旦租户遇到实际问题,三方互相推诿、不作为的现象比较普遍。在这三者中,由于物业公司直接面对农民工日常生活出现的具体问题,因此又处于最核心的位置。

与一般的商品房小区物业公司跟业主形成的简单雇佣关系不同,公租房社区涉及公租房管理局、物业公司和租户三方。从理论上讲,公租房的产权属于政府,由公租房管理局负责管理。公租房租户从公租房管理局获得公租房的租住权,与公租房管理中心形成租赁关系。物业公司与公租房管理局签订合同,负责公租房社区的物业管理,与政府形成雇佣关系。然而,虽然公租房租户与物业公司平日打交道最多,但是二者之间并没有任何法律关系。公租房租户没有解聘、重新招聘物业公司的权力。物业公司服务质量全凭自我约束,不受服务对象的任何制约。这样,在一般商品房小区的物业公司与业主之间服务与被服务的雇佣关系,在公租房社区变为物业公司代公租房管理局管理租户、租户服从物业公司管理的关系。再加上,政府部门的官僚主义,物业公司追求利润的原始冲动,从而导致物业公司频繁出现不作为、腐败、对租户恶语相向等现象。

一

物业管理人员失职、不作为

由于公租房社区各种设施质量较差,租户经常会遇到设施需要维修的情况。物业工作人员服务意识很差,门难进、脸难看,对租户的维修请求往往以各种理由拒绝。我们的很多深度调查对象都曾经有过向物业申请维修被拒绝的经历。物业部门拒绝的理由以问题不严重、尚可使用为最多。根据我们的调查,这些申请维修的设施有一些确实还能使用,但有一些则已完全不能使用或影响租户的日常生活。例如,邓05家和夏15家的洗手台已经完全断裂了,基本失去了使用功能。(参见图7-17)杜12家的天花板漏水不可能不影响生活。吴14家的抽油烟机虽然没有坏,但已经几乎没有风力,无法发挥抽油烟的作用了。(参见附录一)物业工作人员给出的理由明显有故意搪塞的嫌疑。如果租户对物业的搪塞不满申辩了几句,物业工作人员会用"公租房就是这样的,不满意可以退租""你们租户只有使用权,没有所有权"等攻击性语言予以回应。租户只有无奈地接受他们的处理结果,要么将就使用,要么自己花钱维修。

图7-17 断裂的洗手台

物业公司不作为还表现在对社区公共设施的维护上。一些农民工曾在公租房社区遭遇家中物品和车辆被盗。他们报案后，警察来社区提取监控录像，才发现摄像头早就坏了，根本没有录像。这些租户认为是物业公司平时对监控设施维护不力，才导致他们遭受财产损失的。他们多次找物业公司理论。物业公司负责人一开始搪塞推托，后来干脆就躲起来了。（参见附录一）此外，被调查者对社区路灯也有颇多抱怨。很多农民工向我们反映，社区里路灯太暗，很多坏了也没人修。为此，我们专门在晚上到城南家园社区进行了调查。我们发现被调查者反映的情况基本属实。城南家园各组团大门口的路灯很亮，也没有损坏的；社区内部车行道的路灯基本不亮；步行道的路灯大概只有一半是亮的，而且点亮的路灯瓦数也很低，再加上树木遮挡，人们只能勉强看清方圆四五米范围内的物体。在一些比较偏僻的步行道，会有连续几十米没有点亮路灯的情况。

二

腐败现象多发

由于物业公司的权力几乎不受监督，腐败现象在公租房社区也比较严重。在向我们反映物业公司管理人员乱收费、拿红包的现象时，很多被调查者只是猜测或听说。只有胡09和陈25向我们反映的是他们的亲身经历。

胡09最初住在八组团，由于女儿长大房间不够住了，才换租到现在的这套两室一厅的公租房。过去八组团的房子，胡09在墙上印了一些花纹作为装饰，退租的时候，物业要求他恢复原状。胡09觉得找人刷墙费力又费钱，于是选择向物业交钱了事。最初物业要求胡09交1200元。经过讨价还价，胡09最后交了800元，并开具了一张盖有物业公司红章的收据。然而，当搬到这套两室一厅来的时候，他发现灶台台面已经开裂，卫生间里的瓷砖也已经脱落。按理说，这些损坏的设施应该由上一个租户维修后才能换租给胡09，否则物业不会给他签字，他也就不能退租。可见，应该是上一个租户和胡09一样,也是选择交钱了事。而物业收了钱以后,并没有维修房子,就直接换租给了下一批租户。

陈25家的隔壁有一个储物间,最初是清洁工用来存放清洁用具的。有一天,陈25发现他的一个邻居占用了这个储物间,还给它上了锁。(参见图7-18)原来,陈25的这个邻居平时靠捡垃圾挣钱,现在她用这个储物间堆放捡来的垃圾。夏天,虽然关着门,这些垃圾还是会散发出很难闻的气味。当这个邻居打开储藏室的门整理垃圾的时候,臭味儿会充满整个楼道。陈25向物业反映了多次,问题也没有解决。陈25怀疑他的这个邻居可能认识物业的人,或者向物业工作人员行了贿,物业才会把那间储藏室拿给她用。这其实仍属于猜测,陈25并没有真凭实据。不过,一来这个储物间并非闲置无用的空间;二来多次反映也不收回;三来物业公司雇用了很多社区居民作为工作人员(降低了物业公司的用工成本,同时也解决一部分就业),这些物业工作人员在公租房社区的亲戚、朋友比较多,很容易出现以权谋私、公器私用、利益交换等腐败现象。陈25有这样的猜测也就不足为奇了。

图7-18 私占的储物间

此外,一些被调查者反映的现象,如社区门卫对进出车辆的收费随意性大,收不收费、收多少都是他们说了算;办理摩托车出入卡在小区里停汽车;同样损坏的电器,有些租户得到了维修,有些则不予维修,其背后可能也存在着腐败问题。

客观地讲,物业管理涉及居民生活的方方面面,十分琐碎,即便普通社区的物业管理部门也很难做到让所有社区居民满意。但是,在公租房出现的这些问题已经超出了正常范围,严重影响了农民工的居住感受。尤其是物业公司的管理人员对租户的语言暴力,不断在提醒着农民工你是外来户,不属于这里。在这种居住环境下,如何能够让外来农民工将公租房社区视为可以长期经营的家园,对所在城市和社区产生归属感呢?而农民工一直存在的过客心态又带来社区居民之间的关系淡漠、不关心社区和公益活动、破坏公共财物现象屡禁不止等后果,进一步降低了公租房社区的吸引力,从而形成恶性循环。

第四节

公租房社区农民工的受害者心理

糟糕的居住感受会让公租房社区的租户产生一种独特的群体性心理——受害者心理。最初,打在公租房社区上"低档""廉价"的标签会让居住在公租房的租户产生自卑心理,即居住在公租房小区意味着我是一个穷人,不如普通小区的居民。正如前文所分析的,公租房社区的农民工和社区管理人员虽然不愿意承认这一点,但它确实在农民工的内心深处存在着。当这种自卑心理又遇上生活上的一些具体问题,如房屋漏水、公共设施毁损等,就会转变为受害者心理,即由于我是穷人,所以我不受重视,得不到公平对待。再加上,公租房租金低,似乎暗合了人们"一分钱一分货"的认知;物业管理人员工作方法简单粗暴,经常以"你们没有所有权,只有居住权""公租房就是这样的,不满意可以退租"作为借口推卸责任,又会不断加重租户的受害者心理。这种受害者心理会随着居住问题的出现而不断放大。长此以往,即便有些问题是所有居民小区普遍存在的共性问题,也会被公租房居民解读为被歧视和区别对待了。

客观地讲,在深度访谈中一些被调查者向我们反映的房屋质量问题并不严重,属于使用过程中的正常折旧,不能将其归入房屋质量问题,如墙壁起皮、电器损坏、瓷砖脱落等。然而,应该引起我们警觉的是,为什么这么多公租房租户将这些正常使用耗损看作公租房质量差的明证?我们分析认为,其背后的原因就是农民工的受害者心理在起作用。此外,在调查中一些农民工在谈到公租房社区路灯不亮、健身设施毁损得不到维修等问题时,将问题的出现与没有及时解决归结于政府不重视,并将政府不重视的原因归结为公租房是"贫民区",农民工是"外来人"。这同样是受害者心理在作祟。

可见,公租房社区存在的这种受害者心理不仅是农民工心理融入的障碍,甚至会成为潜在的社会不稳定因素。在当今自媒体时代,在公租房社区发生的任何小矛盾,在这种群体性心理的作用下,都可能通过社交媒体上的传播而转变为群体性事件。由于公租房"姓公",是政府投资、建设、管理的,任何在公租房发生的群体性事件都很容易将矛头指向政府。

第五节

PEITAO JIAOYU ZIYUAN BUZU ZU'AI NONGMINGONG ZINÜ JI QI JIANTING DE XIANGSHANG LIUDONG

配套教育资源不足阻碍农民工子女及其家庭的向上流动

由于规模足够大,重庆的公租房社区一般都有配套的幼儿园和小学,但是这些教育资源无论是数量还是质量都不能令人满意。

一

教育资源数量不足

从公开的资料来看,城南家园有配套幼儿园3所(共约9000平方米),其中公办幼儿园1所(新城幼儿园)、私立幼儿园2所;配套小学1所(城南家园小学,约2.1万平方米),具有36个班的办学规模。但是,从我们实际调查情况来看,无论是配套幼儿园还是小学,办学规模都不能满足城南家园租户的实际需求。

以小学为例,目前城南家园小学共有在校生74个班,3451人,其中一年级10个班,443人;二年级12个班,529人;三年级12个班,562人;四年级14个班,635人;五年级14个班,659人;六年级12个班,623人。可见,城南家园小学实际招生规模(74个班)已经超过官方办学规模(36个班)的一倍以上。即便如此,还是有很多城南家园居民的孩子不能顺利进入城南家园小学就读。杜12就曾经跟我提到过,他的儿子之所以能够进入城南家园小学读一年级,就是因为他申请得早。很多申请较晚的家长,只好承担高昂的择校费,送孩子去片区外的小学读书。而当年他刚到城南家园的时候,就是由于幼儿园报名晚了,他的儿子没能进入城南家园幼儿园,被迫选择了其他的幼儿园。接送孩子非常不方便不说,而且学费很贵。(参见附录一)由于连年招生规模超过设计规模,导致城南家园小学的教室不够用。从2017年开始,城南家园小学连续两年将六年级学生迁往临近的万国城小学借用教室上课。

二

教育资源质量不高

由于历史的原因,重庆市的优质学校、师资等教育资源大部分集中在城市中心地区,远离处于城市边缘的公租房社区。由于建成时间短,公租房社区配套的幼儿园、小学无论是声望,还是实际教学质量均比城市中心地区的公共资源相差较大。以师资为例,城南家园小学共有教师198人,其中在编115人,临时聘用83人。虽然城南家园小学的师生比达到了教育部的规定,但临时聘用教师居然占了所有教师的将近一半。这对城南家园小学保持教师队伍的稳定和提升教学质量十分不利。

对于农民工来说,读书是帮助他们的子女实现社会阶层向上流动不多的途径之一。在本次调查的33个深度访谈对象中,成功实现代际阶层跃升的只有3个家庭,分别为夏15、黄28和董29。(参见附录一)在这三个家庭中,夏15、董29的儿子均是通过参加高考考取大学,然后获得较好的职业,从而实现阶层跃升的;黄28的两个儿子是通过个人奋斗、自己经营生意实现阶层跃升的。公租房社区配套教育资源数量不足、质量不高,必然会影响农民工家庭的向上流动和城市融入。

第六节 出售制度未实施导致的农民工心理融入问题

重庆的公租房建设伊始,市领导曾承诺公租房住满5年可以购买。公租房出售管理的相关规定也被写入了《重庆市公共租赁住房管理暂行办法》。目前,最早的一批公租房租户已经租住满5年,但由于影响面太广,公租房出售制度一直没有实施。虽然这并不影响农民工继续租住公租房,但对农民工心理融入的影响仍不能忽视。

一、长期租房居住带给农民工的不安全感

大量的研究表明,中国人对房屋所有权有根深蒂固的渴望,拥有住房产权能给人们带来自尊、自信以及安全感。虽然公租房的租金水平和租赁关系相对稳定,但公租房毕竟还是出租房,其所有权不属于租住者,不能给农民工带来自尊、自信和安全感。在调查中,很多中老年农民工就担心将来找不到工作了,连公租房的房租都交不起了,就只有被迫回乡下去了。(参见附录一)

二、农民工个性化住房需求得不到满足

公租房制度主要是为了解决城市"夹心层"的居住问题。所谓"夹心层"

群体是指既不具备购买商品房的经济能力,同时又够不上申请廉租房条件的这部分中低收入群体。事实上,这部分"夹心层"群体的住房需求也是多样化的。用公租房这样单一的居住形式来满足这部分群体多样化的住房需求是将问题简单化了。根据我们的调查,在公租房租户中,除了购买商品房完全无望和仅将公租房作为中短期过渡房的人群,相当比例的公租房租户有一定经济基础和稳定的工作,有意愿购买商品房,但其收入又不足以购买商品房,或购买商品房后将大大影响他们的生活品质。这部分人群我们称之为"夹心层"中的"夹心层"。以装修为例,这部分人群就与购买商品房完全无望和仅将公租房作为中短期过渡房的人群有明显区别。购买商品房完全无望的人群基本上也没有对公租房进行重新装修的经济能力,仅将公租房作为中短期过渡房的人群没有对公租房进行重新装修的需求,而"夹心层"中的"夹心层"则普遍对公租房进行重新装修,他们既有需求,又有经济能力。而公租房管理部门严禁改变公租房的结构和对公租房进行装修,因此这部分租户对居住空间的个性化需求无法得到满足。

三

导致"公地的悲剧"和社区认同感缺失

基于前期的调研我们发现,虽然公租房房龄不长,最长的只有6年,但房子和公共设施损坏严重。本次调查显示,67.7%的农民工提到房屋建筑与室内设施毁损严重,并将其原因归结为公租房质量差。其实,租户或多或少存在"过客心态",对公租房及其设施过度使用,也是导致公租房损坏严重的重要原因。虽然公租房管理制度规定,租户退房要由物业检查屋内设施是否完好,并签字盖章才能退房,但由于实际执行不力,对租户的约束力并不强。公租房姓"公",并没有唤起租户的"公德心",反而导致了"公地的悲剧"。

此外,无法购买公租房还带来社区认同感缺失的问题。作为所有租户的共同家园,社区环境和公共设施需要所有人来共同维护。良好的邻里关系和社区文化氛围也有赖于所有社区居民自觉维护和建设。但是,由于不能购买公租房,经济状况略好或者稍有好转的家庭就会考虑尽快购房、搬离。没有能力搬离的承租人一般也抱着走一步看一步的心理,并没有将公租房视为可以长期经营的家园。既然总有一天要离开,一些农民工对公共设施抱着能用就用的态度,也不关心社区和公益活动。还有的被调查者甚至不愿意和邻居有太多交往,认为公租房的邻居流动频繁,不太可能交到长期的朋友。(参见附录一)公共设施毁损严重、不关心社区和公益活动、邻里关系淡漠必然会进一步降低公租房社区的吸引力。

四

物业公司长期处于失于监督的状态

物业管理人员失职、不作为、管理不规范、态度恶劣、腐败现象严重等公租房社区物业管理问题的产生,很大程度上是由于公租房为国家所有,而国家并不能像个人业主那样行使所有权和对物业公司的监督权所导致的。通过出售一部分公租房,可以将一部分租户转变为业主,成立业主委员会,改变对物业公司监督缺位的问题,进而促进物业公司提高服务意识和管理水平,改善租户的居住感受。

第七节

GONGZUFANG SHEQU DE JIATING WENTI

公租房社区的家庭问题

公租房能给外来农民工一个住处,却不能给他们一个完整的家。公租房社区的农民工还面临着亲情分离和家庭不完整的问题。

根据我们的抽样数据,城南家园的农民工家庭婚姻状况为:已婚的占78.6%;未婚的占12%;离异的占6.7%;丧偶的占2.7%。从数据来看,城南家园的农民工婚姻状况是正常的。然而,如果对这些农民工家庭进行仔细审视,我们就会发现他们的家庭情况比抽样调查数据反映出来的要复杂得多。

通过对深度访谈对象家庭状况的简单统计,我们发现完整家庭(夫妻、未成年子女生活在一起)只有15户(包括张26),占比不到总体的一半;离异的4户;配偶失踪的1户;分居的6户,其中夫妻感情不和分居的1户,因工作被迫两地分居的5户;有留守儿童的家庭4户;未婚的5户。如果我们将离异、配偶失踪、分居、未成年子女留守农村视为不完整家庭,则在所有深度访谈对象中,不完整家庭占到了39.4%。[①]应该说,这一比例已经大大高于正常城市社区了。如果我们将深度访谈对象的年龄限定在30至55岁,这一比例将变为52.2%。也就是说,在中年阶段,居住在公租房的农民工家庭超过一半为不完整家庭。

进一步探究公租房社区农民工家庭不完整的原因,我们发现,所有的不完整家庭中,没有一户是因为在公租房居住面积过小而导致家庭成员分离的。典型的例子是杨07。杨07家有四口人,而且他的大儿子已经接近成年了。虽然挤在一套一室一厅的公租房里有诸多不便,但他们并没有选择一家人分开居住。值得关注的是,除了离异、夫妻感情不和而分居,配偶失踪等被迫家庭不完整以外,很多农民工是为了家庭利益而做出牺牲,主动选择

---

① 注:因为有一个家庭同时具有两种情形,因此不完整家庭数为13户。

不与家人生活在一起。这其中包括三种情况。一是夫妻双方为了追求更美好的未来而选择短暂分居,分头打拼,如姜19、杨22。这种情况一般夫妻双方对未来有较明确的规划,分居是暂时的。二是为了孩子而自愿两地分居的,如周02、夏15、马32。这种情况一般出现在有成年子女的农民工家庭。孩子在重庆工作,父母一方为了照顾孩子生活或帮孩子照顾孙辈,另一方工作地较远,父母为了孩子主动选择分居两地。三是为了未成年子女的教育而主动选择将孩子留在农村由家中老人照顾的,如赵06、邹17、杨22、陈25。导致留守儿童产生的因素多种多样,但主要还是教育资源问题。赵06的女儿在私立中学读书,陈25的女儿在资阳的重点小学读书都属于这种情况。如果他们将孩子带到身边,不可能在重庆主城为子女获得更好的教育资源。

其实,夫妇两地打工、农村留守儿童等问题属于外来农民工面临的普遍问题,并非仅在公租房社区存在。但是与其他区域不同的是,公租房社区的城市居民也同样面临家庭不完整的问题。我们从水云路社区曹大荣主任那里获知,一些城市居民因离婚失去住房后,会选择申请公租房单独居住。此外,还有一些城市居民申请到公租房后,自己并不来住,而是把家里的老人、精神病人、残疾人弄到公租房来住。曹大荣主任是在社区做具体工作的,她接触到的租户往往是一些问题租户。因此,她对公租房社区居民的家庭情况做出的判断可能会有一些夸大,但这些情况也确实是存在的。由于公租房社区的两大群体——城市低收入群体和外来农民工,均属于不完整家庭的高发群体,公租房社区也就成为不完整家庭的高发区。不完整家庭高发会对在公租房社区长大的青少年形成不良示范作用,进而影响他们形成正确的家庭观、婚育观、人生观。

第八节 公租房的"诅咒"

毋庸置疑,公租房确实帮很多低收入的农民工家庭解决了在城市的居住问题。尤其是对刚来到城市的农民工、50岁以上的农民工和低收入农民工,公租房极大地缓解了他们租房的压力,帮他们留在了城市。但是,对于一些中等收入的农民工来说,公租房带给他们的可能是颇为复杂的感情。

在调查中,一些农民工对曾经没有买商品房表示后悔。他们的共同特点是收入比较高或者有一笔积蓄,曾经考虑过购买商品房,但由于种种原因没有买成。这其中的原因,或多或少又与公租房有关。由于公租房租金便宜,对农民工居住条件的改善作用明显,从而购买商品房对他们显得不那么迫切了。然而,随着城市商品房价格一涨再涨,住房成为高通胀经济条件下最保值的商品。根据西南财经大学发布的《2018中国家庭财富健康报告》,住房资产在中国家庭总资产中的占比连年增长,2018年达到了77.7%。这就意味着,随着房价不断上涨,已购房家庭的总资产跑赢了通货膨胀,而未购房家庭的总资产不仅相对于已购房家庭贬值了,而且在通货膨胀面前处于绝对贬值状态。随着房价上涨,更多没有购房的农民工失去了购买商品房的能力,面临着将来要一直租住在公租房并且家庭总资产进一步贬值的风险。类似"石油的诅咒"(石油没有让产油国实现富裕和繁荣,反而使他们陷入了战争和贫穷之中),"公租房的诅咒"成为马太效应的催化剂,不仅没有让农民工家庭更加富足,反而相对贫困;没有帮助农民工家庭实现拥有一套住房的城市梦,反而距离这一目标越来越远;没有助力农民工家庭通过公租房社区真正融入城市,反而使他们身陷公租房社区。

第八章 Chapter Eight

研究结论与政策建议

第一节 研究结论

一 公租房社区农民工的总体城市融入度低，经济融入和社会网络融入是短板

当前，我国公租房社区农民工的总体城市融入程度偏低。大量居住在公租房的农民工成功实现了职业转变和居住空间转移，但他们并没有真正融入所在的城市。居住在城市公租房社区的农民工在文化、心理、社会网络、经济、居住等方面，与当地居民相比还存在较大差距。在文化、心理、社会网络、经济、居住五个维度上，公租房社区农民工的文化融入水平最高，但仍有发展空间；心理融入水平较高，但城乡分野的观念仍在；居住融入度提升速度快，并已经高于总融入度；经济融入和社会关系网络融入相对滞后，构成了农民工城市融入的短板。

就居住融入来看，公租房对农民工的居住融入提升作用十分巨大，农民工对公租房总体上是满意的。但是，这种满意度主要是对公租房的地理位置、租金水平、配套设施等方面感到满意，农民工对公租房的建筑质量、装修质量和物业管理并不满意，而且怨言颇多。

二

文化程度、迁出地、收入、住房面积是对公租房社区农民工城市融入影响最大的因素

在所有个人因素中,"文化程度""迁出地""月收入""住房面积"等四个因素对公租房社区的农民工城市融入影响最大。其中"文化程度"主要是通过经济融入因子、心理融入因子和居住融入因子来发挥作用,而且文化程度越高,农民工的城市融入程度越高;"迁出地"主要通过影响文化融入因子来影响总融入度,迁出地距离迁入地越远,农民工的城市融入程度越低;"月收入"主要通过社会网络因子和经济因子来发挥作用,农民工收入越高,其城市融入程度越高;"住房面积"主要通过社会网络融入因子、经济融入因子、居住融入因子来影响总融入度,农民工的住房面积越大,其城市融入程度越高。

以往认为对农民工城市融入有显著影响的迁入时间因素,在本研究中仅被证实对文化融入因子构成显著影响,而对农民工总融入度的影响则没有得到验证。可见,通过延长外来农民工居住时间并不能达到提高其城市融入度的目的,有针对性地提高农民工的文化程度和收入水平才是有效手段。

三

公租房的管理制度对提升公租房社区农民工的城市融入效应最大,其次是公租房建造制度

农民工城市融入可以看作一个外来农民工在城市建立经济与居住基础,然后形成新的社会关系网络并接受其风俗习惯和价值观,最后对所在城市形成心理认同和归属感的动态过程,而心理融入是农民工城市融入的最

高阶段或最高目标。我们通过结构方程模型研究发现,经济融入、社会网络融入、文化融入对公租房社区农民工的心理融入有直接影响,其中社会网络融入的影响最大,经济融入其次,文化融入最小。经济融入通过社会网络融入,社会网络融入通过文化融入对公租房社区农民工的心理融入产生间接影响,其中社会网络融入的间接影响最大。从对公租房社区农民工心理融入总影响来看,仍是社会网络融入最大,经济融入次之,文化融入最小。因此,促进农民工心理融入最有效的手段应该是帮助外来农民工构建健康、多元、高水平的社会关系网络并提高他们的经济收入,其中前者的作用比后者更大。

通过多元线性回归分析,我们发现,2个公租房建造制度感受指标(农民工对公租房房屋质量、装修的评价)主要对农民工的居住融入和文化融入构成显著影响;4个公租房管理制度感受指标(农民工对公租房的配租过程、租金、物业、小区环境的评价)对所有五个融入维度因子均构成显著影响;3个公租房制度设计感受指标(农民工对公租房地理位置、面积、配套设施的评价)对所有因变量的影响都没有显著影响。结合公租房社区农民工城市融入结构方程模型,我们认为,公租房的管理制度对提升公租房社区农民工的城市融入效应最大(不仅直接对心理融入构成影响,而且对影响心理融入的经济融入和社会网络融入也有影响);其次是公租房建造制度(对心理融入没有直接影响,但对文化融入有影响),公租房制度设计最小(既没有直接影响,也没有间接影响)。因此,从提高公租房社区的农民工城市融入程度角度看,应重点完善公租房管理制度(尤其是物业管理制度)和公租房建造制度。此外,虽然没有相应定量研究结论的支持,但我们认为公租房出售制度对农民工城市融入也具有重要影响。

四

公租房社区农民工城市融入面临诸多问题

当前,在公租房社区居住的农民工面临一系列现实问题,影响他们融入城市。概括来讲,这些问题可以被分为两大类:一类问题主要是由公租房制度设计不合理导致的;另一类问题则是由公租房引发的社会问题。

由公租房制度设计不合理导致的融入问题主要包括:公租房社区带来的居住空间隔离效应,在经济上表现为公租房社区的贫困集聚,在社会交往上表现为社会关系网络缺失,在社会文化上表现为封闭、落后的社区文化;建造和装修质量差所带来的居住体验不佳;物业管理带来的居住体验与心理融入问题,主要表现为物业管理人员失职、不作为、管理不规范、态度恶劣、腐败现象多发等;公租房社区配套教育资源不足阻碍农民工子女及其家庭的向上流动;出售制度未实施导致的农民工心理融入问题,表现为长期租房居住带给农民工的不安全感,个性化住房需求得不到满足,"公地的悲剧"和社区认同感缺失。

由公租房引发的影响农民工城市融入的社会问题主要包括:农民工的受害者心理(不仅是农民工心理融入的障碍,甚至会成为潜在的社会不稳定因素);不完整家庭问题(对社区青少年形成不良示范,进而影响他们形成正确的家庭观、婚育观、人生观);"公租房的诅咒"(促进农民工与城市居民经济融入的公租房,反而成为马太效应的催化剂)。

第二节

政策建议

事实上,农民工面对的以上诸多问题,是公租房社区所有居民共同面对的。如果不能引起政府有关部门和社会各界的重视,未雨绸缪并积极应对,不仅居住在公租房的农民工会面临城市融入困境,而且整个公租房社区都存在着成为问题社区的风险。

一、针对公租房的政策建议

(一)完善公租房收储制度

通过集中新建公租房的方式获得公租房房源会导致低收入人群在居住空间上集聚,从而带来居住空间隔离和物业管理的问题。同时,政府主导兴建公租房社区还存在着监管困难、建筑质量较低的问题,从而在公租房投用后引发租户的不满。因此,未来公租房房源的增加应主要依靠收储社会闲置房转化为公租房的方式。即便需要新建公租房,也应首先考虑企业配建、政府回购的方式,而不应该由政府主导集中兴建大型公租房社区。这样做,一是避免低收入人群(包括农民工)在地域空间上过分集中;二是与普通城市居民共用物业公司,不会有物业管理的问题;三是这些公租房都是由普通商品房转化而来,不会有大面积的建筑质量问题。

此外,政府的公租房管理部门应积极研究对住房困难人群多形式的补助政策。当前,对于城市住房困难人群的补助形式仅限于申请公租房或廉租房。除了导致居住空间隔离等诸多问题,还会增加公租房社区居民的就业困难和通勤成本。因此,政府可以考虑给住房困难的城市低收入人群建立档案,并为其提供多形式的帮扶政策,如指定区域的租房补贴、房租券等。多形式补助一方面可以实现贫困分散化的目的,另一方面也有利于住房困难人群根据自身实际需求选择帮扶形式。

(二)公租房社区规划布局应分散化、小型化

对于处于规划设计阶段的公租房社区,应考虑在城市空间上予以分散化、小型化。研究表明,居住空间分化不仅是城市高收入阶层的一厢情愿,城市低收入阶层也基于经济、心理上的考虑而主动选择与本阶层人群居住在一起。因此,城市居住空间的适度分异是城市发展的必然现象。这就要求城市规划者一方面要尊重客观规律,另一方面又应该避免任由贫困过度集中化发展成居住隔离,形成问题社区。

综合国外的经验教训,我们认为大混居-小聚居的分类混合居住模式是比较理想的城市居住区空间组织模式。就公租房来说,这就要求改变当前大规模集中布局的做法,多选址在城市发展相对成熟和交通便利地区进行小规模插花式布局,实现空间布局分散化、小型化。实现的方法有两个:一是将大型公租房社区划分为小的组团,分散在现有的普通商品房社区中;二是进行公租房的配建,要求当地开发商在进行商品房开发的同时配建部分公租房,由政府进行统一收购、配租、管理。

(三)提高公租房建筑和装修质量

首先,加大财政资金投入,确保按照公租房建设标准施工。公租房建设投资巨大,给地方政府带来了较大的财政负担。不排除地方政府在片面追求政绩的冲动下,上马大量公租房项目,然后为了完成这些公租房建设项目,降低公租房的建设标准,以减少财政资金的支出,从而导致公租房建筑质量问题。因此,保障公租房建筑质量,必须加大财政资金投入,让建设单位在获得合理经济回报的前提下,严格按照公租房建设标准施工。

其次,完善公租房建设管理制度,避免权力寻租和工程腐败现象发生。

作为公租房的业主方,各级地方政府要加强其在建设管理制度上的工作。一方面,政府相关职能部门要加强其在合同管理方面的管理,严格执行相关招标法规,规范公租房项目招标行为,遵循公开、公平、公正的原则,确保招到真正有资格、有信誉、有实力的承建单位,不能单凭其报价的高低来选择,要综合考虑承建单位的综合素质,以避免签订合同后的道德风险。另一方面,政府相关职能部门在对监理方的选择方面要严格按照监理合同办事,充分发挥监理方在建设项目中的作用,不能因为公租房不对外销售就降低施工质量,使得监理"有名无实"。此外,政府相关职能部门还应充分发挥自身监管作用,通过建立项目监督例会制度、加强项目建设督办机制、实行项目过程监督制度、建立项目建设目标责任制度、强化项目财务监督与审计等方式对公租房建设项目发挥积极作用。

最后,除了事前监督,加大对施工质量问题的惩处力度,严肃追究相关责任人的经济责任和法律责任,也可以有效防范公租房项目建设单位在巨大利益的诱惑下铤而走险、偷工减料、为赶工期而违章施工等引发施工质量事件的发生。

(四)理顺责权关系,加强对公租房物业公司的考核与管理

根据前文制度性因素对公租房社区农民工城市融入的作用机制可知,在所有制度性因素中,公租房的管理制度对提升公租房社区农民工的城市融入效应最大。公租房管理制度不仅会直接影响公租房社区农民工的心理融入,而且会通过经济融入和社会网络融入间接影响其心理融入。而在所有涉及公租房的管理制度中,农民工对物业管理满意度最低,意见最多。因此,加强对公租房物业公司的考核与管理对提升农民工的居住感受和城市融入度成效最显著。

首先,理顺各管理机构之间的责权关系,建立公租房管理联席会议制度。政府应进一步明确街道、社区、公租房管理部门、公安局、物业公司的各自职责,并理顺各管理机构之间的责权关系。可以尝试建立由街道办事处牵头,涉及社区、公租房管理中心、公安局、物业公司等组成的公租房管理联席会议制度,一站式解决公租房承租人的各种困难。

其次,赋予承租人监督物业公司的权力。要从根本上解决公租房社区物业公司态度差、不作为、腐败等问题,就必须理顺物业公司和租户之间的关系,赋予承租人监督物业公司的权力。由于公租房的产权属性,基于居民的业主大会制度并不适用,可以考虑选举部分已租住5年以上的租户组成租户委员会,代行业主委员会的职责,并监督物业公司的工作。通过租户委员会让租户参与到公租房的管理中来,借此来实现租户内部自治、租户与产权单位和管理单位的沟通协调,进而建立以租户为主导的服务反馈系统,促进物业公司改进服务。

再次,通过建立监督考核机制,实现公租房管理部门对物业公司的有效监管。具体内容可以从管理过程和服务水平两方面考虑。过程监督主要从物业公司是否按照服务要求及时提供服务进行检测。例如,物业服务的各项规章制度以及各个岗位的服务规范是否建立,人员配备与素质是否符合要求,相关维修养护记录和财务收据是否规范、齐全等。服务水平监督即目标考核标准的建立,可以通过一些看得见或感觉得到的管理效果,综合租户的要求进行评价考核,即可根据小区外貌、清洁绿化、安全消防等日常工作进行考核。

最后,加大公租房物业公司工作人员的专业培训。培训内容除了物业管理专业知识的培训,还应包括"以人为本"的服务意识、文明礼仪等方面的内容,同时还应注重对物业公司工作人员的相关法律知识和公司规章制度的培训和强化,提高一线物管人员的综合素质。此外,对于雇用的公租房租户,物业公司应进行严格甄别和考核,对于考核不合格的工作人员应予以解聘。物业公司不应为了解决就业而牺牲物业服务质量。

(五)加大教育资源投入,提高公租房社区教育质量

首先,加大资源投入,扩大公租房社区配套幼儿园和小学的办学规模。由于容积率高,人口密度大,大型公租房社区的配套教育资源数量无法满足租户的需求,尤其是处在发展相对成熟地段的公租房社区,往往居住率高,教育资源更加紧张。因此,教育部门应在充分调研的基础上,对教育资源紧张的公租房社区加大资源投入力度,扩大公租房社区配套幼儿园和小学的办学

规模,满足社区租户的教育需求。此外,教育部门应提升公租房社区配套幼儿园、小学的办学条件,不仅要高质量建设教师队伍、图书馆、实验室、体育馆、操场,而且要加大网络教育资源投入,充分利用网络教学提升教学质量。

其次,健全教师补充机制。教职工编制标准向公租房社区幼儿园、小学倾斜,健全教师补充机制,逐年补足配齐教师队伍,加大紧缺学科教师招聘力度,配齐现代教育技术装备管理人员。此外,应出台鼓励优秀教师到公租房社区幼儿园、小学任教的措施。每年选拔一批各类高素质教师到公租房社区幼儿园、小学轮岗教学。参照对贫困地区农村学校的帮扶措施,对到公租房社区幼儿园、小学任教的教师在职称评审、评优评奖、提拔任职等方面予以优先考虑。

(六)推进公租房共有产权制度改革

当前,公租房社区出现的物业管理问题、公共设施毁损严重等问题,反映出公租房产权制度设计的缺陷。要从根本上解决这些问题,需要在产权层面对公租房进行重新设计,适时推进公租房共有产权制度改革。

第一,公租房共有产权制度改革要坚持保障房性质。公租房的共有产权制度改革主要目的是消除当前公租房管理中存在的弊端,更好地满足中低收入群体的多层次住房需求,避免公租房社区向问题社区演变。因此,公租房共有产权制度改革不能"一卖了之",仍应坚持公租房的保障房性质。具体来说,一是有权购买公租房产权的对象只能是排除了最低收入群体的中低收入群体,即"夹心层"中的"夹心层"。之所以把最低收入群体排除,是因为他们尚不具备购买能力,而且拥有公租房产权并不是他们的当务之急。二是租户只能与地方政府,或是代表政府行使公租房所有权、管理权的国有独资公司共有产权,不能与普通企业共有产权。这主要是考虑以营利为目的的普通公司可能会损害租户利益,背离共有产权公租房的设计初衷。同时也避免了一些拥有大量工业用地的企业打着"建设公租房"的旗号将工业用地变性,然后出售谋利。

第二,公租房共有产权制度改革要坚持市场导向的定价思路。共有产权公租房定价不宜使用成本法,而应坚持市场定价法。因为,如果公租房价格和市场上普通商品房价格差距过大,必然会产生巨大的寻租空间,最终受损害的还是中低收入群体的利益。当然,由于公租房所占用的土地属于政府划拨土地,并没有支付土地出让金,因此应在市场评估价格基础上扣除这部分成本(一级市场土地价格也是变化的,因此应根据一般商品房土地出让金所占比例予以扣除)。也就是说,共有产权公租房不仅是共有产权,而且是有限产权。这也说明共有产权公租房仍是保障房,不是普通商品房。即便租户取得公租房的100%产权,也不能作为普通商品房上市交易或出租牟利。此外,由于公租房品质与普通商品房有一定差距,因此应在市场评估价格扣除土地出让金的基础上再进行一定比例折让,如打九折(具体折让应根据地段、配套、供需等情况综合考虑)。这样既能保证中低收入群体具备购买能力,又不至于有人利用公租房与普通商品房的价差进行寻租,导致国有资产流失。

第三,公租房共有产权制度改革要坚持灵活的共有产权比例和动态调整机制。相较于过去"租买二分法",实行共有产权改革最大的优势就是,可以针对不同收入水平的中低收入群体设定几种不同的产权分割出售方式,进而让租户根据自身家庭情况选择与政府的共有比例。为方便计算和实施,建议以10%为一个梯度,从租户购买30%的产权开始,直到100%的产权。为进一步压缩寻租空间,租户所购最大产权比例应与租住期限挂钩。如表8-1所示:

表8-1 共有产权公租房的产权比例与期限

	个人产权	政府产权	全部产权	租住期限
第一档	30%	70%	100%	5年
第二档	40%	60%	100%	8年
第三档	50%	50%	100%	
第四档	60%	40%	100%	
第五档	70%	30%	100%	10年
第六档	80%	20%	100%	
第六档	90%	10%	100%	
第七档	100%	0%	100%	15年

除了灵活的共有产权比例,共有产权改革还应探索共有产权比例的动态调整机制。政府应在每个季度公布基于市场评估价格的公租房价格,并于后一个月集中办理产权变更手续。如,每年的2、5、8、11月份公布公租房社区的市场评估价格,3、6、9、12月份按照市场评估价格集中办理产权变更手续。这样设计的目的,主要是为了让交易价格,无论是在市场价格上行区间还是在下行区间,都能大体反映市场价格,保证交易双方利益。需要强调的是,这里所讲的产权变更既包括租户购买、增购,也包括政府回购。当租户收入下降或突遭家庭变故的时候,政府也应同样按照基于市场评估价格的公租房价格进行产权回购。

第四,公租房共有产权制度改革要实行有别于普通商品房的封闭管理体系。共有产权公租房应严格遵循"封闭管理、循环使用"的原则,与普通商品房区分开,自成一套封闭管理体系。共有产权公租房在任何条件下都不应该转化为商品住房,共有产权公租房设置的初衷是要保证实现"住"的功能,满足中低收入群体的首套住房需求,实现"住有所居",而不是通过共有产权公租房获得资产增值的机会。如果共有产权公租房可以转化为商品住房,极有可能成为投资投机的对象和资本逐利的战场,而失去其保障房的基本功能。

共有产权公租房的交易双方只能是承租人和政府。无论是共有产权的购买、增购、回购均只能在承租人和政府之间进行。承租人购买产权后,只需支付房屋未购买产权部分的租金,并拥有已购部分产权。由于公租房房价中未包括土地出让金部分,因此这部分产权属于有限产权。承租人不能向第三人出售、抵押这部分产权。承租人也不能按共有比例分割住房出租牟利,或者取得100%产权后整体出租牟利。承租人购买了商品房的,应予以退租,购买了部分产权的,应由政府按照以市场评估价格为基础的公租房价格回购产权。承租人拥有已购买份额的增值收益权,但这种增值是以市场评估价格为基础的公租房价格的价差,并且只能通过与政府交易来获取。承租人还拥有公租房产权份额的继承权。但继承人如果已购买商品房,应由政府按照以市场评估价格为基础的公租房价格回购产权。

第五，对购买了部分产权的公租房租户赋予完全业主地位。已有研究表明，作为共有产权一方的政府，并不能很好地行使其对公租房的管理权。因此，对购买了部分产权的公租房租户应赋予完全业主地位，代政府行使公租房的管理权。这样设计，一方面可以激发承租人的主人翁意识，更加积极地参与到社区管理中去，对物业公司和工作人员形成有效制约和监督，形成建设、维护公租房社区美好家园的合力；另一方面，拥有完全使用权和管理权的租户可以按照自己的喜好对房屋进行装修设计，营造更好的居住空间，获得更好的居住体验。

(七)借助公租房社区平台，建立农民工社区融入机制

农民工及其家庭的社区参与和融入是其城市融入的微观基础，只有融入了社区才有可能融入城市。公租房社区的农民工数量较多，居住相对集中，这为我们借助社区平台，有针对性地建立农民工社区融入机制创造了有利条件。

首先，构建农民工社区准入机制。虽然民政部于2011年出台了《关于促进农民工融入城市社区的意见》，为城市社区关于农民工的准入制度提出了明确的方向，但是由于不能租房落户，农民工自身的流动性又比较强，导致社区对于农民工家庭的人口信息掌握不够及时，公共服务设施供给也就无法跟上，农民工事实上在公租房社区仍处于隔离状态。这就要求社区要有针对性地建立农民工家庭社区服务制度，配备专门的社会工作人员为其提供服务，探索更便捷简易的服务流程，以便及时发现更新流动人口信息，为农民工获得社区服务提供便利，从而增加他们与社区的联系，促进他们融入社区。

其次，构建以公租房社区为平台的就业服务机制。提升公租房社区农民工的经济能力仍是帮助其融入城市的基础。尝试建立以公租房社区为平台的就业服务机制，为农民工提供就业服务来增加社区对农民工的吸引力和凝聚力。公租房社区可以通过以下几个方面展开工作：一是搭建农民工就业中介平台，利用社区内与社区间的资源，优先就近解决农民工的就业问题；二是对劳动力市场供求进行分析并发布信息，充分发挥社区劳动力市场

对农民工的就业导向和调节作用;三是社区向农民工提供法律顾问支持,对其在工作中遇到的劳资纠纷等问题提供法律援助。

再次,构建社区保障机制。与就业服务一样,社区为农民工提供生活保障服务也能极大增强社区对农民工的吸引力和凝聚力,进而促进农民工的社区融入。公租房社区应通过与政府及其他部门的配合,切实为解决农民工劳动、就业、医疗保险、社会保险、社区教育、子女入学等一系列问题提供帮助。而且,在具体的实施过程中要注重宣传,很多时候是由于农民工不掌握相关信息,进而不能从社区获得相关帮扶。因此,社区要利用一切宣传方式,包括电视、短信、网络、海报、展板、橱窗等将各类服务的相关信息向社区公众公布。

最后,构建社区参与共建机制。积极引导农民工参与公租房社区建设与管理,建立社区居民对社区工作人员和物业服务人员的民主评议制度,进一步增加农民工在公租房社区中的话语权,提升农民工参与社区共建的积极性。尤其是在公共卫生维护、不文明行为防治等方面,应加大宣传力度,鼓励农民工树立正确的社区行为规范,摒弃不文明行为。此外,社区应定期开展丰富多彩的社区文化活动,加强社区居民与农民工群体之间的交流和沟通,消除偏见、隔阂与社会排斥,逐步形成相互尊重、相互包容的社区融入氛围,培养全体社区成员的社区归属感和认同感,从而加快农民工社区融入的步伐,形成社区共享的文化氛围。

二

针对农民工的政策建议

(一)多渠道增加农民工的经济收入

经济收入不仅是对公租房社区农民工城市融入影响最大的个人因素,而且是其实现城市融入的基础。农民工城市融入问题归根结底还是经济问题,增加农民工家庭经济收入是治本之道。

首先,改革分配制度,构建新型收入分配体系。由于农民工在城市非正规部门多从事一些低技术、风险高、临时性的体力劳动,农民工与雇主关系不对称,收入构成单一而且水平很低。我们应借鉴西方收入分配制度,提高包括农民工在内的劳动者在企业收入分配中的比例,即建立由基本保障性收入、激励性收入、效益性收入构成的农民工收入构成制度。基本保障性收入的主要作用就是要保障农民工基本的生活需要。基本保障性收入就是要不折不扣地按国家劳动法规定的最基本要求,用人单位必须与进城务工人员建立劳动合同关系。与此同时,还用人单位必须承担养老、工伤、失业、医疗、生育等保险费用。激励性收入可采用技术技能培训、业务培训、带薪休假等多种形式。其目的是在农民工获得基本保障性收入的前提下,调动农民工的工作积极性,创造更大的经济效益。效益性收入作为一种分配形式,位列基本保障性收入和激励性收入之后,要求农民工的收入水平要与相关经营业绩指标挂钩,进一步激发进农民工的主人翁意识,培养农民工为企业或用人单位创造财富的自觉性。

其次,提高农民工最低工资,保证农民工工资按时足额领取。进一步提高农民工最低工资,明确加班工资和基本工资差异。引导农民工签订正规用工合同,以保障其收入能否足额获取的权利,并通过政府、企业和工会共同努力协调好劳资关系,强化企业社会责任感,规范相关法律法规来解决拖欠农民工工资现象。建立农民工欠薪监督制度,查处欠薪严重企业,责令欠薪企业限期补发农民工工资并公告社会。利用媒体对恶意侵占农民工劳动成果的现象进行曝光并追求其相关责任,配合政府部门对其进行适当处理。

最后,完善社会保障体系,提高对农民工的保障力度。根据当前政策,养老保险必须要满足缴费累计满15年才能够享受相关待遇,而且保障力度较低,导致农民工参保意愿不高。因此,在养老保险的设计上,要体现浮动的计息水平,提高最低额标准,如能在银行定期存款利率的基础上再上浮2%至3%,基本实现保值,或与CPI挂钩实现保值增值,就会使得农民工对养老金信心增强。工伤保险也存在着工伤赔偿标准低、理赔期限长、流程复杂等问题。因此,将因工伤残人员的康复训练纳入工伤保险中支付,扩大工伤保险的支付范围,简化流程并提高赔偿标准是迫切需要解决的问题。

(二)加强对农民工的教育和培训,提高农民工自身素质

与经济收入一样,文化程度也是影响公租房社区农民工城市融入的重要因素,而且文化程度还是制约农民工收入提高的主要因素。提高农民工自身素质是夯实农民工城市融入经济基础的根本途径。

首先,强化政府的领导作用,进一步加强培训主体对农民工就业培训工作的引导和带动作用。农民工的教育培训需要建立一个政府、企业与社区、培训机构相结合的教育培训支持体系。在这一体系中,政府出于中心地位。除了加大宣传力度,帮助农民工树立终身学习的理念,为农民工培训创造一个良好的环境和氛围外,政府还应通过政策对积极鼓励社会力量进入农民工培训领域,使农民工培训的投资主体多元化。其中,政府需要做的是通过政策对社会力量进行引导,建立相应的扶持和奖惩机制,为农民工培训创造一个良好的环境和氛围。

其次,根据农民工的不同文化层次和工作职业需求,开展多样化的培训方式。过去的农民工培训效果不高,一方面有农民工自身意识的问题,另一方面政府、学校提供的培训内容不符合农民工的需求也是重要原因。这就要求农民工培训必须区分不同职业需求的农民工,因材施教,使用不同的培训方法,开设不同的培训课程,选择不同的培训时间和地点等。在培训内容上,应以职业技能培训为主,辅以法律知识、城市生活常识、城市文明规范、科技文化等方面的教育。农民工综合素质的提高不仅有利于其获得满意的职业,而且有助于其全面融入城市生活。

再次,完善农民工就业培训的技能鉴定标准,努力提高农民工就业培训的质量和水平。政府补贴一方面降低了农民工的培训成本,另一方面也可能削弱培训机构与被培训者的制约关系,因此必须加强对农民工的职业技能鉴定和对培训机构培训绩效的考核评估。在我国农民工迫切需要培训的生产技能中,原先的国家职业技能鉴定标准有不完善或需要更新之处,这在一定程度上束缚了我国农民工培训工作的开展。因此,需要加快开发适应产业发展需求的培训鉴定标准,培养鉴定考评人员。在评价指标的设定上,

应以就业为主要标准,将培训课程、培训时间、培训费用与培训后的求职时间、就业收入、就业的稳定性与发展前景对照比较。在鉴定机制上,应注意培训实施机构与鉴定机构由不同机构负责,建立必要的制衡机制与回避机制。

最后,建立多元化的农民工教育培训投入机制。农民工教育培训必须完善以政府投入为引导、个人投入为主体、企业投入为辅助、民间投入为补充的多元化投入机制。第一,政府对加强农民工教育培训,提升人力资源水平负有重要职责。目前,我国农民工对正规性、长期性培训费用的支付能力不足,政府在这方面应加大投入。地方财政应根据各地每年农民工培训的规模,从财政支出中安排专项经费扶持农民工培训工作。第二,农民工教育培训应以企业需求为核心,增大企业对人力资本的投入。为鼓励企业重视对员工的职业培训,政府可以采用税费减免等经济和法律的手段激励企业加强农民工的职业培训。用人单位凡招收了农民工的应根据农民工所占职工总数比例的大小,从职工培训经费中安排多于职工平均培训经费的资源用于农民工的岗位培训。第三,农民工个人投资也是搞好教育培训的重要环节。农民工个人投资参加教育培训是提高自身人力资本、寻找更好职位的关键,因此需要激发劳动者对自身人力资本投资的积极性,提高培训的有效性。

(三)政府、社会组织、社区、企业多方配合,助力农民工在城市的社会关系网络重构

在公租房社区农民工城市融入的五个维度中,社会网络融入是最大的短板。然而,根据我们对公租房社区农民工城市融入作用机制的研究,社会网络对公租房社区农民工心理融入作用最大。因此,帮助农民工培育出丰富完善的社会关系网络,能够让他们真正"扎根"城市,全面融入城市。农民工的社会支持系统中,亲缘关系依然为主要纽带,但其社会融入程度的提高要依赖于友缘和业缘关系的建构。也就是说,在丰富农民工群体的非正式支持网络的同时,更要注重建构或完善他们的正式支持网络。这就要求政

府、社会组织、社区、企业均要参与进来。

首先,发挥政府主导作用,加强政策支持。农民工在城市社会支持网络的规模小、质量差,非常不利于其社会资源的获取和应用。在扩大这一群体社会支持网络的建设中,政府支持依然处于主导地位。这就要求政府在制定各项政策制度时,本着差别平等的原则,充分考虑这一群体的边缘角色和实际困难,给予他们一定的帮助和扶持。

其次,变革社会组织,增加接纳能力。既往的研究都证明,衡量某一群体社会融入程度的一个基本指标就是他们认同或融入其所在地的社会组织的程度。当前,我国城市社会组织对绝大多数农民工来说处于封闭状态。这不仅损害了农民工群体的合法权利,更进一步增强了他们的内聚性和自组织性,还使得他们与其他城市群体的区隔进一步加强。因此,有必要开展工作让社会组织承担起改变农民工社会支持网络结构的责任。对于政府管理、运营的社会组织,如工会,应出台相应规定,促使其转变观念,增强服务意识,积极接纳农民工群体,保护他们的合法权益。对于非政府组织,如法律援助组织,应鼓励农民工积极参与这些组织在城市开展的公益活动,尤其是以农民工为帮扶、援助目标的公益活动。一方面有利于农民工增强主体意识,另一方面也为农民工群体解决了实际问题和困难。

再次,完善社区服务,增加情感交流和互帮互助。公租房社区是所有租户的共同家园,有着共同的文化和利益倾向,也是情感支持最大的载体之一。这就要求公租房社区要转变观念,变管理为服务,在建立农民工社区融入机制的同时,为农民工搭建与其他城市居民一起参加社区活动的平台,从而增进他们之间的感情交流和互帮互助,增强农民工对其所在社区的心理认同感与信任感,促进社区融入。

最后,企业要杜绝城乡歧视,建立平等的交流平台。企业是农民工工作的平台,是满足他们就业需求和情感需求、实现其价值的载体。但由于传统的制度性因素的制约,许多农民工游离于体制之外,收入和各种福利都与正式员工有很大差异,是企业中的"二等公民"。这必然导致农民工与其他同事关系的不平等,成为日常工作和生活中交流的障碍,无法真正依靠业缘拓展自己的社会关系网络,从而间接增强了他们的内聚性和自组织性。因此,企业尤其是国有企业和事业单位,要消除城乡歧视,促进"同工同酬",为农民工与其他同事建立平等的交流平台。

(四)多渠道消除公租房社区农民工的受害者心理

首先,对公租房整体建筑、室内装修、配置电器、公共实施等进行一次大检查,对存在的质量问题、安全隐患和损坏情况进行集中维修和置换。同时,加强公租房社区硬件建设和环境建设,提高整个公租房社区的居住舒适度和环境美观度,从而帮助农民工克服自卑心理。

其次,借助电视、报纸、小区公告栏、互联网等传统和新兴媒体大力宣传政府的公租房政策,帮助农民工家庭正确理解公租房政策,弱化公租房的福利性质,树立公租房"安全、方便、舒适"的新形象,从而消除居住在公租房小区的农民工的受害者心理,激发他们的主体意识和融入意识。

再次,加强对社区和物业公司工作人员的管理,提高物业管理和社区管理人员的素质,避免因工作方式粗暴伤害农民工的自尊心。同时,要赋予农民工和其他租户对社区和物业公司的监督权力,对投诉严重的工作人员进行严格追责,并予以公示。

最后,公租房小区的管理人员要注意掌握小区居民对公共事件的反应和心理动态,对小区居民反映的居住和生活问题应及时解决。如果暂时不能解决的,应注意向居民解释,对居民的不满情绪要及时疏导,以免加重农民工家庭的受害者心理,影响农民工家庭的城市融入。

参考文献

一、中文文献

(一)著作

1.[德]西美尔.货币哲学[M].陈戎女、耿开君、文聘元译.北京:华夏出版社,2007.

2.郭志刚.社会统计分析方法——SPSS软件应用[M].北京:中国人民大学出版社,2005.

3.侯杰泰,温忠麟,成子娟.结构方程模型及其应用[M].北京:教育科学出版社,2004.

(二)论文

1.[法]加布里尔·塔德.模仿的规律.见:周晓红编.现代社会心理学名著菁华[C].北京:社会科学文献出版社,2007.

2.梁波,王海英.国外移民社会融入研究综述[J].甘肃行政学院学报,2010(02).

3.田凯.关于农民工的城市适应性的调查分析与思考[J].社会科学研究,1995(05).

4.朱力.准市民的身份定位[J].南京大学学报,2000(06).

5.刘传江,程建林.第二代农民工市民化:现状分析与进程测度[J].人口研究,2008(05).

6.任远,乔楠.城市流动人口社会融合的过程、测量及影响因素[J].人口研究,2010(02).

7.徐建玲.农民工市民化进程度量:理论探讨与实证分析[J].农业经济问题,2008(09).

8.王桂新,沈建法,刘建波.中国城市农民工市民化研究——以上海为例[J].人口与发展,2008(01).

9.黄匡时,嘎日达."农民工城市融入度"评价指标体系研究——对欧盟社会融合指标和移民整合指数的借鉴[J].西部论坛,2010(05).

10.张文宏,雷开春.城市新移民社会融入的结构、现状与影响因素分析[J].社会学研究,2008(05).

11.卢国显.我国大城市农民工与市民社会距离的实证研究[J].中国人民公安大学学报(社会科学版),2006(04).

12.郭星华,储卉娟.从乡村到都市:融入与隔离——关于民工与城市居民社会距离的实证研究[J].江海学刊,2004(03).

13.杜鹏,丁志宏,李兵,周福林.来京人口的就业、权益保障与社会融合[J].人口研究,2005(04).

14.钱文荣,张忠明.农民工在城市社会的融合度问题[J].浙江大学学报(人文社会科学版),2006(04).

15.史斌.新生代农民工与城市居民的社会距离分析[J].南方人口,2010(01).

16.汪徽,王承慧.南京大型保障性住区贫困集聚实证研究——以南湾营为例[J].建筑与文化,2017(03).

17.李欣怡,李志刚.中国大城市保障性住房社区的"邻里互动"研究——以广州为例[J].华南师范大学学报(自然科学版),2015(02).

18.林晓艳,陈守明,黄贞.保障房社区社会资本测度与比较[J].东南学术,2018(06).

19.吴莹,陈俊华.保障性住房的租户满意度和影响因素分析——基于香港公屋的调查[J].经济社会体制比较,2013(04).

20.史学斌.城市融合度:外来农民工城市融入程度的测量——对已有研究的综述[J].贵州大学学报(社会科学版),2014(04).

21.史学斌,熊洁.公租房居住对农民工家庭城市融合影响的实证研究[J].农村经济,2015(01).

(三)博硕论文

1.何军.城乡统筹背景下的劳动力转移与城市融入问题研究——基于江苏省的实证分析[D].南京:南京农业大学,2011.

2.张海辉.不对称的社会距离——对苏州市本地人与外地人的关系网络和社会距离的初步研究[D].北京:清华大学,2004.

3.黄志宏.城市居住区空间结构模式的演变[D].北京:中国社会科学院研究生院,2005.

二、英文文献

1. Graves, T. D., "Psychological acculturation in a tri-ethnic community," *Southwestern Journal of Anthropology* 23, no.4 (1967): 337–350.

2. Bollen, K. A., Hoyle, R. H., "Perceived cohesion: A conceptual and empirical examination," *Social Forces* 69, no 2 (1990): 479–504.

3. Alba, R., Nee, V., "Rethinking assimilation theory for a new era of immigration," *International Migration Review* 31, no. 4 (1997): 826–874.

4. Park, E. R., *Race and culture* (Glencoe: The Free Press, 1950).

5. Bogardus, E. S., "Measuring social distance," *Journal of Applied Sociology* 9, no.15 (1925): 299–308.

6. Giddens, A., *Sociology* (Cambridge: Polity Press & Blackwell Publishing company, 2001).

7. Gordon, M. M., *Assimilation in American life: The role of race, religion, and national origins* (New York: Oxford University Press, 1964).

8. Junger-Tas, J., "Ethnic minorities-social integration and crime," *European Journal on Criminal Policy and Research*, 9 (2001): 5–29.

9. Berry, J. W., "Immigration, acculturation and adaptation," *Applied Psychology* 46, no. 1 (1997): 5–34.

10. Wilson W. J., *The truly disadvantaged* (Chicago: The University of Chicago Press, 1987).

11. Goetz, E.G., *Clearing the way: Deconcentrating the poor in urban America*

(Washington, D. C.: the Urban Institute Press, 2003).

12. Douglas, M., Denton, N., *American apartheid: Segregation and the making of the underclass* (Boston: Harvard University Press, 1993).

13. Briggs, X., "Brown kids in white suburbs: Housing mobility and the many faces of social capital," *Housing Policy Debate* 9, no. 1 (1998): 177-221.

14. Small, M. L., Newman, K., "Urban poverty after the truly disadvantaged: The rediscovery of the family, the neighborhood, and culture," *Annual Review of Sociology*, 27 (2001): 23-45.

15. Leventhal, T., Tama, Brooks-Gunn, J., Kamerman, S.B., "A randomized study of neighborhood effects on low-income children's educational outcomes," *Developmental Psychology* 40, no.4 (2004): 488-507.

16. Putnam, R., *Bowling Alone* (New York: Simon & Schuster, 2000).

17. Tiggs, L.M., Browne, I., Green, G.P., "Social isolation of the urban poor: Race, class, and neighborhood effects on social resources," *The Sociological Quarterly* 39, no.1 (1998): 53-77.

附录一

深度访谈实录

勾01

我今年55岁了,现在在街道做保洁员。我是从四川攀枝花来的,在老家的时候我没有正式工作,就是家庭妇女,有时打打零工。老公是攀枝花社保局退休的,退休金每月有3000多元。女儿在成都读的大学,毕业后2012年来到重庆南岸区江南殡仪馆从事财会工作,就申请了城南家园的公租房。这套单间配套的公租房就是女儿当时申请的。女儿结婚后就和女婿外出租房居住了,2013年我和老伴儿到重庆投奔女儿后就住在这里了。目前这套房子主要是我和老伴儿住,房租也是我们在交。

到重庆后,为了补贴家用,我就到街道做了保洁员,一个月有1700元的工资,其他就什么都没有了。这个工作每天要工作12个小时,没有节假日,十分辛苦。老伴儿目前没有再做活路(工作)了,家庭收入就是他的3000多元退休金和我每月1700元的打工工资。女儿女婿收入也不高,现在他们刚刚生了一个孩子,花销也大,有时候还需要我们补贴他们,所以经济压力较大。女儿女婿在茶园租房住,离得倒是不远,但这里房间面积小,平时女儿女婿也不回来,周末回来也就待一天就回去了。其实女儿结婚并有了孩子,她是可以申请换租一套大一点儿的公租房的。但是房子大了,租金也相应就高了。平时就我和老伴儿两人在屋头,那么大的房子用不到也是浪费。我也不想到女儿那里去住,毕竟年轻人和我们生活习惯不一样,容易发生矛盾。外孙只有两三个月,现在由女儿女婿带在身边。将来孩子长大了,到这里来上幼儿园,我们帮着接送一下,这套房子勉强也应付得过来。

关于公租房我还是满意的,主要是考虑到房租便宜。我们现在每月只有300多元房租,比外面租房要便宜200多元钱,而且稳定,不会三天两头涨房租。房子质量也还可以,至少我这套房子还没有出现漏水等大问题,墙面脱皮等现象也不是很严重。但是灶台、抽油烟机等电器质量较差,坏了很多次。租的房子,我又不可能换掉它,只有修好将就用。城南家园的配套设施还是不错的,菜市场、超市、公交车站、幼儿园、医院都有,生活还是比较方便的。小区整体环境也还不错,但人们素质比较低,养狗的人比较多。狗儿乱拉屎拉尿,给我们增加了不少工作负担。

未来我没有考虑在重庆买房。买房是年轻人的事,女儿他们买商品房我们肯定还是要支持。但像我们这种情况,女儿买了商品房就要退租,也很恼火。如果允许我们把这套公租房买下,我们还是考虑要买。这样我和老伴儿就在重庆有一个长期居住的地方,女儿也就可以在外面买房了。至于价格,我觉得只要不超过4000元/平方米,我就能接受。

周02

我今年59岁了,我现在在社区医院做门诊医生。我是从达县医学院毕业的,并获得了从业资格。我在广安一家企业医院工作了30多年(非事业编制),2013年退休。退休前,女儿将要从重庆这边的大学毕业,并打算在重庆找工作,所以我就在2013年申请了城南家园的公租房。那时候我女儿还没有从大学毕业,我先过来给女儿打个前站。我是2013年申请的公租房,并于当年就申请到了两室一厅。现在主要是我一个人在这里居住。我老公还没退休,平时在广安工作,周末才能来重庆和我团聚。女儿和女婿在蔡家租房住,一般也是周末放假的时候回来看我。今年由于她刚生了孩子,平时要带娃儿,所以最近很少来城南家园了。

这个工作是我来到这边后才找的。一来社区医院距离近,上班很方便;二来是做老本行,不需要重新学习。虽然工资比较低,一个月只有2000多元,好在我还有广安那边的4000元退休金,再加上老公也有收入,总体上生活还过得去。

关于公租房我还是比较满意的。在广安的时候,我们租住在政府盖的那种老房子里。虽说租金很低,但是房子又破又小,而且还要几家人共用厨房和卫生间,十分不方便。以前家里负担比较重,收入比较低,没有能力买房。后来女儿到重庆上了大学,又打算在重庆定居,所以就没有再购买广安那边的商品房。现在想想还是应该买。因为那时候房子价格便宜,就算买了以后用不着,现在卖了也够我们在重庆交首付了。

2013年,我们刚住过来的时候,周边没有什么人气。现在超市、菜市场、饭馆都有了,而且越来越繁华了,在这里居住感觉越来越方便了。但是房子质量真的是太差了,墙起皮,我已经找物业修了两次了。有一年房顶还漏水。电梯也总是坏。

我现在住的是两室一厅的公租房,将来老伴儿退休后到重庆来,这套房子也够我们住了。以后我也不打算和女儿他们生活在一起,因为那样他们就必须买大房子,会给他们增加很大的负担。并且,虽然是自己的女儿,但毕竟是两家人,一起生活也不方便。因此,我打算在这里长期住下去。但现在5年一续租,很麻烦不说,还有很多条条杠杠审核你,感觉还是不够稳定。希望政府能够替我们考虑,允许我们购买现在的住房。这样,我就可以把房子好好装修一下,一直住下去了。如果一直租下去,总感觉心理不踏实,不是长久之计。将来,我们老两口相依为命,如果一个人走了,另一个人没有自理能力了就去养老院。这套房子也够我们养老的了。

说起养老,我还有一个想法,就是政府应该大力发展社区互助养老。因为我是医生,平时接触到的老人很多。我知道在这里居住的很多高龄老人都很孤独,平时都是一个人住,孩子偶尔过来看一下。曾经就发生过老人在家里去世很多天才被人发现的事。我有两个病人,已经80多岁了,自己住在这里。他们平时没事也会到我这里来聊聊天。如果有几天没见到他们,我就要给他们打个电话,否则不放心。

文03

我是重庆江津人,1990年就来主城了。当时是高中毕业,因为我爸的单位有一个接班的机会,就没有再上学,来主城工作了。后来单位垮了,我就出来自己打工。我现在在海棠晓月那边的新世纪超市做超市称重员。我老公在建筑工地打工。

过去没有来公租房居住的时候,我们全家租住在罗家坝那边山上的旧房子,当地居民把房子隔开,我们全家三口租住在其中一间,厨房、卫生间都是共用的,每季度租金1000元。现在住的这套房子,虽然租金贵了一些,但比原来的房子好多了,面积大了不说,独门独户,不用和别人共用卫生间了。而且公租房是国家的房子,我们再也不怕被涨租金,到处换地方、找房子了。

我住的这套一室一厅的房子是2013年申请成功并入住的。当时我们申请的是廉租房。在2015年,我老公在建筑工地打零工弄伤了腿,休养了半年多。再次工作后,单位给交了养老保险,但公租房管理中心知道后认为我们不符合廉租房的租住条件了,我们只有廉租房转公租房了。过去廉租房每月只有40多元的房租,现在要400多元,每月增加支出400元,生活压力较大。当然,这里的房租比外面的普通租住房还是便宜很多,大概只有一半的样子。

总体来讲,我对公租房还是很满意的,就是房子质量差了点儿。我的厕所瓷砖已经掉了很多,踢脚线也快要掉了。去年,我发现有水顺着厨房里的天然气管道流下来。物业的工作人员态度很不好,没有服务意识,傲得很。向他们反映了很多次,经过很长时间才修好。电梯也是三天两头坏,我们也不知道是什么原因,总之修好后用不了多久又坏。我觉得小区环境还可以,卫生也做得不错,总是有清洁工拿着扫把打扫。

我女儿是去年从重庆电子工程职业学院毕业的,学的是电子方面的专业。毕业后,她没有做本专业的工作,最开始在一家纯净水公司做销售,后来跳了几次槽,总是不太理想。现在在观音桥一家公司做前台接待工作。现在这个工作还没有过3个月的试用期,目前每个月到手的工资只有1900多元。

由于我家经济条件不行,重庆房价又涨得凶,目前没有购买商品房的打算。以后考虑可能会为女儿购买商品房,估计也只能考虑鱼洞那边的二手房,价格相对便宜一点儿。现在女儿成年了,需要独立的空间。我们就在客厅搭了一张床,我和老公睡客厅,卧室留给女儿住。去年过年前,我们隔壁邻居家遭了贼,我就把阳台用钢管封起来了(阳台与走廊窗户紧挨着,小偷一翻就可以进来,设计不合理)。这样,客厅的采光就更不好了。因此,我们考虑,如果明年女儿不要朋友,我们就先申请换租一套两室一厅的公租房。如果她要朋友了,过几年可能就结婚搬出去住了,我们还住在这里。

梅04

我是重庆江津人,2006年就出来打工了。最初是在巴南区租房子住,租的都是过去盖的老房子,被房东隔成一间一间出租。房子比较破,房东还总是涨房租,搬了很多次家。申请公租房倒不是因为公租房房租便宜,主要是因为租赁关系稳定,房租也不会涨,不用到处搬家了。所以,总体上讲公租房还是比过去租的房子好一些。

目前,我和老公带着孩子住在这里。单间配套的房子面积比较小,只能说是勉强够住,但将来孩子大了,肯定就住不下了。也考虑过去买商品房,但价格比较贵,我们家经济条件太差了,根本承担不起。我老公在解放碑上班,做销售,每个月有七八千元的收入,但业绩不稳定,并不是每个月都有这么高的收入。我现在辞掉了朝天门批发市场的工作,全职在家带孩子。家里只靠老公一人的收入。我们的小孩儿现在两岁3个月,每个月光尿不湿、奶粉钱都要花几百元。即便现在家里生活已经很节省了,但是房租、水电、奶粉、生活费等固定花费都要2千多元,每个月实在剩不下多少钱。明年孩子上了幼儿园花费就更高了,但好在我也可以出去工作了,家里的经济条件会好一些。以后我能出去工作了,我也不打算回批发市场打工了,因为我和老公两边的老人都不能帮我们带孩子。即便能帮我们带,我们也没有房子给他们住。因此,我想找一个时间比较自由一点儿的工作,可以接送孩子,如开一个小面店或摆一个小摊卖童装。这样,我在工作之余也可以照顾孩子。

除了卫生打扫不太干净、周围邻居素质不高、电梯经常坏以外,城南家园的公租房地理位置、环境、配套设施等还都不错。尤其是这一两年,这个地段越来越有人气了。但我们这套单配的房子面积太小了,而且设计不合理,窗子太少(三面墙、阳台只有一个门的位置可以透光),太闷,在家里都喘不上气来。也打算申请大一点儿的公租房,但城南家园两室一厅的房源太紧张,根本申请不到。一室一厅倒是比较好申请,但面积大不了多少,还是不够住,而且还要搬家,太麻烦了,所以就干脆没有申请。未来还是打算买商品房,没有想过买这套房子,质量太差了。如果能换租到边上大一点儿的房子,采光好一点儿,价格不高于3500元/平方米,倒是可以考虑购买。不过我觉得不太可能,周边商品房都已经七八千了。

在这里居住,大家都是关起门来过日子,邻居往来不多,见面最多就是点头之交,没有什么深交。而且城南家园的租户流动性很大,大家很难深入交往。

邓05

我是重庆南川人,今年64岁,在搬到公租房来之前,我租住在上新街那边。当时租的是老房子,两室一厅,租金每月要800多元。而且租金每年都涨,如果你不同意,就只能搬家。我们很早就从老家出来了,老家的土坯房子早就已经垮了,全家人都搬到重庆主城来了。

目前,我们家五口人,我和老伴儿都没有工作,每个月只有100多元的社保(经过确认,不是低保,而是社保),家里只有女儿女婿两个人挣钱。女儿在南坪的一个餐馆当服务员,每个月只有一千多元的工资。女婿在建筑工地打工,由于没有什么技术和手艺,收入也不高,而且老板还总是拖欠工资。我和我老婆过去务农打工也没有买养老保险,现在没有任何收入。我老婆身体不好,有糖尿病、高血压,每个月都要花钱买药吃,刚刚又在医院输了水,花了300多元。现在我家除去房租700多元,老太婆看病1000元,水电气等若干,每个月只有三四千元过生活,日子过得比较艰难。

我是2013年搬进城南家园的,属于第二批入住的,户型是三室一厅,建筑面积有70多平方米。我之所以能申请到城南家园最大的户型,是因为我们一家三代五口共同申请的。今年我的外孙11岁了,已经上五年级了,就在城南家园小学上学。我这套房子,无论是从户型、面积、楼层、位置来看,可以说都是城南家园最好的。我住31楼,视野没有阻挡,从阳台看出去风景非常好。由于不是顶楼(整栋楼共32层),天气热了也不烤。我家有三个卧室,虽说面积都不大,但是一家三代都有自己的卧室了。这在城南家园是很难得的。但是说实在话,房子质量实在一般,墙上抹的灰都脱落了,曾经还出现过厨房顺着天然气管道漏水的情况。而且房屋装修质量很差,用的材料都是歪的(质量差),现在我的洗手台面板都烂了,物业也不管。

现在让我最忧心的有两件事情。第一是小外孙的学习成绩下降很快。以前他读二三年级的时候,每年都有奖状,尤其是语文,他还是有点儿天赋的,经常被老师表扬。但是上了四年级以后,他光想着玩,学习成绩也没有过去好了。第二就是这套房子的租金。虽说每月租金700多元不算高,但对于我们这种只有支出、没有收入的家庭来说,还是相当大的一笔支出。现在我们都老了,出去打工也没人要了。女儿女婿没有文化,出去打工找(赚)的钱也就是维持生存,买商品房是不可能的。我就担心有一天连这700多元都付不起了。未来就希望政府出台政策,允许我们把现在的房子买下。我现在老家已经没房子了,回不去了。如果我们把房子买下了,将来年纪越来越大,找(赚)不到钱的时候,也不用担心付不起房租。当然,如果价格定得太贵,我们肯定买不起,三四千元一平方米我肯定要考虑买下来。

赵06

我是重庆潼南人,今年32岁,来重庆主城居住有五六年了。我家四口人,除了我、老公和你看到的这个娃儿(一岁半的男孩儿),还有一个女孩儿(姐姐)在潼南老家,由我父母照顾。我老公的母亲已经过世了,家里还有一个老父亲,身体不好,还要照顾我老公90多岁的奶奶,没法帮我们照顾孩子。在我老家,我父母身体还可以,但除了要照顾我的女儿,还要照顾我哥哥家的两个孩子。

我们是2013年入住城南家园的。最开始我们是以我们夫妻二人和女儿的名义申请的一室一厅的公租房。在四组团住了半年,我们又申请换租到了现在的两室一厅的公租房。目前,就是我和老公带着这个娃儿在这里居住。我们只住了一个房间,另一个房间留给女儿。学校放假的时候,我们会把她接到这边来和我们团聚。我老公目前没有稳定的工作,到处打工。现在他给别人雕刻墓碑,工作很辛苦,效益好的时候每个月有七八千元的收入,效益不好的时候也就五六千元,很不稳定。我过去经营了一个卖卤肉的流动摊位,每月还有一些收入。自从生了这个娃儿,我就没有出去工作了。现在家里只靠老公一个人的收入过活。每个月除了房租、水电气的固定开支,家里只剩约5000元钱。还要给老家千把块钱作为大女儿的抚养费。再加上这个小儿子的奶粉、尿不湿、看病的支出,每个月用来过生活的钱就是一两千元,根本没有剩余。好在老家的大女儿很争气,在私立中学尖子班上初一,由于学习成绩好,学校免了她的学费,只交一些伙食费就行了。

关于未来,我打算还是先这样将就两年,等这个小娃儿3岁上幼儿园了,我就可以出去工作了。那时,家里的经济条件就会有较大的改善。如果我的女儿成绩好,我还打算接她到重庆主城来读高中。

关于房子质量,总体感觉还可以,但厕所曾经有漏水现象,现在经过物业的维修已经解决了,但墙壁返潮掉皮、灶台裂缝物业都不管。即便如此,如果将来国家允许我们买下这套房子,我们还是打算买下来。当然,如果能够换租到三室一厅再买下来就更好了。如果国家不允许买,我们就打算就这样租下去。等孩子都大了,能够自立了,那个时候如果我们还是买不起商品房,我们就打算回自贡老家(老公的老家),毕竟一直这么打工不是办法,回老家至少还有房子和地供我们养老。

杨07

我的老家在长寿,很早就出来了。以前是自己做一点儿生意,这两年生意不好做,就出来打打工。现在我家四口人,小女儿两岁零1个月,我老婆全职在家照顾她。大的(男孩儿)17岁了,初中毕业后已经不上学了。以前大儿子上过半年班,然后就不想去了,现在在家整天耍手机。我的话费都不够他玩的。想让他学点儿手艺,但他没有任何爱好和兴趣,也就算了。多说他两句,他就嫌你烦。

老婆过去在饭馆当服务员,现在全职在家带孩子。现在全家只靠我一个人打工的收入。我的收入一个月3000多元,房租500元,水电气、物业200多,一个月固定支出就有800元,经济压力大,现在只能吃老本(过去做生意有些积蓄)。将来女儿大一些了,老婆就可以出去工作了,家里的经济会改善些。儿子指望不上,就是将来出去打工挣了钱,也就只能养活自己,搞不好还要向大人拿。

我们在长寿老家修了房子,200多平方米。由于我们全家都来这里了,现在老家的房子空起的,租又租不出去,卖也卖不掉。除了过年回老家我们住一下,平时不回去。只是父母偶尔过去看一下,做下卫生。我们在这里住的公租房是一室一厅的,40多平方米。对我们来说,房子太小了。现在儿子和我住卧室,老婆带着女儿在客厅睡高低床的下铺(上铺放杂物)。本来应该是让老婆和女儿睡卧室的,但客厅高低床的下铺睡不下两个人。我又不想让儿子一个人住一个房间,那样他玩起手机来更没有节制。因此,就只有让老婆和女儿睡客厅了。好在女儿还小,还可以这样将就一下。我丈母娘偶尔来住一下,现在只有睡电视前搭的这个简易床。我老婆一直说要买个沙发,我没有同意。因为实在没有地方摆。2015年,我们申请换租两室一厅,倒是通过了的。新房在城南家园八组团,但那个地方太偏了,不方便,户型也不太满意,而且还要搬家、简单装修一下,所以我们就没有接房。

这套房子质量撇(差),墙壁经常起壳壳(表皮翘起、脱落),现在只能说是将就住。将来有能力买房子,还是希望到外面去买房子住,毕竟我们还有一个儿子,也要考虑他将来结婚的问题。过去周边房子卖6000多元一平方米的时候还有过买房的想法,现在周边房子已经涨到了将近10000元一平方米,已经不敢想了。未来如果国家允许买公租房,价格合适,我就打算买下这套房。比如这套房子,一平方米三四千元,总价十来万,我就可以考虑买下来,再贵我也就不打算买了。

毕竟大家都住在一起,我们和邻居还是很团结,见面都要打招呼,交往也不错。

吴08

我是山西长治人,在山西读的大学。大学毕业后我就结婚了。我跟随老公来到重庆,户口也转到了老公的家乡——彭水。目前,我到重庆已经6年了,我们全家现在都在主城生活,很少回彭水。

刚来重庆的时候,我和老公在渝北租房居住,因为打工的企业在渝北。申请到城南家园的公租房后,我老公就申请调到了南岸的分公司工作。在

2013年年底生了儿子后,我也就没有再去渝北的公司上班了。由于我父母都不在了,我老公的父母要在彭水老家照顾读书的小姑子,也没办法来主城帮我们带孩子。而且,我也不放心把孩子交给老公的父母带,孩子由父母带对他的成长有好处,所以我只能辞职在家自己带孩子。直到今年,我的儿子满3岁可以上幼儿园了,我才找了现在的工作。现在幼儿园马上就要放暑假了,我们两个都要上班,还不知道到那个时候孩子交给谁照顾呢。

我是学广告设计的,以前在渝北的广告公司工作。由于带了3年孩子,不仅专业荒废了,而且以前的关系也慢慢疏远了。这次出来工作就没有再去广告公司,因为去渝北上班要坐轻轨,还要到红旗河沟转车,太不方便了。我现在在vivo手机的装配车间工作,单位就在茶园,不论是坐公交车还是坐单位的班车都比较方便。我现在每天早上7点40打卡,7点50就正式上班了。每月收入有4000元左右,但是加班比较多,经常要晚上7点才能下班。幸亏我老公工作时间比较灵活,而且离单位比较近。因此,平时接送孩子都是他,否则,我根本不可能去这家公司上班。

我老公在物流公司工作,收入比我高。在城南家园,我们家的收入应该算不错的,但我3年没有出去工作,家里全靠老公一人的收入。现在虽然我出来工作多了一份收入,但孩子上幼儿园一个学期就要3500元,偶尔还要给我老公家里一些钱。他的爷爷身体不好,要看病吃药。再加上,为了上班和接送孩子方便,去年我们买了一辆汽车,家里经济压力还是挺大的。

2012年8月,我们是作为第一批租户入住城南家园的。我们住的户型是单间配套。这套房子,除了面积小,装修质量也差。你看,这墙一直在掉皮,水龙头和灯质量也不太好。客厅这灯已经快掉下来了,我们简单用胶带粘了一下将就用。再有就是,这套房子只有一个窗户,两侧都是墙,家里太暗了。另外,房子的隔音效果不太好,有一次我儿子不听话,我就让他在门口一边哭一边反思,结果走廊尽头的一个邻居就提意见了。

我们没有考虑申请更大的公租房,因为我们不符合申请两室一厅的条件,而一室一厅其实没有改善多少!我们打算这两三年多积攒一些钱,以后还是考虑买商品房,毕竟儿子大了,不可能全家挤在一张床上。至于说买在哪里,主要还是看哪里房价便宜。由于茶园以后要修高铁,还要建高铁站,最近一段时间房价飙涨,现在已经9000元一平方米了,估计我们不会买到茶园。虽然我们的父母都帮不上忙(我父母已经过世,我的公婆在家务农也没钱),但我们两个收入不算低,而且都是比较持家的。现在我的收入主要用来家庭开支,我老公的收入全部存起来。我觉得五年内我们可以实现买房的愿望。

我们这里居住的年轻人比较少,中老年人比较多,所以和邻居没什么交往。我老公的弟弟在北部新区打工,平时走动也不多,只是过节的时候聚一下。

胡09

我是江津人,2004年就到主城打工了。到城南家园居住之前,我与别人在五里店合租。那是一套三室一厅的住房,我只租了其中一间,每个月租金四五百元。当时,我们夫妻带着孩子挤在一间房中,厨房和卫生间都是三家共用的。2013年,我们申请到了城南家园的公租房。2014年,我们正式搬入八组团一套一室一厅的房子。居住了3年,由于孩子长大了(现在8岁),我们达到了申请两室一厅的条件,今年我们申请换租到这套两室一厅的公租房。现在,我们一家三口住在这里,我丈母娘周末会过来耍一下,带带娃儿。

我觉得政府的公租房政策非常好,住在这里比我过去住的房子好多了,最重要的是娃儿上学很方便,但也存在不少问题。首先,小区门口夜市的噪声是大问题。我的主卧正好朝向小区大门,天气热了以后,每天晚上都有很多卖烧烤、夜啤酒的摊贩在小区门口摆摊做生意,不仅噪声大,而且油烟也能飘过来,晚上我们都不敢开窗户。每天他们都要经营到凌晨两三点钟,吵得我们没法休息好,白天脑壳都是昏的。我们向物业反映情况,物业说小区大门口以外的区域不属于他们的管理范围,他们没有管理权限。我又给南岸区城管局打电话反映情况,他们回复我说,要加强管理,提升商贩自律意识。但关键是怎么加强管理我们也没看到,商贩有生意来怎么会不做,他巴不得多卖两瓶啤酒,根本不可能自我约束。晚上,那些出租车司机或者下夜班的人会选择在这里吃夜宵,经常有人喝酒喝多了,在楼下唱歌、摔啤酒瓶,严重影响了我们的休息。我们认为这个问题并不是管不了,主要是城管不作为。因为去年中央环保局来重庆巡视的时候,小区门口干净得很,没有一个人摆摊。我的意见并不是一定禁止这些烧烤摊出来摆,毕竟他们也要生活,而是要他们换个地方,不要在居民楼下面摆。

其次,这个小区居民的素质普遍不高,不文明养狗现象比较普遍。比如,我们刚才上楼时电梯里有难闻的味道,就是狗主人放任自己的狗在电梯里撒尿导致的。我们已经向物管反映多次,但他们都说管不了。我们向他们提意见,让他们派人及时打扫,他们也不来。

再有,就是房屋设施维修问题。说实在话,以前在八组团住的新房子各方面设施还是令人满意的。但是换租过来之后,由于房子是旧的,各种设施都已经破烂不堪了。比如,这个灶台台面都已经裂了,锅放上去都是斜的。我们向物业申请了很多回,他们都不来修,说只有我们把它彻底用烂了才能整体更换。再比如,卫生间里的瓷砖都已经脱落下来了,地面的瓷砖也坏了,我申请维修,他们倒是派人来修了,但维修人员很不专业,弄得地面高低不平,积水严重。按说,房屋设施有损坏,上一个租户是没有办法退租的。由于我也有退租经历,我知道问题出在哪里。我们在八组团居住的时候,在墙面上印了一些花纹作为装饰,退租的时候,物业要求我们恢复原状。我们并没有找人刷墙,而是选择交钱了事。最开始物业要求我们交1200元,我们跟他讨价还价,最后交了800元。因此,我怀疑这套房子的上一个租户也是如此,因为如果不交钱,物业不给你签字,你没法退房。然而,物业收了钱以后,并没有维修房子,而是直接出租给下一个租户。另外,即便是租户自己维修后再退租也有问题。比如租户住了几年,墙壁弄脏了,他就买最便宜的涂料或不合格的涂料自己刷白了。物业也不检测就同意他退租了。而下一个租户就倒霉了。轻者涂料很快脱落了,重者不合格涂料还会使人生病。因此,我们换租的人宁愿墙壁是脏的,也不想整天提心吊胆地担心墙壁有毒。再加上,换租的过程很短,如果通知你退房,你担心新刷的房子不安全而没有退租搬家,就视同你自动放弃换租了。所以,这样的管理制度让我们换租的人真的是两难啊。

还有一件事也能看出小区的管理问题。我在八组团住的时候,为了上班方便,买了一辆电瓶车,放在小区里被偷了。我报警后,警察到小区里调监控录像,发现监控是坏的,根本没有录像。没有线索,警察到现在也没有破案。不过据说现在小区装了很多高清摄像头,现在没有怎么听说有车被偷这样的事情了。

我现在在商场里做维修工作,每月收入有4000多元。我爱人在茶园一家手机制造厂工作,比我的收入还低。以我们的职业和收入,未来相当长一段时间我们都会选择居住在这里,没有能力买商品房。除了以上我说的那些问题,我觉得住在这里总体还是不错的。我们原来在八组团住的时候,邻居大部分都认识,经常互相帮助看娃儿,邻里关系很和谐。

罗10

我是巫山官渡镇人,今年29岁。2005年,我考上了重庆交通大学成人教育学院。毕业后,我在凉风垭收费站工作,就在重庆主城居住下来了。我是家里的独子。我的父母现在年龄都不太大,还在老家务农,照顾生病的奶奶。

我是2012年申请到城南家园公租房并搬入居住的。那时我住的户型是单间配套。2014年,考虑到我父母将来肯定还是要到主城和我一起居住,所以就以一家人的名义申请换租到现在的这套两室一厅。我现在还没有耍朋友(谈恋爱),这套房子基本上只有我一人居住。

我平时工作很清闲,但收入太低了。我现在的工资一个月只有3000多元,如果扣除五险一金后,拿到手上的只有2000多。我想趁着年轻,找一份收入更高的工作。苦些累些我不怕,趁着年轻拼一下,多挣一些钱。我在2014年考了一个建筑安全证。本来想找个建筑单位挂证的,但由于建筑单位用人一般要求有工作经验,我这种刚刚考出来的,没有相关经验,人家不愿意用。如果以后有机会,我想从事这方面的工作。

在这里居住最大的问题是小区环境不理想。这里住的人大部分是外来务工人员,素质普遍较低。在小区里,开车的人遇到行人挡了他们的路,就频频摁喇叭,吵得街坊四邻不得安生。我很喜欢打羽毛球,除了三组团,其他各个组团都有空坝子作为运动场所。我向社区申请了很多次,让他们安两根铁柱子,这样我们可以挂上网来打羽毛球,但他们总是说要给上面打报告。现在都一年多了,两根铁柱子就是安不上。另外,小区的路灯太暗了,还有很多坏了没有及时修理。小区里老人孩子本来就多,晚上路都看不清,实在是危险。房子质量比较差,墙壁掉粉等现象十分普遍。我家厕所和客厅的墙壁还总是渗水,我只有用胶带纸把踢脚线和瓷砖粘起来,以免被水浸泡后掉下来。

公租房管理中心对换租的管理不够好。我刚换租到这里的时候,有几面墙略显粉色,与其他墙的颜色明显不一致。我估计是上一个租户居住的时候粉刷过墙壁,但是买的涂料和以前的不一致,有色差。退租的时候,上一个租户也没有恢复原状,估计是向物管交了罚款。我住进来以后,自己花钱买了涂料,重新粉刷了。

对我来说,公租房只是一个过渡,毕竟我还年轻,才工作不久,收入有限,家里经济条件也不太好,不能帮我买房。我想过几年我的收入增长了,还是要去外面买房。我比较倾向于买南坪四公里的房子。

刘11

我是江津人,早年和前夫在江津打工、生活,生了两个女儿。生了二女儿后,由于害怕被罚款,我们就把二女儿拿给一对不能生育的邻居代为抚养。我们每个月给这对夫妇150元钱作为抚养费。但是,有一天他们就带着我女儿不辞而别了。为此,我和我的前夫总是吵架,最后就离婚了。离婚后,我带着大女儿去福建打工。在那里,我遇到了我第二个老公。我们没有领证就在一起生活了,还生了小女儿。不久,由于性格不合,我和第二个老公也分开了。我独自带着两个女儿回到重庆主城生活。

我现在在民生保险卖保险。前3个月有底薪,现在收入只靠业务提成,很不稳定。由于业务不好做,我又去服装厂找了一份加工衣服的工作。平时早上8点到10点我在保险公司,下午和晚上我就去长生的服装厂打工。一天忙到晚,可是收入很不理想。好在我的大女儿已经结婚了,去年刚生了小外孙,现在没有上班,在家带孩子。女婿也在保险公司打工。他们收入也不高,又要养孩子,不敢在外面租房居住,在她婆婆家居住。

我的小女儿现在在江津一中读高三。她和同学在学校外面合租了一套一室一厅的住房,租金每月800元,每人每月400元。眼看马上就要高考了,我在主城打工,也不能回去照顾她。她平时吃饭就在学校,放学了就回租住处学习。她学习成绩很好,最近的一次模拟考试考了580多分。不过我也不知道这个分数能考上什么样的大学。福建的前夫每个月给小女儿打1000元生活费。高考前这几个月,我让他多给女儿打500元伙食费,让女儿在学校吃好一点儿。他也承诺孩子考上了大学,学费由他负责出。

最初申请公租房的时候,我是以我的父母、两个女儿和我五口人的名义申请的。当时本来是符合申请三室一厅条件的,但我担心房租太贵了,将来交不起,所以就申请了两室一厅的。前几个月,我的一个同事不想再续租城南家园的公租房了,我就把她的那套一室一厅的公租房接下来了。我们没有办理什么手续,就是每个月按时替她交房租,她就把房子拿给我住。我的两室一厅现在是我的远房亲戚一家在住,每个月她给我1000元租金。

我觉得公租房挺好的。小区环境、房屋质量都不错。我们这栋楼的清洁工很负责任,每天要打扫很多次,所以楼道里也是干干净净的。要说不好的地方,就是房子的面积太小了。我的小女儿高考结束后,会来这里和我住。我的大女儿、女婿、小外孙偶尔来看我也不能过夜,更不要说我乡下的爸爸、妈妈,根本住不下。即便如此,我也不打算换租了。因为,住房面积大了,租金也高。而且,如果将来政策允许购买公租房,即便价格有优惠,我也买不起大房子。

一个女人独自在城市打拼,实在是太累了。未来,我想先把我的户口迁到主城来,等我的小女儿读了大学,我还是想再找一个伴儿。以后等我有能力了,我想找一找我的二女儿,看看她生活得怎么样。现在我什么都没有,就是找到了她,她也不会认我。

杜12

我是四川宣汉人。我还没出生的时候,我母亲就带着我哥改嫁给我继父。由于生活困难,我父母将我哥送给别人了。因此,现在家里就我一个孩子。我继父现在在老家务农,我母亲跟我们生活,帮我们带孩子。

在搬到这里(城南家园)之前,我住在大渡口,主要是因为当时我在巴国城那边上班,距离单位比较近。当时租了两间屋,也可以叫一室一厅吧,房子很老,没有厨房,厨房是阳台改的,而且不通气,做饭只好用电。每月做饭都要用掉不少电费。因此,城南家园公租房刚建好,我就申请了,但直到2014年才摇到号,最开始住在三组团的一室一厅。一室一厅实在是太小了,当时我们在客厅里摆了一张床。后来就申请换租到这套两室一厅。现在我和老婆住主卧,孩子和我母亲住次卧。孩子睡上铺,老人睡下铺。其实现在家里仍然很挤,只能说比过去好一些了。

总体上讲,这里的居住条件比我过去在外面租房子好太多了。不仅有小区、绿化、电梯,而且租金也便宜。现在两室一厅跟过去我在外面租的一室一厅租金差不多。最重要的是,这里不会三天两头给你涨房租。在外面租房,房东经常涨房租,不同意就让你搬家。我都搬过几次了,实在是太累了。如果要再算上解决了孩子的读书问题,公租房的好处就更多了。

我们家经济压力还是蛮大的。由于孩子上学了,功课需要有人辅导,我妈没有文化,辅导不了,从去年开始,我老婆就辞职在家专门带孩子。我妈现在在社区打扫卫生,每个月有1500元的收入,赚个菜钱。我平时在江北嘴一家物业公司上班,每月工资只有3200元,根本不够养家开支。我有修理电器的手艺,业余时间就帮别人修电扇、热水器,挣点儿外快补贴家用。现在是夏天,我就去收破烂的地方收电扇。一个旧电扇10元,买个电机25元,我装好后卖65元。由于这个小区的居民普遍收入比较低,他们不舍得用空调,愿意从我这里买电扇,毕竟比外面便宜五六十块钱呢。这样,平均每天我也有四五十元的额外收入。到了冬天,我就卖翻新热水器,收入比夏天卖电扇还高一些。另外,老家还有五亩地,以前都是荒起的,去年有人以每年2000元的价格租用养青蛙。以上就是我们家的全部收入,大概每年七八万元的样子。

我家里这些收入,只能说勉强够生活,每月没有什么剩余。过去茶园没有通轻轨的时候,我上班坐公交车,到南坪要转一趟车,花费1.8元(公交车上车2元,办公交卡打九折,1.8元可在一个小时内免费换乘)。现在坐轻轨,可以从茶园直达江北嘴,一趟3.6元。和过去相比,现在每天交通费翻了一番。不过通勤时间也节省了一倍,而且准点,不会堵车。因此,我还是选择坐轻轨上班。我的孩子去年刚上一年级。由于申请得早,他得以进入城南家园小学读书,给家里节省了不少费用。3年前,由于我们住进来比较晚,小孩儿没能上到城南家园的幼儿园,在外面上幼儿园每个学期就要3500元学费。幸亏那时候我老婆还在上班,否则家里就揭不开锅了。现在养孩子花费也挺大的。过去我们穿补丁衣服就长大了,现在的孩子你总要给他买几套新衣服吧!别人家的孩子总是去吃德克士,每个月你也要带他去吃两次吧!

我这套房子最大的问题是渗水严重。尤其是夏天,楼上洗澡比较频繁,我这里就漏得凶。到了冬天,楼上洗澡没那么多了,我这里也就好一些。我卧室的衣柜都不能紧靠墙壁,而是留出了两指的空隙,就是避免墙壁渗水导致衣物受潮。我给物业公司报修,他们就说:"漏水是正常的,你们住的是公租房,不满意可以退租!"我找他们领导,得到的回复是:"公租房的产权属于城投公司,你只是租户,只有使用权。"我又给公租房管理中心反映,他们回复我说:"你提交书面申请,我们给你上报。"然后就没下文了。

家里漏点儿水其实也没什么,但消防问题就严重了。上次二组团有租户家里失火,消防员来灭火的时候发现楼道的消防栓没有水。由于我是做物业的嘛,我知道消防管道的水表在楼顶,于是我就跑到我们这栋楼的楼顶去查看,发现消防管道里没有水压。我向几个部门反映这个情况,结果他们都相互踢皮球,解决不了。我猜肯定是因为房子建筑质量差,管道漏点太多,他们不敢把水打开。我们公租房这么高的楼层,一旦失火,消防车的水打不上去,楼道消防栓又没水,损失就大了。

我们在老家已经没有房子了。虽然我丈母娘总是劝我们回去,但我们还是打算在这里生活。毕竟回去也没有好的营生,总不能在家里闲着吧。以我们的收入,以后也不可能在外面买房。因此,未来很长一段时间,我们应该都会在城南家园居住。

以前,我和邻居互相走动得比较多,尤其是我母亲,老年人平时没事喜欢串门聊天。但去年我们这里发生了一件事,就是老年人串门时突发脑溢血,患病老人的家人认为老人是在邻居家里出的事,要求邻居赔偿。从那以后,为了避免出现这样扯皮的事,我们就关起门来自己过日子,很少和邻居走动了。

殷13

我是梁平人,今年51岁,来重庆主城差不多10年了。我是和我前妻离婚后来到重庆主城工作和生活的。我和前妻还有一个儿子,今年30岁了,已经成家。我儿子一家人和我前妻都在梁平老家生活。前两年,我认识了现在的女朋友,目前我们两个人住在这里。

从老家来主城后,我一直在重庆轨道交通集团设备科做清洁工作,常年长夜班,从晚上10点到第二天早上6点。每个月的工资是2800多元,扣掉300元的养老保险,到手只有2500多元。以前,白天我在超市里兼职做收银,做了4年,由于总是站着,导致腰出了问题。现在白天就耍起,不去兼职了。我还有4年就可以退休了。到那时,我有退休工资做保障,然后再在外面做点轻松点儿的工作,随便挣些零花钱,日子也过得去。

没住到这里来之前,我在大坪租房居住。当时我租的是那种没电梯的老房子,单间配套,每个月租金300元。2012年城南家园公租房建成配租,我是第一批申请并住进来的。到现在,我已经在城南家园住了5年了。我当时一个人生活,我申请的是单间配套的户型。我认识了现在的女朋友后,她也搬过来和我一起住在这里。她只带了一些自己随身的衣物,家具都是我原来买的。因为是公租房,不能进行大规模的装修。所以我女朋友住过来后,我们就买了一些相框、挂件等小装饰品,把房子简单装饰了一下,这样更有家的味道。

我觉得公租房非常好。一是租金便宜。我这套房子一个月租金只有280元,比我以前在大坪租的破房子还便宜,但居住条件比以前好太多了。二是公租房的租金和水电费不会随便涨,更不会赶你走。而如果我还在大坪租房住,房租不知道涨几次了!现在用每个月300元的价格肯定租不到那种房子了。

这套房子虽小,也完全够我们两个人住了。我和我女朋友年龄都大了,也不打算再要孩子了,没有换租更大房子或到外面买房子的必要了。以后我打算一直住在这里。如果以后政策允许,我就打算把现在住的这套房子买下来,毕竟面积小,也还负担得起。如果一直不出台相关政策,我就一直租下去。

我儿子在梁平做电焊工,平时工作很忙,收入不高,还要养老婆和两个孩子。前年,我儿子修老家的房子欠了些账,没有办法在经济上帮助我。我住在城南家园5年了,他和他老婆只来过一次,吃了一顿饭就走了。想留他们住一晚,但是房子太小,没有办法住。

由于我的工作时间与别人不同。别人工作我睡觉,别人睡觉我工作,所以平时与邻居交往也不太多。

吴14

我是秀山人,今年59岁。我们全家很早就出来打工了,老家已经没有什么亲人了。我女儿嫁到了江津,儿子、媳妇、孙女跟我们租住在城南家园公租房。

我老公早先是铁道兵,转业回到秀山老家一家企业工作。企业垮了(倒闭)后,他就买断工龄出来打工了,现在在大正物业(城南家园的物业公司)当保安,扣掉养老保险,每个月只有1300多元的收入。好在他还有两年就退休了,就可以领养老金了。我现在也在社区打工,做清洁工,每个月工资只有1200元。我是农村人,没有买社保,以后也没有养老金可以领。我媳妇在南坪的一家幼儿园当保育老师,负责给娃儿打水、送饭、做清洁,包吃包住,每月工资1700元。我儿子在变电站当保安,单位管吃管住,每月扣掉各种保险,到手工资也只有1000多元。我们家四个人工作,每月总收入也只有5000多元。现在,我们每月房租680元,再加上物业费、水电气费,每个月固定支出都是1000多元。现在我的小孙女上幼儿园,每个月就要1000多元保育费,家里经济压力很大。

来城南家园居住之前,我们租住在南坪四公里。那个时候,我们租住的是那种很老的房子,两室一厅,带厨房和厕所,每个月租金500多元。租金虽然不高,但房子是老房子,我们是几户共用一个总电表,每个月都会因电表总表与分表数据"投不拢"引发街坊邻居互相吵架。正因如此,重庆这么热的天,房东也不给我们装空调。晚上在房间里热得睡不着,我们就上楼顶,在天台上洒了水,打地铺。但是那里蚊子又特别多,孩子睡觉总被咬很多包。当时我的小孙女才几个月,只一个晚上,全身上下就咬满了包。就是这样,房东还总是给我们涨房租,所以我们就申请了这里的公租房。到今年,我们在这里已经住了5年了。

我是2012年第一批申请城南家园公租房的,当时运气非常好,第一次摇号就摇中了,而且是三室一厅。我觉得公租房不错,比我们以前租的房子好太多了,我们住着很满意。房屋质量不错,我们住了5年了,没有发现什么大问题,只是有夏天墙壁渗水、抽油烟机吸力不够这样的小问题。而且,住在这里,只要按时交房租就行了,不怕房东涨房租和水电费,甚至赶你走。

以我儿子、媳妇的收入,未来也没有可能去外面买房,单独过生活。未来,我们一家五口肯定还是会住在这里。如果将来政策允许,我肯定是想把这套房子买下来的。可是,就凭我们现在的收入,实在没有能力买下来。除非每平方米1500元,我们勉强还负担得起,但我也知道这不太可能。

我们和邻居不怎么走动,平时大家都是关起门来过日子,不怎么串门。由于我和我老公都在社区打工,和社区的保安、清洁工都很熟了,我们关系处得很好,有时会串串门,玩一玩。

夏15

我是垫江人,51岁,2012年离开老家来重庆主城打工。在老家的时候,我是一名不在编的中学教师。我在垫江育才中学工作了12年,教过生物,也教过政治。我之所以这么大年纪还辞职出来打工,一方面是因为在我们那里做教师收入太低了,每个月工资1800元,还不给交养老保险;另一方面,2012年,我的儿子考上了贵州大学的电子工程专业,每年学费加生活费要一万多元,为了多挣些钱供儿子读书,我只有出来打工了。

我来到主城后,在南岸一家广电器材公司打工。这个行业很特殊,每年上半年是淡季,下半年是旺季。在旺季的时候,天天加班,每个月有4000多元的收入。现在这个时候(6月份)就是淡季。在淡季的时候,根本没有活儿,我们上班基本就是做下清洁,然后坐着吹牛(聊天),每个月工资1000多元钱。这些钱只够自己生活。我之所以没有选择离开这家公司,就是由于这家公司给我交了养老保险。我大概算了一下,我出去另找工作确实能多挣一些钱,但去除保险,也没多很多。而且,毕竟每年还有半年旺季可以多挣一些钱。我每天上下班坐公司的班车。班车并不是为员工提供的福利,而是由于公司有个领导住在这附近,所以就顺便把我们几个普通员工也捎上,其他不顺路的员工只有自己坐公交车上下班。

现在我儿子已经大学毕业了,在重庆一家国企工作。他自己在工作单位附近租了房子,平时都在那边住。他一个人在外面住,我是不放心的。一是担心他花钱大手大脚,没有节制;二是怕他结交一些社会上的坏朋友。因此,我让我爱人到儿子那里住,一方面可以照顾一下他的生活;另一方面也可以管着他。我老婆在那边也没闲着,在社区里经营一家小超市,挣点儿零花钱补贴家用。

我的运气比较好。2012年,我刚到主城,就赶上了城南家园第一批公租房配租,一申请就申请到了。我申请的是一室一厅的公租房,目前已经住了5年了。这套房子租金确实比较便宜,但也就是跟周边的商品房比。其实,如果我没有申请到公租房,我会选择租住在茶园周边的农家房里,房租比这里更便宜。当然,各方面条件就比这里差了。城南家园的公租房质量不行。我搬进来以后,灶台、洗手台、灯、开关等都坏过。像灯、开关这些小东西我都换掉了。灶台、洗手台等这些大件,我给物管报修几次,还没有给我修。

以我们的收入,买商品房肯定是不现实的。我和我老婆两人一年也就挣五六万元钱。除掉房租、生活支出,剩不下多少钱。老家倒是还有一些田土,但是由于种地不挣钱,只有白送给别人耕种。我们只是得到一些政府的补贴款,一年只有百八十元。这点儿收入,根本不可能在城里买商品房。如果政策允许,价格也合适,我们可以考虑把这套公租房买下来。这样,我就可以好好把房子打整(装修)一下。至于说儿子,就看他以后的发展了。如果以后挣到了钱,他买房子的时候,我们可以帮衬一点儿。如果挣不到钱,只有这样租房子住。过几年等我们都老了,也没人要了(找不到工作了),如果我们在城里还没有房子,我就和老伴儿回老家去。毕竟在老家房子是现成的,随便种点儿粮食也够我们吃了。

平时老婆会回来看看,娃儿(孩子)来我这里不太多,因为他的单位周六、周日加班费比较高,一天有两三百元,他又是单位的年轻人,所以他加班比较多。今年春节,他都没有回家过年,因为加班五天有2000元的补助,他就选择在单位加班了。我提醒他加班期间不能耍手机,要负责任,不然失了火或出了生产事故,责任就大了。

罗16

我家在四川泸州,是泸州下面的一个县城。我父亲是跑客运的,我母亲是家庭妇女。我还有一个妹妹,在泸州上高二。2011年,我高中毕业后,考上了重庆的大学就来到了重庆。当时读的是音乐表演专业。我选择这个专业主要是因为年轻、不懂事,以为喜欢艺术,有点儿音乐才能将来就可以从事这方面的工作。等到大学毕业后,我才发现,凭这个专业的文凭很难从事与艺术相关的工作。因此,家里出钱资助我去泰国一个大学读金融学的研究生。去年8月,因为我外婆得了肺癌,我就从泰国回来了。虽然那个时候我已经修完了所有课程,但并没有正式毕业,因此没能拿到毕业证书。等学校把我的毕业证书发下来,我再托我的同学帮我带回国内。

去年11月份,我外婆就去世了。我打算先找一份轻松的工作先干着,然后准备公务员考试,以后打算当公务员。当时正好赶上城南家园社区招聘工作人员,我就报名参加了考试。通过笔试、面试后,我就来这边上班了。虽然没有编制,但工作性质类似于公务员。一方面我可以熟悉一下公务员的工作;另一方面,由于这边工作很轻松,我有比较多的闲暇时间准备我的公务员考试。

我不喜欢曼谷、重庆这些大城市,愿意生活在山清水秀的小城市。我的家乡就很好,有山有水,所以我打算考老家的公务员。在最近的这次公务员考试中,我考了121分,现在排名还不知道,所以也不知道这个分数能不能进入面试。从往年的情况看,这个分数有机会进入面试,但机会不是很大。如果考不上,我就11月份再考一次。由于泰国的学位证书本身含金量不高,再加上还要拿到中国的教育部门进行认证,我也没打算用这个研究生证书去找工作。考公务员我填的是本科。

刚来重庆工作的时候,我住在同学家。由于我在城南家园社区工作,知道城南家园又开始配租了,我就在网上申请了,并摇(摇号)到了。我住的是单间配套户型,面积虽然不大,但我一个人住也够了。而且我也没有打算在这里常住,这里只是过渡一下,考上了公务员,我就回泸州了。

用公租房去和普通商品房比较本身就是不合适的。我觉得城南家园公租房居住条件还是不错的,建筑质量、格局、通风等各方面也还可以。当然,也可能是因为我居住时间不长,而且平时很少做饭,基本上都是在外面吃,就是在这里睡觉,总之别人反映的那些问题我基本上没有遇到过。

邹17

我是广东人,我爱人是重庆荣昌的。我们是在广东认识并结婚的。婚后,我们一直在广东做生意,很少回重庆。前年,由于广东那边生意不好做,我们才回到重庆。最初,我们在荣昌待过一段时间,然后才到重庆主城的。主要是因为我不喜欢他们荣昌老家,我喜欢主城。毕竟重庆主城距离我们广东还是近一些,从荣昌回广东还要先坐车到主城,车费就要五十多元呢。

我们在广东做猪肉生意,来重庆也是做猪肉生意。我们现在在长生租了一个摊位。我老公负责进货、运输,我负责卖肉。每天两三点钟我们夫妻两个就要起床忙生意,好在上午就忙完了,下午可以休息。我还是喜欢自己做点儿小生意,比给别人打工要自由一些。收入方面不是很稳定,平均每个月有10000元左右。

我们这套一室一厅的公租房是我的公婆在2012年租下来的,承租人也是他们。当时我公婆在重庆主城打工,我和我老公还在广东。到了2015年,我们回到重庆后,一室一厅肯定就不够住了。于是我们打算换租一套两室一厅的,也在城南家园。当时提交申请,也通过了。但是当通知我们去看房的时候,我们发现那套房子非常脏。客厅地板灰尘很厚,卫生间里有很多头发,还堆了一大堆废弃的医疗用品,散发着难闻的气味儿。我婆婆当场就差点儿吐出来,实在是太脏了。更重要的是,我们不知道以前的租户得的什么病,怕传染给我们,所以我们就决定不换租了。最后,我们全家商量后决定,由我公婆带孩子回荣昌老家,我们住在这里做生意。现在这套房子基本上是我俩在住,房租也由我们负担。

  我现在觉得这套一室一厅的房子也挺好的。由于是新房子,我们两个打整得干干净净的,也够我们住了。两室一厅虽然大一些,如果我公婆和孩子都来了,住在里面也会很挤,所以现在我们也不想再换租了。只是现在孩子已经5岁多了,马上要上学了,我考虑把他接到身边,由我们自己抚养。但是,孩子的爸爸觉得重庆主城这边的学校大部分是外地人,孩子交不到对他一生有帮助的好朋友。在老家上学则不然,乡里乡亲的,他们从小玩到大,会交到很多终生的好朋友。我虽然不以为然,但也没有办法坚持我的想法。一来,因为这套公租房是我公公婆婆申请的,承租人也是我公公婆婆,据说只有承租人的子女才可以入读城南家园小学。我们就是把孩子接过来,也没有合适的学校去上学。二来,我们平时要忙生意,需要老人帮忙接送孩子。这套一室一厅根本住不下这么多人,也只好走一步看一步了。我们平时要做生意,没有时间回去看孩子,每隔一段时间,我公婆会带孩子来主城耍一下,毕竟一个多小时的车程就到了。我们只能逢年过节才回去。

  在这里居住我觉得无论是位置,还是环境都挺好的,距离我们的摊位也不远,更重要的是房租便宜。我们出门在外做生意,不就是想多挣一点儿钱嘛!公租房给我们节省了不少房租支出。

  对我们来说,去外面买房压力还是挺大的。虽然看起来我们收入还算不低,可是我们没有社保,各种支出也多。光是养育一个孩子每个月就花费不少。现在我们的孩子在荣昌上幼儿园,各种费用比重庆主城要低一些。即便这样,每个月仅保育费、饭费、兴趣班的费用就要3000元,再加上给他买些衣服、玩具、零食,花费就更大了。所以我们现在没有买房的打算。如果可以,我打算就这样一直租住下去。公租房是国家的,你租下来除了没有产权,其他方面和自己的也差不多。只要交了房租,没人催你走,也不会给你涨房租。

要说公租房的问题,就是物业不让我们租户简单装修一下房子,甚至不允许在墙上打洞。按说我们住房子,安儿个挂钩是常有的事嘛!可是物管不让在墙上钉钉子!如果租户钉了钉子,在退租的时候要不然自行恢复原状,要不然交钱,据说一个钉子孔10元。另外,高空抛物、乱丢垃圾的现象挺严重的。

作为外地人,我在重庆没有感受到被歧视。我不会说重庆话,跟别人都是说普通话,别人都挺尊重我的。我想,这一方面是我的性格很强势,另一方面重庆人也不排外。

胡18

我是垫江人,今年42岁,高中毕业后就到重庆主城打工了,都已经20多年了。这20多年间,我做过很多工作,时间都不是很长。最长的一次,是在江北五里店开了一个门市,修拉链、配钥匙、割皮带、换水龙头等,顺便卖点儿百货,做了四年多。去年年底,南岸区茶园管委会招聘文明劝导员,我就应聘过来了。我的工作地点就在通江大道那边。平时工作就是在马路上巡视,发现人们横穿马路、不走人行横道、随地吐痰、乱丢垃圾等不文明行为,进行劝阻,引导他们做出正确的行为。

我家里除了父母,还有一个姐姐和一个妹妹,他们都在老家。我父亲有糖尿病,十几年前还得过中风,腿脚不利索。我母亲耳朵听不见,还有高血压,常年需要吃药。我的姐姐经济条件也不好。只有我妹妹经济条件还可以,在镇上买了大房子。所以我父母就常年住在我妹妹那里,由我妹妹照顾。

2013年,我还在五里店开店。考虑到门面租金年年涨,生意不好做,我怕生意做不下去了,连个住的地方都没有了(当时就住在门面隔出来的二楼),于是我申请了城南家园的公租房。申请到了以后,我并没有马上过来住,而是等到门面租约到期了,我才过来住的。正是由于我住在了城南家园,我才会在茶园找工作。

刚搬到这里来的时候,我在手机制造厂工作过一段时间。临时工,一个小时10元钱,干够7天就可以结算工资。当时主要是考虑临近春节,工作不好找,随便干一下。毕竟我有手艺,我还是想自己开店。过了年,我就找到了这份工作,每个月工资1650元,扣掉300多元的养老保险,到手只有1300元。这还是由于我是小组长,比其他人还多100元。这些钱肯定是不够生活的。我下班后到建筑工地上去给建筑工人理发,每个人收费5元。由于现在的理发店收费比较高,建筑工人又不需要理很新潮的发型,所以我的收入还可以。而且,我还预定了通江大道那边地下通道的一个门面。现在门面还没有建好,等建好了,我打算租下来做我的老本行,修拉链、配钥匙。因为我现在的工作每天只做4个小时,所以我打算业余时间兼职做生意,可以多挣一些钱。

由于还没有成家,我租住的是单间配套的房子。我在主城20多年了,从最初1.5元一晚的大通铺,到防空洞、地下室、门面,再到公租房,我都住过,现在的居住条件是最好的。由于我过去开店,有很多机器、工具,这套房子太小了,没有地方放。我就自己量尺寸,设计制作了一个木架子,用于摆放我的东西。家里的这些简单的家具也是我自己制作的。用起来比买的方便,而且能节省一笔开支。要说房子的问题,就是楼板太薄了。楼上拉凳子,晚上回来的脚步声,听得很清楚,影响睡眠。

我不抽烟、不喝酒、不打牌,唯一的爱好就是长跑。我最初爱上长跑,是为了缓解生活的压力。跑长跑让我的身体能量耗尽,就可以抛掉生活上的烦恼了。我参加了第4、第5届重庆国际马拉松赛,2014年我是第17名,2015年我是第15名,但最近两年没参加了。因为现在组委会要收300元报名费,我觉得太贵了,就没再参加了。上个月我还参加了滨江城市10公里挑战赛,获得第47名和50元奖金。50元奖金还扣了20%的个人所得税,到手只有40元。

过去开店做生意,都是一个人,没有什么机会认识女孩儿。再加上我这个人又不太善于和女孩子打交道,虽然谈过几个女朋友,最后都没有成,直到现在还是单身。几次恋爱,都是女孩子没看上我。其实,我也知道,我直到现在还没有女朋友最主要的原因还是我的工作不够体面,收入比较低。再加上我作为家里唯一的儿子,我肯定要承担起赡养老人的主要责任。但是我还没有能力把他们接到城里来生活。我每年会给我父母5000元钱。我的社保卡也是由我父母保管的,因为他们要常年吃药。

我未来的打算是等门面修好了,先把生意做起来,然后抓紧时间把终身大事解决了。至于说未来住在哪里,不确定因素太多了,我也说不好。不过即便出台相关政策,我也不会考虑把这套房子买下来。因为即便有优惠,我也买不起。

姜19

我是山东人,2007年参加高考,考入了重庆大学城市科技学院,来到了重庆。这个学校其实不是重庆大学的直属学院,而是一个二级学院。我读的是与汽车相关的专业,学制3年。2010年毕业后,我进入长安福特在渝北的工厂工作。2014年,我被抽调到浙江杭州建设长安福特在那边筹建的新工厂。2016年,考虑到我和我爱人两地分居,生活不便,所以我又申请调回了长安福特的重庆公司,直到现在。

我在杭州工作的时候,由于各种补贴比较多,所以收入比较高。现在回来了,就拿不了那么多了,扣掉五险一金,每个月大概有3000多元吧。不过我现在住房公积金扣得比较多,每个月1400元,这是因为住房公积金的计算基数是上一年的收入。我上一年在杭州收入高,所以今年公积金扣得比较多。

我爱人是重庆丰都人,家也是农村的。当时我找这个女朋友,我父母其实不是特别赞成。他们想让我找一个山东的媳妇儿,这样的话,过年我们可以带着孩子回山东。不过,看到我和我爱人感情很好,他们也就赞成了。我爱人在茶园这边一个幼儿园工作,是一名幼儿园老师,收入比我略低一些。现在她怀孕5个月了。这个学期结束后,我打算就让她请假,不去工作了,在家中待产。到时候,她妈妈要来照顾她。

在这里,我们住的是单间配套的户型。当时申请的时候,我们已经在商量结婚了。如果先结婚再申请,以我们两个人的名义申请,我们可以租一个面积更大一些的。但是考虑到我的工资要高一些,以两个人的名义申请会拉高我们的家庭收入,可能我们就不符合条件了。所以,当时我们决定就以她一个人的名义来申请，通过后我们才结的婚。之所以选择城南家园，就是因为距离她工作的地方近。但是，这里距离我工作的地方很远，坐轻轨单程要一个半小时。因此，平时我都住在工作单位附近的出租房，只有周末才回来和老婆团聚。

我平时住在这里的时间不是很多，但在这里居住给我的感受挺差的。首先，房屋质量很差。前段时间，我家里连接洗衣机的水管爆裂了。当时家里没人，导致水从我家阳台漏到楼下租户的阳台，然后又漏到再下一层的阳台，居然漏过了好几层。这就说明，这里公租房的阳台都没有做防水，有偷工减料的嫌疑。其次，这里租户普遍素质比较低。我几乎没有看到过出来遛狗的人拴着狗链。狗主人任由自己的狗在小区里大小便，不会打扫。最后，这里的广场舞很扰民。其他地方的老年人也会跳广场舞，但是基本上9点以后就结束了。这里的老年人跳广场舞会跳到很晚，不顾及别人的感受。

我认为周边环境对孩子的影响非常大。我不希望我的孩子在这样一个环境中长大。我希望在我年轻的时候多拼搏一下，为自己的孩子创造一个更好的生活环境。最近，我和爱人正在看房，区域大体选择在渝北那边，主要是考虑距离我的工作单位近。至于我爱人，等她生完小孩儿，她可以在渝北那边重新找工作。现在买房子还是有压力的，因为渝北那边房价涨得很快，我们马上又要生宝宝了，需要用钱的地方很多。不过我们两边的父母可以给予我们一些支持，应该在不远的将来，我们会实现在重庆拥有一套住房的梦想。

游20

我是重庆长寿区人，在20岁的时候，我就从老家出来到重庆主城打工了，现在我已经38岁了。很多年前，我和我老公离婚了。我们没有孩子，现在我独身一人生活。我弟弟和我弟媳也在重庆主城打工，他们还在大渡口买了房子。但是他们工作都很忙，房贷的压力让我弟媳也不敢辞职自己带孩子，所以他们把孩子送回长寿老家交给我父母抚养。

我在一家大型连锁超市做促销员，工作时间很不固定。如果超市不出活动，工作时间就是早上9点到下午5点。如果出活动，一天就要工作十几个小时,一周要工作六天。周日休息也经常被叫到公司开会。这套房子就是被我用来晚上睡觉的,白天基本上都在外面忙工作。我每月工资2000多元。过去我是在商场上班的,做一天休一天。那时候工资要高一些,但身体吃不消,太累了。超市这份工作虽然工资不高,但是单位给我交养老保险,所以我认为还过得去。只是这份工作需要久站,我的腿和腰都落下了病。

来重庆主城的十几年,我不是住在租来的房子里,就是住在打工企业的集体宿舍。在入住公租房之前,我在南岸区六公里打工,也租住在六公里。当时我和我前夫正打算复婚(后来并没有复成)。我们和两家人共同租住在一套两室一厅的房子内,客厅打了隔断,也住了一家人。三家人共用厨房和卫生间,房租500元左右。由于房子面积小,住的人太多,生活起来很不方便。当我们知道城南家园公租房开始配租了,我和我的同事就去现场看了看。我们都觉得还不错,就提交申请了。当时提交申请的同事一共有五个,包括我在内,只有两个人通过摇号摇到了。2015年,我入住了公租房,现在已经住了两年半了。

由于单身一人,我租住的是单间配套的户型。我对公租房很满意。虽然在茶园,但地理位置并不太偏,出门就可以坐公交车,换乘轻轨不要钱。现在我上班只要40分钟。租金也便宜,比周边的出租房租金便宜一半。我住的那一栋楼前就是运动场,平时打打球、跳跳舞、跑跑步特别方便。但是,住公租房的人素质确实比较低。我那栋楼里有很多人养小猫小狗,他们会让这些小动物在安全楼梯里大小便,弄得臭气熏天。物管也贴出通知提醒大家,但这种现象还是屡禁不止。

我和邻居平时交往不多。但是,在公租房有共同爱好的租户一般都有微信群,平时大家在群里招呼一声,可以约上共同参加活动。比如,我就加入了一个跑步群,大家经常会通过微信邀约上一起跑步。天长日久,大家就成为很要好的朋友了。不过我们虽然住在一个小区,但分散在不同的组团,严格地说并不算街坊邻居。

至于未来的规划,我还是打算找一个合适的人成家,共同生活,共同打拼。当年申请公租房的时候,报纸上说住够一定年限,租户可以把公租房买下来。如果政府出台了政策,我打算把我这套房子买下来,一直住下去。

叶21

我是大学毕业后来到重庆主城的。在大学我学的专业是酒店管理,现在在一家知名糕点公司做人力资源方面的工作,工资水平在重庆属于中等。对于我这种刚从大学毕业、没什么工作经验的人来说,目前的收入还能让人接受。

毕业以后,我在南坪、黄泥磅等地租房居住。有时与人合租,三室一厅的房子我租其中一间卧室,厨房厕所几家共用。在入住公租房以前,我自己租住在一套一室一厅的住房,每个月租金1100元。之所以我选择公租房,主要还是从经济角度考虑的,毕竟公租房比外面的出租房便宜得多。而且,公租房不会随便涨房租。但是,搬到这里住以后,我上班就远了,现在路上要花一个多小时。

我是2015年11月份搬入这套公租房的。当时我还没有认识现在的男朋友,因此申请的单间配套户型。我租住的这套房子不是新房,在我之前有人在这里住过。我接房的时候,地板上有很多灰尘,厕所里垃圾成堆。我请了外面的家政服务员做了彻底的打扫才住进来的。

我住在这里两年了。说实话,公租房的问题还是不少。首先,我觉得重庆公租房的管理还是有很多漏洞。据说很多家境殷实的人,把自己家里的房子卖了或换成了门面房,然后再来申请公租房。当然,我也是听别人这样说的,并没有确切的证据。但我们小区车库里确实有很多豪车,能开得起这些车的人不应该符合申请公租房的条件吧?其次,我们这栋楼里有人养狗、养猫、养鸭子,走廊里的味道实在难闻。第三,这里居住的人以外来人口居多,人们的素质参差不齐,而且老年人多,年轻人少。

其实,我和男朋友早就到了谈婚论嫁的阶段了,之所以我们一直没有定下婚期,就是因为我想买下这套公租房。当时申请公租房的时候,新闻里说租户住够一定年限可以买下来。所以我住进来的时候花了三万多元钱"装修"(严格说不是装修,而是装饰),家具家电也是买的很好的品牌。如果不让我们买了,我"装修"的钱就白搭进去了。我男朋友已经买了商品房,将来我和男朋友结婚后肯定不符合租住公租房的条件了。那时候虽然我有地方住,但如果我名下有一套房产,对我和我的婚姻都会多一个保障。而且,我男朋友的房子离这里很近,如果这套房子我买下来了,将来我生了小孩儿,我父母可以住在这里帮我照顾小孩儿。

我也并不是没有考虑买外面的商品房。一来,公租房卖给我们租户的价格肯定要比商品房便宜;二来,城南家园的位置在重庆所有公租房小区里是数一数二的。自从南岸区政府搬迁过来以后,茶园发展非常很快。在城南家园周边,超市、医院、菜市场、学校、汽车站、商圈、轻轨站都齐全了,一样不少,生活非常方便。今年,入住城南家园的第一批租户就满5年了,我想看看有没有可能出台购买的政策。当然,如果迟迟不出台,我不会为了一套房子而放弃婚姻。

杨22

我是重庆开州区人,今年35岁。我的经历还是比较曲折的。我的父亲是恢复高考后的第一批大学生。从浙江一所大学毕业后,我父亲回到当时四川省的一个地级市的日报社做了一名编辑。1997年,我父亲的一篇文章被北京的一家日报社领导所欣赏,就调到北京工作了。

我1999年参加高考,考入了重庆师范大学。2003年毕业后,我应聘到开州一所中学教数学,成为一名中学教师。2004年,我父亲在北京发生意外,被人用红酒瓶砸伤头部,在ICU病房住了3个月。出院后,我父亲视力受影响,记忆力衰退,就从报社办理了病退,回到开州老家修养。当时我刚结婚,作为家里唯一的男孩儿,全家的重担就压在了我的身上。我在中学当教师的收入根本不足以养家。再加上,2004年开州发大水,我老婆的小店被淹,家里更是捉襟见肘。于是,我和老婆商量后决定,我从学校辞职,我老婆把小店关了,我们一起去广州打工。

刚到广州的时候,我和我老婆都在电子厂打工。做了大概有六七年,我决定自己创业,开办自己的电子厂,自己做老板。前两年生意还可以,赚了一些钱提,但是第三年经济形势不太好,加上我自己管理不善,亏了很多钱。2015年年初,我就把电子厂关了。

未来怎么办？我和我老婆商量后决定，我回到开州，一边照顾家里老人和孩子（四岁半），一边找工作。我老婆继续留在广州打工，为家里提供一份有保障的收入。由于在开州实在没有合适我的工作，而且工资又低，2015年春节后，处理完家里的一些事务，我就到重庆主城来了。毕竟重庆主城工作要好找一些，而且离老家也不远，方便我照顾家里。这样，我们一家三口分散在了三个地方，只有逢年过节才能团聚。目前，我在重庆一家电子公司做销售工作，平时我在主城的时间并不多，基本上都是在下面的区县跑业务。

我是2015年春节后来重庆主城的，那时候我已经在申请公租房了。经过摇号后，5月1日我正式搬入了公租房。在这之间的两个月，我并没有在外面租房，而是住在了同学那里过渡一下。我之所以租住在公租房，是由于我单身一人在重庆打拼，在外面如果单独租房价格太贵，而且我一个月住不了几天，觉得不划算，与别人合租又不方便。公租房能为我在主城提供一个落脚点，我觉得很不错。

我申请的是一套单间配套的公租房，住进来的时候是新房。我觉得住在这里的最大优点，除了房价便宜，就是比较清静，很适合养生。公租房周边娱乐实施比较少，卡拉OK、酒吧、会所不会开到这里来。外面应酬多了，我会觉得这里清净。缺点是房间还是略小了点儿，如果是两室一厅，我爱人回来也够住了。另外，房子建筑质量有点儿差，用的材料材质也不太好，墙壁开裂脱落现象严重。如果将来要长期居住的话，还是要花点儿钱好好打整（装修）一下。不过未来的事情谁也说不好，说不定将来我要离开重庆回开州，去广州或者要买商品房，我装修投入的钱就打水漂了。

由于我住在这里的时间较少，和邻居只限于认识，见面会打声招呼，但谈不上什么交往。据我观察，这里大部分邻居之间都是这种情况，毕竟城里面很难形成农村那样熟络的邻里关系。

经过两年多的打拼，我在重庆的工作已经有了一些起色。对于我们家的未来，我打算等我工作再稳定一些，我就让我老婆从广州回来。毕竟在外面漂着不是长久之计，早晚要"落叶归根"。我们在重庆主城站稳脚跟后，再把孩子接过来。我和我老婆觉得孩子由老人抚养还是不行，我们计划在他上小学之前把他接到我们身边,由我们自己抚养。这两年我们要再奋斗一下,多挣些钱,争取买套商品房,然后把孩子接来上学。

秦23

我是重庆涪陵人,今年30岁。2002年初中毕业后,我就去福建打工,当时做的是印染行业。2008年,考虑到家里父母身体不好,我就回重庆了。没过多久,我父母就过世了,只剩下我和妹妹相依为命了。我妹妹现在在涪陵上初三,平时住校,只有周末和节假日来我这里耍(玩)一下。下个月她就初中毕业了,由于成绩不太好,我帮她联系了一所主城的卫校,打算将来毕业后去医院做护士。

现在我在一家橡胶件厂打工,这家企业主要给长安汽车的下属二级配套商做橡胶件配套。这是一家只有一二十人的小公司,采购、销售、送货我都要做,月收入4000元左右。除了房租、水电、物业费这些固定费用,家里的支出主要就是我妹妹的生活费了。我给我妹妹留了一张银行卡,她需要用钱就自己取。她平时还是很节省的,一个月就花几百元。现在快毕业了,和同学聚会、吃饭比较多,这一学期一个月她要花1000元的样子。

入住公租房之前,我住的是厂里的员工宿舍,就是一大间房、上下铺、要住很多人那种员工宿舍。虽然不收钱,但完全没有自己的私密空间。所以我就申请了公租房,搬了出来。公租房比我过去住的员工宿舍条件好太多了。

我是2014年申请的公租房,并且第一次申请摇号就摇到了,很快我就住进来了,当时房子是全新的,我是第一个租户。我住的是一套单间配套的公租房,因为我单身一人,不符合申请一室一厅的条件。我妹妹来重庆看我,只能在这里挤一下。之所以选择城南家园,主要是考虑上班方便。我打工的企业在长生那边,从这里过去只有四五公里路程。

我在这里已经住了3年了,我觉得这套房子比较令人满意,房子质量没什么大问题,环境也不错,最关键的是房租便宜。

未来没有想过,暂时先这样租着住吧。毕竟我单身一人,未来变数还是挺大的。以后找了女朋友,要看她的具体情况,看是继续在这里租,还是去外面租,或是买商品房。总之,走一步看一步吧。

杨24

我是河北省赵县人,今年28岁。我小的时候很调皮,不喜欢上学,成绩也不好。由于我是家中的独子,父母从小对我比较溺爱,对我失之管教吧。最后由于我在学校总是闯祸,被学校劝退过多次,小学毕业后我干脆就不上学了。当时我12岁,别的工作做不了,我就到餐馆里去刷盘子洗碗。年龄大一些了,我就去了太原,主要干装修、防水这一块。2006年,我来到了重庆。最初是在医药公司的库房干装货、搬运这些工作。2008年,我开始做药品销售。2010年,我又做药房药品采购。大概在2011年,我成为这家医药公司的销售主管,负责渝东片区的药品销售工作。

作为85后,我和我老婆相爱结婚的过程一点儿都不浪漫。大概是前年,老家的父母托人做媒,通过相亲,我和我现在的老婆认识了。我老婆也是河北人,在大学学的是中药,和我比较有共同语言。我们认识后没多久,她就跟我到重庆来了。在我的推荐下,她也进入我们公司工作,当业务员。

去年10月,我的儿子出生了,现在才7个月。我老婆现在全职在家带孩子,她的业务都是我在替她跑。反正我们是任务制,完成任务公司就不会追究你不去上班。再加上我是销售主管,公司领导还是要卖我一点儿面子。目前,我每个月的工资是10000元左右,我爱人也有六七千的收入。看似收入不低,但这些收入里包含了日常客户维护的费用,如探访客户购买礼品、吃饭、油费等。因此,实际家庭收入要打个八折。今年做完了,我可能会从这家公司辞职,自己开一家药店。一方面是由于我的儿子去年刚刚出生,现在才7个月,在重庆主城需要人照顾。现在我天天往外边跑,完全顾不上家。另一方面是,我在重庆做了这么多年医药行业,积累了一些资源,想把这些资源利用起来。不过,考虑到这家公司的领导对我有知遇之恩,现在我还没有完全下定决心。

从我开始做药品销售起,我的收入就已经高于重庆一般人的收入了。因此,七八年前,我就具备购买商品房的经济能力了。但是,那个时候太年轻了,玩儿心很重,加上又没有成家,一个人吃饱全家不饿,没有为未来做规划,挣来的钱全部花掉了。现在回想起来还是挺后悔的。

我是2012年入住城南家园公租房的,是第一批租户。这套公租房当时是我父亲和我共同申请的,主要是为了能符合一室一厅的申请条件。申请到后,这套房子基本上是我一人在住。现在,我和我老婆、孩子住在这里。

其实,现在我已经在外面买了商品房,明年3月份交房。由于我曾经进入过银行的黑名单,不能贷款,所以新房写的是老婆的名字。再加上买的是期房,还没有办理房产登记,因此公租房管理中心查不出来,我还可以在这里继续租住。我们是在茶园买的商品房,主要是在这里居住惯了,环境也熟悉了,不想到别的地方去。明年接房后,我们打算进行简单装修,然后就从这里搬出去。

我觉得城南家园除了绿化还不错,其他各方面都不怎么样。如果我搬走后,对这里还有一点儿留恋的话,那也是因为在这里住惯了。在我看来,公租房各个方面都和外面的商品房没法比。很多人都说现在城南家园周边越来越成熟了,幼儿园、学校、医院、超市等都有了,可在我看来,很多配套设施对我来说都没有意义,因为我不会去使用。比如说幼儿园和小学,我就没有打算让我的孩子上城南家园的幼儿园和小学。因为这里居住的大部分都是农村来城里打工的,素质很差,和他们的孩子在一起上学,我担心对我的孩子会造成不好的影响。

未来,如果我们的事业发展得比较好,我打算把我父母接到重庆主城来养老。如果发展得不尽如人意,可能我们还是要回老家的。

陈25

我是四川资阳人,今年37岁。我女儿今年8岁了,在老家读书,由我父母照顾。我和我老婆感情不好,虽然没有正式离婚,但我们已经分居很久了。我还有一个弟弟和一个妹妹。我弟弟在太原,在铁路上工作。我妹妹在老家,是小学老师。

我早年高中毕业后就入伍当兵了。2006年,服役8年后,我选择退役,进入泸州老窖酒厂工作。2007年,公司把我派到重庆做销售工作。此后,我就一直在重庆,没有回去了。2012年,我从泸州老窖辞职出来自己干,还是做白酒的销售工作。由于我在泸州老窖销售公司有熟人,我就从那里进一些酒,跑重庆的餐馆卖酒。当时从泸州老窖出来,主要是考虑在单位上班被人管着,不安逸。出来自己干,挣多挣少都是自己的,上班时间也灵活,没有那么多约束。

入住公租房之前,我在江北租房居住。大部分时间,我是与人合租在一套两室一厅、三室一厅的房子里,房租大家分摊。四五年前,我一般一个月在房租上花费四五百元。租金倒是不贵,不过和别人合租毕竟不方便,尤其是我做这个生意,有的时候回来得比较晚。

2012年,我的一个战友在大学城那边的公租房工地做工,他告诉我公租房挺不错的,推荐我申请。考虑到租国家的房子比租私人的房子稳定,又不会给你随便涨房租,我就申请了。我觉得国家的公租房政策非常好,尤其是像我这种单身一人在重庆主城做生意的,公租房给我们提供了一个落脚的地方,很方便,很不错。

我是2012年入住城南家园公租房的。当年,我是以我女儿和我的名义一起申请的,因此我们申请到了一室一厅的住房。我女儿在资阳老家读书,实际上,这套房子就我一个人居住。之所以我不将女儿接到重庆来,一方面是我一个人带个孩子不方便,更重要的是为了她的教育。我妈妈和我妹妹都是我们当地重点小学的老师,我女儿可以作为学校子弟进入这所小学读书。如果到重庆来,我根本没有能力送女儿进入这么好的学校。好在重庆到资阳也不算远,而且我的工作时间灵活,我至少一个月要回家一次,看看父母和孩子。

我觉得城南家园公租房各方面都还不错。有人说公租房建筑质量不好,这确实是实情,不过我觉得只要它不垮下来,也没什么。在我看来,公租房最突出的问题是物业管理不行。

第一,小区设施维护很不及时。小区里和车库装了摄像头,但大部分是坏的,物业也不及时更换。有一次,我汽车的雾灯被人家偷了,由于摄像头坏了,物业也不知道是谁偷的。找他们理论,他们就一直拖着,后来就躲着你。我只有自认倒霉,也不想找他们了。

第二,管理不规范,收费随意性大。社区对车辆出入小区有管理制度和收费标准,但门卫不按制度管理。比如对外来车辆的临时停车,收不收费、收多少都是他们说了算,从而经常导致扯皮的事(纠纷)发生。这些问题不解决,反而花很多钱在小区里立了很多桩桩,这里不让停车,那里不让走,真的很烦人。

第三,腐败现象严重。我们这一层有一个租户平时会捡些垃圾来卖,她可能认识物业的人,于是物业的人就把我们这一层的一个储藏室拿给她装垃圾。随意占用大家共有的设施就不说了,夏天这些垃圾还会散发出很难闻的味道,特别是她打开储藏室的门整理垃圾的时候。有的时候储藏室装满了,这些垃圾还会被她堆在楼道里。另外,有车的居民可以办理停车卡,汽车每个月240元,摩托车每个月大概几十元。可是有些租户在物业里有熟人,他们就办理摩托车出入卡在小区里停汽车,门卫也睁一只眼闭一只眼,不去管。

第四,态度差,不作为。到今年,我在这里仅仅住了5年,但家里被偷了四次。最近的一次就是去年年底,我报案后,警察来了也无能为力,因为监控调不出来。你去找他们反映情况,门难进,脸难看。再说一件事,我在这里住了5年,在晚上,我从没见过小区道路的路灯亮过,包括过年的时候都不开路灯。我指的是汽车可以通行的道路两边的路灯,坝子里的灯也是有的时候亮,有的时候不亮。我不知道是什么原因。

我这个人挺随和的,平时的邻里关系很不错。我在这里住了5年了,周边的邻居都认识,平时见面会打招呼,混得挺熟的。像我们这种自由职业者,朋友多了路子才宽嘛!但是在这里住久了,过去的圈子逐渐疏远了,而这里认识的人对事业没帮助。比如说我卖酒,过去在城里租房子的时候,认识的朋友能带来一些生意,而这里认识的朋友从来没有给我介绍过生意。

这里的人基本都是打工的,做小生意的,他们的经济实力、为人处世、社会见识什么的和中产阶级还是有很大差距的。一个人在这种环境里住得久了,会限制你的见识,把你的社交圈子越混越窄,同时也会消磨你的斗志。以前我的路子挺宽的,经常晚上和朋友们出去喝酒。搬到这里住以后,慢慢和他们疏远了,毕竟这么远,过去一趟也不容易。我在这里认识的朋友都对我的生意没什么帮助。说出来你可能不信,我之前挺能挣钱的,到这里居住以后,生意一年不如一年。和什么样的人混,你就会变成什么样的人。和比你穷的人待久了,你也就能对生活上的不如意心安理得了。还有就是,出去和生意伙伴、客户交往的时候,我会避免跟他们说我住在公租房,我担心这会影响他们对我的评价,从而怀疑我的经济实力。

我对未来没有什么长远打算。可能是经济压力大,我本身又能力有限,感觉对现状无能为力,做规划也没有什么用,索性就不做打算了,得过且过。比如,现在经济形势不好,在我这里体现得特别明显。一是外面吃饭的人少了。二是过去出门吃饭花500的现在花300,过去喝200元的酒现在就喝20元的。过去很多企业办年会、搞聚餐什么的都从我这里拿酒,现在也少了。在这种经济形势下,你怎么搞规划、做计划也没有用啊!我现在觉得我就是一个"烂人",你看我事业不成功,家庭也不成功,我也就这样了,过一天算一天吧!

张26

我是南岸区李家沱人,今年86岁了。入住公租房前,我们在李家沱租房居住。之前租的都是老房子,房租比现在还要贵一些,而且房子条件肯定不如现在,尤其是下水道总是堵,面积也比现在的小。由于住不下,我只有在客厅搭床睡。

我们家是2013年入住公租房的。当时是以我儿子的名义申请的,租的是一室一厅。目前一共有四口人住在这里:我和我儿子、媳妇、孙子。其实以我们家的情况,我们是可以申请两室一厅的。但是我们怕交不起房租,所以选择面积小一点儿,房租也要便宜一点儿。

我儿子今年59岁了,早年去海南打过工,现在在宗申公司工作,一个月有2000多元收入。儿媳耍起的(家庭妇女),没有工作。孙子都已经28岁了,也没有工作,耍起的(整天玩,没有正经营生)。他平时都住外面,不怎么回家。我们也不知道他一个人在外面住在哪里,平时都做些什么。他回到家就是向我们要钱。我们哪里有钱给他嘛!全家只靠儿子一人的2000多元工资生活。现在什么都要钱,房租也高,根本不够花。我还有一个女儿也在重庆,过去做生意垮了(亏本倒闭了),现在生活恼火惨了。我女儿会不定期来看我,会带一些东西,但很少给钱。

我每天都出来走走,顺便捡些垃圾补贴家用,主要是矿泉水瓶和废纸。以前我身体比较好的时候,捡垃圾每天可以卖四五元钱。近两年身体不行了,主要是腿不行了,走不动路,捡的垃圾也不如以前那么多了,一天能卖个一两元钱已经不错了。

徐27

我是重庆渝北人,今年46岁。我老公是重庆万州人,今年43岁。我是小学文化程度。其实我从小成绩很不错,可是哥哥们成家分出去后,家里的地没人种,我就辍学种地去了。那个时候在农村也没有现在重视教育,只知道家里不种粮食就没有饭吃,我在家种地10年,23岁才从农村出来打工。我老公是初中毕业,也是很早就出来打工了。我们是出来打工的时候认识的,属于自由恋爱。最早的时候,我们借钱买了一架照相机,在重庆的旅游景点给游客照相。后来,我们到了洋人街做出租服装照相的生意,就是让人们穿上皇帝、孙悟空的服装照相。最开始的时候生意还不错,挣到了一些钱。后来,做这个生意的人多了,竞争越来越激烈,就只够我们勉强糊口了。大概十几年前,具体时间我也记不清了,人们开始用具有拍照功能的手机,我们的生意开始难做了。我们这个行业就像是过去公交车上的售票员一样,被时代淘汰了。现在大家都用智能手机,流行自拍,我们这个行业哪里还做得下去嘛。

不做照相生意后,我就在社区周边的一家火锅店做服务员,包吃不包住,每个月2100元,没有养老保险。我老公做保安,一个月工资2850元,扣除养老保险,发到手上只有2500元。这些钱,目前只够我们基本生活。女儿上高中住校,每个月要800元生活费,两边老人1000元,房租、水电气等七八百元,再加上我们两个的生活费,基本上每月没有一点剩余。

前几年做生意,我们还是攒了一些钱的。当时之所以没有买房,主要是被家里的老人拖累了。我有两个哥哥,我老公有一个姐姐。我们那边的风俗是女儿也要赡养老人,我老公那边的风俗是由儿子赡养老人,女儿不管。这样,我们家要赡养两边的四个老人。现在我们的父母都已经七八十岁了,每天都离不开药。一年算下来,每个月我们要出赡养费1000元。这还是由于我们不做生意以后手头紧的缘故。过去做生意收入高些,我们给得更多。现在行业也垮了,房价又涨得凶,我们就更买不起房了。

虽然我们这些年来没有一套自己的房子,到处搬来搬去,但我们还是坚持把孩子带在身边。因为家里老人没有文化,我们累点儿苦点儿,可是对孩子成长有好处。今年,我的女儿读高二,马上就要读大学了。我的女儿从小到大都很让我们放心,从小学到高中都是一路保送上来的。她现在上学虽然不要学费,但生活费还是要的。我们孩子知道家里的情况,也知道节省,每个星期只要200元生活费。我女儿平时住校,只有放假才回来。如果回来我也辅导不了她,请人辅导我又请不起,所以她周末也不回来,在学校上自习。

现在我们最怕生病。家里人都健健康康的,以我们现在的收入,过日子省着用,勉强能维持生活。但是一旦家里有人生病,就只能吃老本儿了。去年我工作的时候晕倒了,把手臂摔断了,花了两万多元,医保给报了一部分,自己花了一万多元。手术后40天,我就去上班了,好在我打工的餐馆老板娘人很好,我的手端不动火锅,她也没有辞退我,而是让我做一些轻松的工作。上个月,我身体不舒服,去西南医院去看了一下,拿了两样药就花了900多元。吃了以后不见效,我又去拿了一些中药,又花了1000元。我一个人的工资就洗白了(花完了)。

我们家是渝北统景农村的。重庆成立两江新区的时候,我曾希望我的老家能被划入两江新区,将来老家的房子拆迁了,我们可以用拆迁补助款在这边买一套自己的房子。可是两江新区只划到了石船,显然我们那边拆迁无望了。

于是2012年城南家园一建好,我就申请了两室一厅的住房,但是连续两次摇号都没有摇到。第三次摇号依然没有摇到,公租房管理中心的工作人员就问我们要不要一室一厅的。我同意了,所以现在住的这套是一室一厅的。

附录一

搬到公租房之前,我们一直租房居住。那时候,我们租的都是老房子。为了省钱,我们租的最宽敞的房子也只有现在的客厅这么大,每个月房租400元左右。我记得有一次我们租的那种油毡棚棚的房子,夏天非常热,我们一熬过夏天,房东就让我们搬走了。这20年来,我们总共搬了十几次家,最短的一次,连一个月都没住到。现在这里厨房、厕所什么都有,电器都是预装好了的,房租却和以前差不多。可以说,我们过去租的房子和这里没法比,一个天上,一个地下。

要说公租房的问题,就是面积小了点儿。我们当年做照相生意的服装有两大箱,还是七八成新,丢了觉得可惜,可是家里实在没地方放。我们就只有搁在客厅,实在不像样子。当年住进来的时候,我老公去买沙发,人家送了一个小茶几,和沙发是配套的,但客厅太窄了,又堆了两箱子衣服,根本没有地方放茶几。我只能把它放到门口,用一块布盖起来了。幸亏这个户型有个杂物间,大概三四平方米,我女儿就睡在这里,不然就只有睡客厅了。杂物间太小,摆不下写字台,她就在床上放一个小桌子学习。

另外,我们住的是顶楼,周边的邻居都经历过下大雨房子漏水。只有我们这套没有漏水,大概是因为我们楼顶上面有一个架子(不是自己安的,房子建好就有),替我们挡了雨。

社区路灯不开是实情,步行道的路灯倒是开,不过瓦数很低,很多还被树枝遮挡,开了和没开也差不多。我有时候都担心那些老年人回来晚了被绊倒。

我们已经没有未来了,更谈不上什么规划。我们就想这种工作先将就干着,维持着生活,最重要的是把孩子培养出来,供她上大学,将来过得比我们好就行了,其他打算没有。我们也不敢做什么打算。我们有一个朋友,以前一起在洋人街照相,由于他家是广阳坝的,房地产开发给他家一笔拆迁补助,大概有二三十万,他就去南坪新世纪租了一个柜台卖童装,亏了十几万。然后他又去南坪万达地下通道租了一个门面卖水果,又亏了十几万,两三年就把拆迁补助款亏完了。现在他又回洋人街给别人照相去了。他的年龄、学历、经历和我们差不多。我们手上那点儿救命钱,可经不住这么折腾,实在是不敢规划什么。以后如果可以买,我们就把这套房子买下来,就算给我们养老的地方。如果不让买,我们又上年纪了,打工也没有人要了,我们就只有回老家去了。我们也不打算换租了,面积越大,租金越高。将来女儿考上大学出去了,这里也够我们两人住了。

黄28

我是丰都人,今年55岁。初中毕业后,我就出来打工了。上世纪(20世纪)80年代,我去广西的砖窑打工。最初就是卖苦力,很累,挣钱还少。后来老板看我比较实在,就让我承包了生产的一个工序,我的收入才增加了一些。干了几年,我离开广西,到浙江开了一个小超市。后来,我的妹夫和我合伙开始承包拆迁工程。就是房地产开发之前,需要把旧房子拆掉。我们把拆房子的工作承包下来,雇一些工人干活儿。这个生意一方面可以挣开发商的工程款,另一方面拆掉的废旧钢筋、木材卖掉后也有一些收入,支出就主要是工人的工资。最初几年,我们做这个生意还是挣了一些钱的。大概是2010年左右,两个工人在拆房子的时候从二楼掉下去摔死了。我和我妹夫赔了90多万,前几年挣到的钱全搭进去了。

生意失败后,我就回到了重庆主城。最初是在黄泥磅一个小区做保安。2011年,我认识了我现在的女朋友。她弟弟在东莞修地铁站,我就去东莞帮他搞管理,做了三年多。现在她弟弟做转包生意,不再自己带工程队做工程了,我又回重庆了。现在年龄大了,打工也没人要了,我就在工地打打零工,偶尔摆摆夜市,卖点儿小商品。我每个月有三四千元的收入,不过不稳定。

我母亲去年过世了,老家现在只有我父亲一个人,已经84岁了,跟着我大哥生活。老家的土地处于抛荒状态,因为送给别人种都送不出去了。我们大队现在只有10户人了,全是老人,年轻人都出去打工或搬到镇上住了。我前妻也是丰都人,在出来打工之前我们就结婚了。后来,由于生活上的各种矛盾不断积累,我们很早就离婚了。我们有两个儿子,大的31岁,小的28岁。我的大儿子入赘到了浙江,现在在浙江嘉兴开保健品店。小儿子也在嘉兴,开了一个小服装加工厂,还没有结婚。我现在的女朋友在江苏。她女儿在那边开了一家化妆品店,她给她女儿帮忙。她女儿每个月给她开

3000元工资。只有过年的时候,她才回重庆和我团聚。

我是2012年11月份搬入城南家园公租房的。入住公租房之前,我在黄泥磅租房住。房东把一套房子隔开,我租了其中的一间,厨房、厕所都是几家人共用的,没有电梯,每个月租金200元。

刚开始申请公租房的时候,我想以我两个儿子和我的名义申请两室一厅的公租房,但由于他们没有在重庆,不符合申请两室一厅的条件,于是我就只好申请单间配套了。我的这套公租房是新房,在我搬进来之前,没有人住过。到今年,我在这里住了四年半了,各方面都还不错,就是觉得房子质量比较差。比如说,我这个厕所漏水,找物管修了几次才修好。此外,就是这个户型三面都是墙,只有一面有窗户,光线差了点儿。

如果国家政策允许,我打算把这套公租房买下来,作为将来养老的地方。因为早在2011年,我丰都老家的房子就拆了,当年政府补助了3万多元钱。可以说,现在我名下没有任何房产,老家都回不去了。

董29

我是山东人,今年51岁。我们家兄弟姐妹四人,我有一个姐姐、一个弟弟和一个妹妹。我是家中的长子,可我是最没出息的一个。他们三个都是大学毕业,我只有初中文化。我初中毕业后,就参军入伍了,在新疆的部队服役。复员后,我在克拉玛依的新疆生产建设兵团工作了几年。

当时,我姐姐、弟弟、妹妹都在重庆。我姐姐在万盛区南桐矿务局工作;我弟弟在重庆市海关工作;我妹妹自己做生意。他们都希望我来重庆。于是,我的姐姐就介绍了与她同在南桐矿务局工作的同事和我认识。我们结婚后,我就到重庆来了。

刚到重庆的时候,我在我妹妹开的家政公司打工,主要是搞搬运、送送货什么的。后来我觉得在亲戚的公司工作不舒服,就从她的公司出来了。到现在,我陆陆续续干过一些工作,但是干得都不长。

到了2013年,我老婆从南桐矿务局退休了。我们把南桐矿务局当年分的一套房子卖掉了,全家都搬到主城。刚来主城的时候,我们在我姐姐那里借宿了几个月。本来我们是打算在重庆主城买一套商品房的。但是,我儿子离婚了,儿子在单位附近租房住,他申请的公租房(一室一厅)就空出来了。于是我们就搬到他申请的这套公租房来住了,顺便照顾孙女,买房的事情也就耽误下来了。我之所以做了大正物业的保安,就是因为我住在这里,上班比较方便,而且比较方便接送孙女上学(在城南家园小学上一年级)。

现在我在大正物业工作,每个月有2000多元工资。我老婆有1800元的退休金。我在新疆生产建设兵团工作的时候,一只眼睛被钢丝绳打坏了晶体,失明了。现在,新疆那边的单位每个月给我发2000多元的退休金。我们老两口一个月有六七千元的收入,再加上有我兄弟姐妹的帮衬,我们的日子还过得去。但是要买房,还是比较困难的。因为,前几年我染上了赌博的恶习,输了不少钱。老婆和我闹别扭,一气之下,我砍掉了一根手指,发誓再也不赌了。我儿子离婚的时候,他前妻透支了十几万的信用卡,也是由我们代还的。现在房子又涨价了,更买不起了。

我儿子现在交了新女友,是开美容院的。去年,他们在茶园买了商品房。为了保住这套公租房,新买的房子写的是儿子女朋友的名字。但他们现在打算结婚、办婚礼,所以这套公租房还是保不住。所以,今年年初,我和我老伴儿以我们自己的名义申请了城南家园的公租房,单间配套,已经接了房,但还没有搬进去。

我觉得城南家园的公租房各方面都不错,不然我们也不会前后申请两套了。到我们这个岁数,未来已经没有什么可规划的了,就这样过日子呗。我唯一还有想法的事情是,山东老家还有老母亲,今年80多了,由我一个堂兄在照顾。虽然是长子,我这些年一直在外面漂着,对老娘也没尽过孝。我打算如果条件允许,兄弟姐妹再帮帮忙,我还是想在重庆买一套房子的,把老娘接过来,好好尽几年孝。

吴30

我是四川省广安市邻水县人,今年52岁。很多年前,我就带着两个女儿和一个儿子来到了重庆。刚来重庆的时候,我一直在服装加工厂加工衣服。这两年由于上年纪了,眼睛也不行了,服装加工厂里打工要赶夜活儿,做不下来了,我就在城南家园社区里摆个小摊,帮别人缝缝补补旧衣服和皮包挣点儿钱。

我老公是1995年失踪的,那时候我小女儿才1岁,谁都找不到他,连公安局都找不到他。后来我索性也就不找了,随他去吧。我没有办理离婚,因为我没想过再婚。我认为男人没一个是好的,没人能帮助我,只能靠自己。

这么多年,我一个人把三个孩子拉扯大,全靠我的心态很好。这很大程度上应该归功于我的信仰——基督教。过去我总是生病,我信了教以后,心态好了,就很少生病了。如果不是基督教,很可能我熬不过来。

现在,我的儿子已经成家了,孙子也都已经4岁了。我儿子在重庆跑出租,平时不怎么顾家,喜欢打牌。刚有小孙子的时候,我给他们带孩子,儿媳妇出去工作。但是儿媳妇不愿意做"正经"工作,非要去解放碑搞"理财",自己投入了十几万,结果被她们经理卷跑了。我一气之下,就不帮他们带孩子了,让她自己带,免得出去搞事情。可是,家里靠我儿子一人的收入又不足以养家,所以我才出来在小区里摆这个缝纫摊,能做一点儿是一点儿,挣些小钱补贴家用。

我大女儿也在重庆,已经结婚了,住在鱼嘴。她有两个孩子,一个5岁,一个2岁,所以她一直都在家带孩子,今年才出来打工。我女婿在长安汽车厂工作。由于前几年我女婿家所在的村子搞开发,给了他们一笔拆迁补偿款,所以她们的日子还可以。

我小女儿今年22岁,从江西那边的大学毕业后回重庆待了两个月又回江西了,现在在江西做销售。

我做这个活路(工作)收入不稳定,有时候一天能赚50元,有时候只能赚一二十元,而且竞争越来越激烈了。你看,这个坝子上除了我还有一家,大门口有一家,那边的棚棚(社区设置的简易门面)里有七家。这么多人做这个活路,哪里能找得到钱啊!可是,家里开销大。孙子今年4岁,在城南家园幼儿园上中班。光这个小家伙,一个月就要花1000多元。再加上房租、物业费、水电气,又是1000多元。我们搬进来的时候,买家具的钱不够,办的是分期付款,现在还没还完。我小女儿读大学也是贷的款,现在还没还完。我儿子开出租每个月只有四五千元收入。这哪里够嘛！所以，就是这个活路不好做，我也要做啊！

2012年，我儿子和儿媳在城南家园申请了一套单间配套的公租房。后来，我儿子生了小孩儿，我不在服装加工厂做了，也来和他们一起生活，单间配套住不下。于是在2015年，我们申请换租到现在的这套两室一厅。现在我儿子一家三口和我在这里常住。我小女儿有时候回来也住这里。

来这里住之前，我们在南坪租私人的房子住。我们三家人合住在三室一厅的房子里，共用厨房和卫生间，租金500元，物管费、水电气另算。和那时候比起来，现在的居住条件要好太多了，不仅面积大了，多了一个卧室，而且厨房、卫生间都是我们自己的，不用去和别人挤了，而房租和过去差不多。过去在外面租房住的时候，我平时都住在制衣厂里，偶尔回来还要睡客厅。现在，我有了自己的卧室。

要说公租房的问题，也不是没有。最主要的一条就是房子质量差。过去的单间配套还不错，因为是新房子，家里的设施、电器、墙壁都是好的。可是，刚换租到两室一厅的时候，由于别人住过，灶台啊、灯之类的都是坏的。如果不是实在住不下，我们都不想换租。

未来我希望能找一个门市，开一个干洗店，顺便做一些缝缝补补的工作。但是我没有那么多钱，现在只能是想一想而已。孩子们也都指望不上。现在的孩子很现实，你抚养他是你的责任，你想他回报你是不可能的。估计以后就这么将就过了。我的户口一直在老家，还有一些土地。以后老了，这里待不下去了，我就回邻水老家。我的一个哥哥和一个弟弟还在老家，一个妹妹在浙江。

我和街坊邻居相处得很好。平时我带小孙子出来玩，认识了很多带孩子的老大姐，我们相处得很好。

付31

我是重庆涪陵人，今年41岁。我初中只读了一年就出来打工了。2004年以前，基本上是农村老家和重庆主城来回跑。有活路（工作）就出来做，家里农忙又回农村。2004年，我就基本上离开农村，住在重庆主城了，只有逢年过节才回老家看看。

来重庆主城后,我没有找到正式的、长期的工作,基本上就是打短工,帮零工,做小生意。比如,我做过火锅店服务员、摩托车配件厂工人、摆地摊等多种工作,但每一种工作干的时间都不长。2006年,我和我老公结婚,后来有了小孩儿,我就在家看孩子。由于我的孩子年龄小又刚上学,自制力差,每天放学回家如果你不看着他,他就不做作业,总是看电视、玩手机,我实在丢不开手,就没有出去打工了。

今年,孩子的爷爷来我们家帮我照顾小孩儿,我这才能出去做点儿事。由于我文化水平太低了,电脑什么的都不懂,一些新鲜事物我学习起来都很吃力,像是QQ我只用了一年多,微信是上个月才安上的,找工作自然就不好找。像是超市收银员之类的工作需要操作电脑,我就做不来。我以前打麻将太多,还把腰伤到了,现在重活儿做不了。所以,这次就找到了火锅店服务员的工作,一个月工资1000多元钱。我老公现在在一家生产防盗门的企业打工,负责安装、调试防盗门,每个月有4000多元的收入,但私人老板往往要拖欠工资,不能按时发放。

现在我们家每个月的房租要420元,水电气、物业费要200元,孩子上学生活费、书杂费等600元。我老公每个月给我1000元生活费,这些钱一家四口吃饭本来是不够的,但我们平时吃的肉、鸡蛋、一些时鲜蔬菜都是从老家带过来的,没有花钱。我老公给的生活费基本上用来买油、盐、醋、水果等,这才勉强够用。好在我们两边老人身体都还好,不需要我们固定给钱,只是逢年过节给点儿钱。我们生活很节省,我的头发没有做过,化妆品也不用,一个月才能有点儿结余。

我们住的是一室一厅的户型。孩子的爷爷来了之后,只能睡在封了的阳台上。现在孩子也大了(9岁),不能总和我们睡了。所以从去年开始,我们就申请换租两室一厅,但是连续申请了三次都没有申请到,可能还要等很久。我们隔壁有一个邻居,她申请了3年都没有申请到城南家园的房子。于是,她就从别人手中租了一套一室一厅的公租房。但是出租的人买了商品房而没有退租,被查到了,现在让我的邻居搬家,她恼火惨了。

来城南家园之前,我们和另一家人在南坪合租了一套两室一厅的房子。两家人各住一个卧室,厨房、厕所搭伙用(合用),每个月租金400元。租金虽然不贵,但是住起来不安逸。比如说,我喜欢喝汤,就经常煲汤喝,那一家人就认为我们燃气用多了,不让我们煲。后来干脆就说不和我们合租了,让我们搬家(他们家和房东签的合同,我们是他们找来分担房租的)。这边公租房比我以前住的房子好多了,至少是我们一家人住一套房子,不用和别人分享了。而且,城南家园的租户可以入读城南家园小学,孩子读书的问题也解决了。

我觉得公租房的问题主要是漏水、返潮。我们这个户型有一个生活阳台,三面是墙,大概有三四个平方。为了扩大一点儿居住面积,我们把它封了起来,改成了一个小房间,孩子的爷爷就住在这里。本来是按照生活阳台设计的,就应该做防水,但是可能是最初建房子的时候防水就没有做好,楼上总是漏水下来。我自己花钱找物业的人帮我修好的。当时楼上的租户总是不配合,物业的师傅来了几趟,她家里总是没人。为这事,我还打了110的。

未来我还是想在外面买商品房,毕竟我的孩子是个男孩儿,将来结婚肯定是需要房子的。其实,我们以前也打算买房的,但考虑到我老公一个人挣钱,总是觉得手头不宽裕,贷款怕还不起,就拖下来了。现在房价涨这么高,感觉已经买不起了。

马32

我是垫江人,今年53岁。我是上个月才到重庆主城的。因为我儿媳妇已经有8个多月的身孕了,我来这里是帮忙照顾她的。我儿子在重庆一家私人企业给老板开车,平时上下班时间很不固定,经常晚上12点才能回家,节假日经常也不能休息。有时候人都到家了,老板一个电话来了,我儿子又匆匆忙忙出门。就是因为我儿子完全顾不上家,我才从老家赶过来照顾儿媳。

我儿媳妇是垫江一家医院的护士,上班的时候只有周末才能和我儿子团聚。一般是她来主城,有时候我儿子也会回垫江。我儿媳怀孕后,就不能总是来回跑了。我儿子又指望不上,只有我代为照顾。上个月,我儿媳向单位请假回家待产,本来我是想让她回我们农村老家的,这样我照顾起来也方便,可是她不愿意。再加上农村老家距离医院远,产检、生产都不方便,就来主城儿子这边了。没办法,我只能跟过来了。

现在农村老家就只有我老伴儿一个人,除了种一些口粮,平时他主要是喂猪。就是由于有这几头猪,他不能出来打工。我们打算等这几头猪出栏了,就不再养了,这样我老伴儿也可以来主城和我们团聚。

我儿媳妇是护士,产检、生产这些事情都不用我操心。我来这边后,平时也没有多少事情做,主要是买买菜,做做饭,收拾收拾屋子。隔壁单元的老太婆也是来主城照顾外孙的,平时我们两个一起耍的时间比较多。除了照顾外孙,她还在卖保健品,据说一个月能挣几万元。她劝我也跟着她做,但是要先交一万多元买产品,我还没有答应她。

这套公租房是我儿子申请的,一室一厅的户型。现在儿子和儿媳住唯一的卧室,我在客厅搭了一个简易床。一个月后孩子生下来,这套房子也勉强够住。但是明年如果我老伴儿也来主城,这套房子就不够住了。到那时,我们想换租一套三室一厅的公租房,但据说城南家园三室一厅的公租房很难租到。如果换租一套两室一厅的,将来孩子长大了,还是不够住。只有走一步看一步了。

虽然我在这里住的时间不太长,但还是觉得很多地方不方便。虽然周边有两个大超市、一个菜市场,但菜价都比较贵。周边农民担菜过来卖,城管总是赶他们,有时候买得到,有时候买不到,而且菜的种类也不全。我现在一般是出去耍的时候顺便从社区门口的农民菜摊捎一些菜回来。如果没有买到,我就吃过晚饭去菜市场逛一逛,买一些便宜的处理菜。另外,虽然有社区医院,但很多检查做不了,而且医生技术也差。除了一般的感冒发烧,看病还是要到大医院。上次我儿媳吃坏了肚子,到社区医院,医生一看是孕妇,就说这里检查不了,让我们去外面的大医院。再有就是占用社区道路乱停车现象比较严重。城南家园修了地下车库,但是不知道为什么,人们总是喜欢把车停在小区道路上,地下车库却空着。上次我儿子开车带儿媳去产检,为了让儿媳少走几步路,就想把车开到单元门口。但是路边停了很多车,无论如何都开不进来,最后还是儿媳走出去上的车。

未来我希望全家人都能来主城团聚。过去儿媳下不了决心,因为她在垫江一家公立医院工作,舍不得事业单位的铁饭碗。这次为了提前请产假,把领导也得罪了,估计等生了孩子后也不会再回去上班了。我老伴儿会做菜,以前做过几年厨师,他来了以后可以在周边的餐馆找一份工作。我也可以在餐馆帮厨。

重庆的房价太高了,我肯定是没有能力买的。如果儿子想买,我可以帮衬一些,但主要还是靠他们自己。我们都上年纪了,以后用钱的地方很多。

蒋33

我是四川人,今年18岁,现在在南岸区某职业中学读高二。我有一个大我9岁的姐姐,我父母生我时年龄已经很大了。可能是我父母想要一个男孩儿吧!毕竟农村家庭多多少少存在重男轻女的现象。我父母很早就从四川农村出来到福建打工了。我出生后,经常福建住一段时间,四川住一段时间。直到我8岁要上学了,我父母才把我接到他们身边生活。所以,我是在福建长大的。

我爸到福建后,一直在水泥厂打工。2013年,我的姐姐已经成年了,她看到新闻报道才知道在水泥厂打工的人很容易得尘肺病,就劝我爸不要再做这份工作了。那时候,我爸身体还没有出现明显的不适,但也出现了一些症状。于是,我们全家就来重庆了。回来后没多久,我爸就病了。经医生诊断,他得的就是尘肺病。我爸在水泥厂打工有20多年,离开那里还是太晚了。

来到重庆后,我父母和我姐就开始申请城南家园的公租房。经过了一段时间的等待,我父母和我姐各申请到一套一室一厅的公租房。那个时候我姐已经结婚了,所以她没有和我们一起住,而是单独申请了一套公租房。我平时都住在学校,所以一室一厅也够住了。自从我爸生病后,他就不能做重活儿了,一直在家休养。我家全靠我妈在社区里卖水果挣钱养家。由于社区里卖水果的人比较多,生意不好做,一个月大概只有3000多元的收入。前几天,我妈陪我爸回了一趟老家,办了低保。我也不知道以后可以拿到多少钱。我姐去年生了小孩儿,所以也没有出去工作。我姐夫在公司里打工。

  我上学比较晚。别人在我这个年龄都已经上大一了,我才上高二。我打算中职毕业后参加高考,争取上大学。虽然家里经济条件不好,但我父母都支持我的决定。他们没读过什么书,但知道不读书将来就只有干体力活儿。我也不想中职毕业后工作几年就嫁人,就这样过完一生,所以我学习的动力很强。

附录二

2017年重庆公租房社区农民工城市融合状况调查问卷

问 卷 编 号：_____
样本点编号：_____
访问员编号：_____
调 查 日 期：2017年6月____日

西南大学·重庆工商大学
2017年5月

附录二

尊敬的先生/女士:您好!

我们是西南大学的社会调查员,本次调查由西南大学和重庆工商大学共同承担,主要目的是了解公租房社区内外来务工人员的生活状况,从而为重庆市政府出台更多帮扶和救助政策提供决策依据。在此,只需耽误您十几分钟时间,请把您的相关情况和想法告诉我们。我们的调查完全采取匿名形式,您无须担心您的信息被泄露。对您的配合和支持,我们将给予一份礼物以表示感谢!

1.您的出生年份?19＿＿＿年("1999年以后出生、1952年以前出生"结束调查)

2.您是哪里人?＿＿＿＿＿＿＿＿＿＿("重庆主城九区人"结束调查)

3.您的住址是?＿＿组团＿＿栋＿＿单元＿＿号("非城南家园租户"结束调查)

4.您的性别?(1)男　(2)女

5.您目前的婚姻状况是?

(1)未婚　　(2)已婚　　(3)离异　　(4)丧偶

6.您的文化程度是?

(1)没上过学 (2)扫盲班　(3)小学　　(4)初中

(5)高中/中专/职高　　(6)大专　　(7)本科

(8)研究生及以上

7.您是哪年来重庆打工的?＿＿＿＿＿＿＿年

8.您现在的户籍状况是?

(1)在重庆未办理任何居住证件 (2)办理了暂住证 (3)办理了居住证

(4)本地户口(包括本市非农业户口和本市农业户口)

9.您的月收入是多少?＿＿＿＿＿＿＿元。

10.您的家庭月收入是多少?＿＿＿＿＿＿＿元。

11.您每周工作几天?

(1)1天　(2)2天　(3)3天　(4)4天　(5)5天　(6)6天　(7)7天

12.您每天平均工作多少小时?＿＿＿＿＿＿小时

13.您所在的工作单位属于以下哪种情况?

(1)暂时没有工作

(2)私营企业打工,没有签订正式的劳动合同

(3)私营企业打工,并签订了正式的劳动合同

(4)自己做生意(包括私营业主、包工头、自由职业等)

(5)国有企业(包含公务员和事业单位)

(6)退休

14.您对目前在重庆从事的职业?

(1)很不满意　(2)不太满意　(3)无所谓(或不知道)　(4)满意

(5)非常满意

15.您现在享受的社会保障有哪些?(不定项选择)

(1)失业保险　　(2)养老保险　　(3)医疗保险

(4)工伤保险　　(5)生育保险　　(6)以上都没有

16.您会讲重庆话吗?

(1)不能讲　　(2)能讲一些　　(3)能讲,但本地人能听出我是外地人

(4)能讲,而且不仔细听不能听出我是外地人

17.您是否熟悉本地特有的风俗习惯?

(1)不熟悉　　(2)知道一些　　(3)大部分知道　　(4)很熟悉

18.在日常生活中,您会按本地风俗习惯办事吗?

(1)从不遵守　　(2)仅仅与本地人交往时才遵守

(3)大部分遵守　　(4)完全遵守

19.您所有生活在重庆的亲属有多少?(包括配偶、子女、父母、兄弟姐妹和其他亲属)

　　　　　　人。

20.您觉得您在社会上的人际交往范围属于?

(1)很狭窄　(2)不广泛　(3)一般　(4)广泛　(5)很广泛

21.您是否愿意与本地人交往?

(1)很不愿意　　(2)不太愿意　　(3)无所谓(或不知道)

(4)愿意　　(5)非常愿意

22.您在本地有_____个朋友?(本地指重庆市主城区)

23.在您的朋友中,重庆本地人占的比例?

(1)没有本地人朋友   (2)本地人朋友少于外地人朋友

(3)本地人朋友和外地人朋友各占一半

(4)本地人朋友多于外地人朋友

24.当您在重庆遇到困难了,是否会向本地人朋友求助?

(1)不会   (2)若非万不得已,不会向本地人朋友求助

(3)会向本地人朋友求助(包括"要看具体困难""不会考虑朋友的籍贯")

25.如果可以,您是否愿意把户口迁到重庆主城区?

(1)很不愿意   (2)不太愿意   (3)无所谓(或不知道)

(4)愿意   (5)非常愿意

26.您是否愿意子女和重庆本地人结婚?

(1)很不愿意   (2)不太愿意   (3)无所谓(或不知道)

(4)愿意   (5)非常愿意

27.您是哪年入住城南家园的?_____年

28.目前住房的承租人是_____。

(1)本人   (2)父母   (3)子女   (4)本人与父母

(5)本人与子女   (6)其他人

29.您承租的公租房建筑面积是_____平方米。

30.您家的常住人口是_____口人。

31.您当初选择公租房而不是其他租赁房的主要原因是?

(1)租金便宜   (2)租赁关系稳定   (3)住房质量好

(4)社区服务品质高   (5)配套设施完善

(6)其他原因_____

32.您对目前的住房总体满意程度?

(1)很不满意   (2)不太满意   (3)无所谓(或不知道)

(4)满意   (5)非常满意

33. 您对公租房的配租过程的满意程度?

(1)很不满意　(2)不太满意　(3)无所谓(或不知道)　(4)满意
(5)非常满意

34. 您对城南家园的地理位置的满意程度?

(1)很不满意　(2)不太满意　(3)无所谓(或不知道)　(4)满意
(5)非常满意

35. 您对房屋质量的满意程度?

(1)很不满意　(2)不太满意　(3)无所谓(或不知道)　(4)满意
(5)非常满意

36. 您对住房面积的满意程度?

(1)很不满意　(2)不太满意　(3)无所谓(或不知道)　(4)满意
(5)非常满意

37. 您对房屋装修的满意程度?

(1)很不满意　(2)不太满意　(3)无所谓(或不知道)　(4)满意
(5)非常满意

38. 您对租金的满意程度?

(1)很不满意　(2)不太满意　(3)无所谓(或不知道)　(4)满意
(5)非常满意

39. 您对物业的满意程度?

(1)很不满意　(2)不太满意　(3)无所谓(或不知道)　(4)满意
(5)非常满意

40. 您对社区的配套设施(学校、医院等)的满意程度?

(1)很不满意　(2)不太满意　(3)无所谓(或不知道)　(4)满意
(5)非常满意

41. 您对小区环境的满意程度?

(1)很不满意　(2)不太满意　(3)无所谓(或不知道)　(4)满意
(5)非常满意

42.您对目前的邻里关系的满意程度?

(1)很不满意　(2)不太满意　(3)无所谓(或不知道)　(4)满意

(5)非常满意

43.您是否考虑过购买商品房?

(1)从没有考虑过(包括"不打算在本地买房子")

(2)短期内没考虑过(包括"短期内不打算买房子")

(3)考虑五年内购买

(4)考虑最近一两年购买

44.如果政策允许,您是否愿意购买现租住的住房?

(1)愿意(跳到46题)　(2)说不清(跳到46题)　(3)不愿意

45.您不愿意购买的原因是?(跳到48题)

_____

46.如果政策允许租户购买现住房,您认为合适的价格是_____元/平方米。

47.如果政策允许购买,您认为您能够承受的最高价格是_____元/平方米。

48.您对目前住房最不满意的地方是?(最多选3项)

(1)申请困难　　　(2)租金太贵　　(3)房屋质量差

(4)配套设施不完善　(5)位置太偏远　(6)面积太小

(7)社区和物业服务差　(8)邻居素质低　(9)物业费太高

(10)其他

49.您对周围邻居的认识程度?

(1)完全不认识　(2)认识很少几个　(3)认识一些　　(4)认识很多

50.您感觉所在社区的本地居民是否欢迎你们在这里居住?

(1)不欢迎　(2)说不清楚(包括不知道、谈不上欢迎等)　(3)欢迎

我们的调查结束了,感谢您的配合!(送上小礼物)